トーマス・ハウフェ
近代から現代までの
デザイン史入門

——— *1750–2000* 年 ———

藪　　亨　訳

晃洋書房

DESIGN

by

Thomas Hauffe

Copyright © 1995 DuMont Buchverlag, Köln
Japanese translation published by arrangement with
DuMont Literatur und Kunst Verlag GmbH & Co. KG
through The English Agency (Japan) Ltd.

訳者はしがき

　本書は，Thomas Hauffe, *Design*, DuMont Buchverlag, Köln, 1995 を全訳したものである．

　原著者のトーマス・ハウフェは，ボーフム大学で美術史，ドイツ学，社会史および科学史を学び，1980年代ドイツの「ニュー・デザイン」の研究で博士の学位を得ている．

　ドイツの「ニュー・デザイン」とは，1970年代末から家具などの領分で始まる実験的なデザインの動静であり，若い一群のデザイナーや建築家や芸術家が慣習化し硬直化した「ものの見方」や「住まいの在り方」に激しく揺さぶりをかけ，新機能主義の古い信条を強く批判したのである．またハウフェは，この「ニュー・デザイン」を1980年代の文化的な文脈からとらえて，刺激的な専門書『奇想と堅固――80年代の「ドイツのニュー・デザイン」』(*Fantasie und Härte: Das 》Neue deutsche Design《 der achtziger Jahre*, Gießen, 1994) を上梓している．

　本書は，こうしたハウフェによる「ニュー・デザイン」の基礎的研究を踏まえており，デザイン現象を文化・社会史的な見地から広く読み解いているところに特色がある．したがって取り扱うデザイン事象は共時的にも通時的にもこれまでの類書よりもより広範囲でとらえられており，本書の対象範囲は前産業的な時代から産業化の時代を経て現代にまで至っている．しかも350点有余の多彩な図版が添えられて，各時代を代表する様々なデザインの理論と様式，さらにはデザインの主要な発展方向と影響要因が，ことばとイメージできわめて的確に記述されている．また本文中には，主要なデザイナーや企業や時代転換期についての補説的史料が組み込まれており，内容的にも信頼度の高い充実したものとなっている．さらに巻末には付録として用語集，デザイン史年表，デザイン美術館一覧，書誌が添えられており，これらは重宝なデザイン便覧ともなっている．

　したがって本書は，ドイツ文化圏におけるデザイン動向にその視座を据えてはいるが，ヨーロッパ諸国はいうまでもなくアメリカやソビエト連邦や日本などのデザイン動向にも広く目配りしており，国際的な近現代デザイン史への優れた入門書であるといえよう．

2007年1月　訳者

はしがき

　最近ではデザインが広く関心を呼び話題となっている．専門の雑誌のみならず一般の新聞雑誌，そしてテレビまでもが，見ものの展覧会，最新流行のデザイン，デザイン界のスターについて報道している．専門書，ライフスタイル誌のかん高い記事，それ自体がデザイン物品になっている展覧会カタログと本，これらが激流となって市場にあふれ出ている．ユーゲントシュティール，「スイングする50年代」，さらには「奔放な80年代」といったような，それぞれの時代を表現する用語さえ存在する．

　デザイン史は，美術史がそうであるようなひとつの自立した学問分野に発達した．この新しい専門分野はいち早く英国に起こっている．英国では1977年に「デザイン史学会」が発足しており，多くのデザイン史家も活動していた．ところがドイツにおいては美術史，専門雑誌，あるいはデザイン界そのものからデザイン史の著作者がしばしば現れている．しかも多くの出版物にもかかわらずドイツでは，デザイン史に関する入門書も手ごろな概説書もまだ現れていない．ドイツ語で記述されたデザイン史は，美術史にくらべると比較的少ない．やっと近年に2冊の事典がデザイン史に関する個別的な用語の知識を提供するようになった．しかし学問的な専門書とほとんど知識を提供しないことがよくある高価な挿絵入り本とのあいだには，大きな溝があいている．

　本書はこの溝をうめるのに寄与するであろう．というのも本書は，デザイン史の読みやすく見渡しのきく修史を提供し，このいよいよ複雑化するテーマへの導入として役立つからである．しかも多数の図版が，比較対照を可能にし，国際間の政治や文化のつながりの大要を明らかにしている．この意味合いで本書は，デザイナーや企業の名前の辞書的な列挙ではなくて，デザインにおける主要な発展方向と影響要因の記述に努める．さらにデザイン史における重要なデザイナーや企業あるいは主要な転換期についての補説的な個々の記述は，ある時代やある発展の理解にとって重要なつながりを例示的に示している．

　本書は，手軽な便覧としても利用できるように，用語集，引き続いて調べるためのテーマ別に整理された文献ならびに雑誌の一覧，さらには内外のデザインの美術館の手引きを含んでいる．

　　　　　　　　　　　　　　　　　　　　　　　　　トーマス・ハウフェ

目　次

訳者はしがき
はしがき

はじめに

● デザインとは何か　4

● 前　史　1750–1850　14
・産業と技術　14
・シェーカー派の生活様式と手仕事　17
・市民階級の住宅文化　21

● 産業革命　1830–1880　22
・工房から工場へ　22
・泡沫会社乱立時代と歴史主義　26
・万国博覧会と国際競争　27
● トネット兄弟社　30

● 改革運動　1850–1914　32
・ウィリアム・モリスとアーツ・アンド・クラフツ運動　34
・アール・ヌーヴォー，国際的な運動　36

● モダニズムへの道　1890–1914　48
・マッキントッシュと「グラスゴー派」　48
・1900年頃のウィーン　49
・「形態は機能に従う」　51
・ドイツ工作連盟　53
● ペーター・ベーレンス　56

●革命とアヴァンギャルド　　1915-1933　　58
- ・生活に向かう芸術　58
- ・ソビエト連邦：生産における芸術　59
- ・オランダ：デ・ステイル（1917-31年）　63
- ・ドイツ：バウハウス（1919-33年）　68
- ・ドイツにおける公営住宅建設　74
- ・「国際様式」　77

●豪華と権力　　1925-1945　　80
- ・アール・デコ　82
- ・モダン・インダストリアル・デザイン　89
- ・流　線　型　91
- ・第三帝国におけるデザイン　93

●奇跡の経済復興　　1945-1960　　98
- ・「家庭用家具調度品における有機的デザイン」　100
- ・アメリカ的生活方法　102
- ●レイモンド・ローウィ　104
- ・イタリアの奇跡の経済復興　106
- ・ドイツ：再建から奇跡の経済復興へ　110
- ・ウルム造形大学　114
- ・スカンジナビアの住宅文化　118

●グーテ・フォルムとベル・デザイン　　1954-1968　　122
- ・消費と技術　122
- ・「グーテ・フォルム」と新機能主義　124
- ●ブラウン社　126
- ・イタリア：ベル・デザイン　128
- ・合成物質，プラスチック，ポリエステル　131

●実験的な試みと反デザイン　　1965-1976　　134
- ・機能主義の危機　135

- ・ポップ文化とユートピア　138
- ・イタリアの反対運動　140

●モダニズム以降　　　1968-現代　　　142

- ・モダニズムからポスト・モダンへ　142
- ・「スタジオ・アルキミア」　145
- ・「メンフィス」　147
- ・「奔放な80年代」　149
- ・ニュー・デザイン　151
- ・デザインとテクノロジー　161
- ・デザインとマーケティング　164
- ・デザインと文化　166
- ・デザインとエコロジー　168
- ・展　　望　169

付　　録

- 用　語　集　172
- デザイン史年表　174
- デザイン美術館　178
- 書　　誌　180
- 図　版　出　典　185
- 人　名　索　引　188
- 事　項　索　引　194

近代から現代までの
デザイン史入門
—— *1750–2000* 年 ——

はじめに

●芸術と……のあいだのデザイン

デザインはあらゆるところに現われており，この概念はいわばどこにでも起こっている．デザインは，事物に「まったく特別の香り」を与えていると言えそうである．

デザインは，大新聞の学芸欄において，雑誌やテレビ情報誌の文化欄において，まさに美術や文芸とおなじように，今や話題になっている．以前には，有名なファッション・デザイナーは別にして，産業製品のデザイナーは広く重視されることはなかった．ところが今ではデザイン界のスターは映画俳優や音楽家とおなじように有名である．エットーレ・ソットサス，フィリップ・スタルク，マッテーオ・テュンといった名は彼らのデザインと同じように良く知られており，高名なデザイナーはいわゆる芸術家のアウラを有している．企業は，彼らの製品にデザイナーの名を芸術家の署名のように印刷するまでになっている．価値を高めて購買欲をそそるために，椅子や高忠実度装置やガラス製品の指値の署名入り「限定版」を製造している．

今日デザインは定評のある文化史の一領域である．モダン・デザインの一流デザイナーについての知識はほぼ芸術と同じように一般的な教養必需品になり，同様にデザイン物品も推挙されている．近年のデザイン・ブーム後，「奔放な80年代」のニュー・デザインの挑発的な家具類がトネットの椅子や鋼管家具やバウハウス・ランプと仲良く美術館に並んでいる．デザインはひとつの文化現象であり，デザイン展覧会には美術展覧会と同じように入場者が押しかけている．

●……と産業

産業においては，製品の造形であるデザインは技術者の要件であるのみならず，今日では重要なマーケティングの要因であり，その重要性はいよいよ多くの企業家によって企業ポリシーの不可欠な要因としてみなされている．多くの製品が技術的に成熟し，市場分野においては質の違いは実際にはもはや存在せず，大体同じ賃金と材料費での価格形成は異なるものではありえない．こうし

フィリップ・スタルク（1949年-，パリ）は，フランスのデザイン界の花形であり，音楽や映画の領域の花形がそうであるように，自らと自らのデザイン作品を演出する．

た時代にはデザインは競合相手との競争において決定的な識別要因になる．その上さらにデザインに含まれているのは，個々の製品の造形のみならず，便箋から社屋まで，買い物袋からスポットコマーシャルまでの企業全体の外見であり，いわゆるコーポレート・アイデンティティである．内外に向けて「企業理念のすべてが伝えられねばならない」ということになる．

　企業コンサルタント，デザイン・センター，公的機関から通産省や商工会議所までもが，出版物，展覧会，コンテストによって，デザインが効能をもつというこの意識を支えている．

　しかしデザインの偏在はデザイン概念のインフレーションをも招いた．よく売れるようにするために，デザインがレッテルのようにあらゆる物にむやみに貼り付けられた．その結果，不意に「デザイナー・ジーンズ」，「デザイナー眼鏡」，当然「デザイナー家具」，実際にはデザインの本義とまったく無関係な「デザイナー薬剤」さえ存在している．しばしば極端に走らされる用語的な無意味さとともに，特に80年代にはデザイン概念をめぐって激しく真剣に論議された．というのは技術的発展ならびに新しい美的理想像によって，芸術，手仕事，産業，デザインの境界が曖昧にされたからである．

　今や「デザインは何か」という問いは，芸術は何かという問いと同じように答えるのは極めて難しい．デザインは理論と実践の双方において非常に異なった要因に影響されているのであるから，「統一的定義」を与えることはもはや不可能である．それにもかかわらず，いやそれゆえに，デザイン概念の広い地平を明確にすることを以下において試みたい．

「芸術と背中合わせ．背もたれのヨーゼフ・ボイスとアンディ・ウォーホル」：ジークフリート・ミヒャエル・ジニウガは，ドイツのニュー・デザインの代表的人物であり，礼拝形式の椅子を80年代に制作した．

デザインとは何か

- コーポレート・デザイン
- インターフェイス・デザイン
- インダストリアル・デザイン
- インテリア・デザイン
- 公共デザイン
- ファッション・デザイン
- 家具デザイン
- 自動車デザイン
- グラフィック・デザイン
- 構想デザイン
- コンピューター・デザイン
- インフォメーション・デザイン
- 包装デザイン
- コミュニケーション・デザイン
- アヴァンギャルド・デザイン
- ハードウェア・デザイン
- テーブル・トップ・デザイン
- カウンター・デザイン
- ラディカル・デザイン
- メディア・デザイン
- 食物デザイン
- 反デザイン
- リーデザイン
- 映画デザイン
- 音響デザイン
- オブジェ・デザイン
- ソフトウェア・デザイン

●デザインとは何か

　デザインという概念は今日よく知られているが，実際にデザインが何を意味しているかは多くの人には不明確である．メディア，広告部門，マーケティング専門家の話法は，デザインをさまざまな目的にあてはめ，それでもって絶えず拡張する意味の領分を考えている．だがその背後に何が潜んでいるのであろうか．

●設計と計画

　用語の歴史からするとデザインは，イタリアのディセーニョという概念に由来する言葉である．このディセーニョは，14世紀から16世紀にかけてのルネサンスの時代から設計，素描，さらには一般化されてある制作の根底にあるアイディア（着想）を意味していた．これを受けて16世紀のイギリスでデザインという概念が「実現されるべき何かあるものの計画」として，それも既に「応用芸術の物品」に関して用いられた（ビェルデク，1994）．

●産業革命

　今日よく知られている意味合いにおいてデザインは一般に産業製品の設計と計画を指している．したがって，イギリスでドイツよりも早く始まり，さらに遅れてイタリアで始まる産業革命，これ以降の時代にデザイン概念を限定することが出来る．そして産業化の進展に伴いデザインの歴史も19世紀中頃に始まる．

●概念定義

　ひとつの概念はどのように定義されるに至るのだろうか．一般には次のようにして生じる．すなわち，その内容と本質的な特徴が確定され，これが他の類縁概念から識別される．デザインにおいては，デザイン概念を一方では芸術から，他方では手仕事やクラフトから識別することが絶えず試みられた．

　デザインの歴史の進行につれて様々な考え方が次のよ

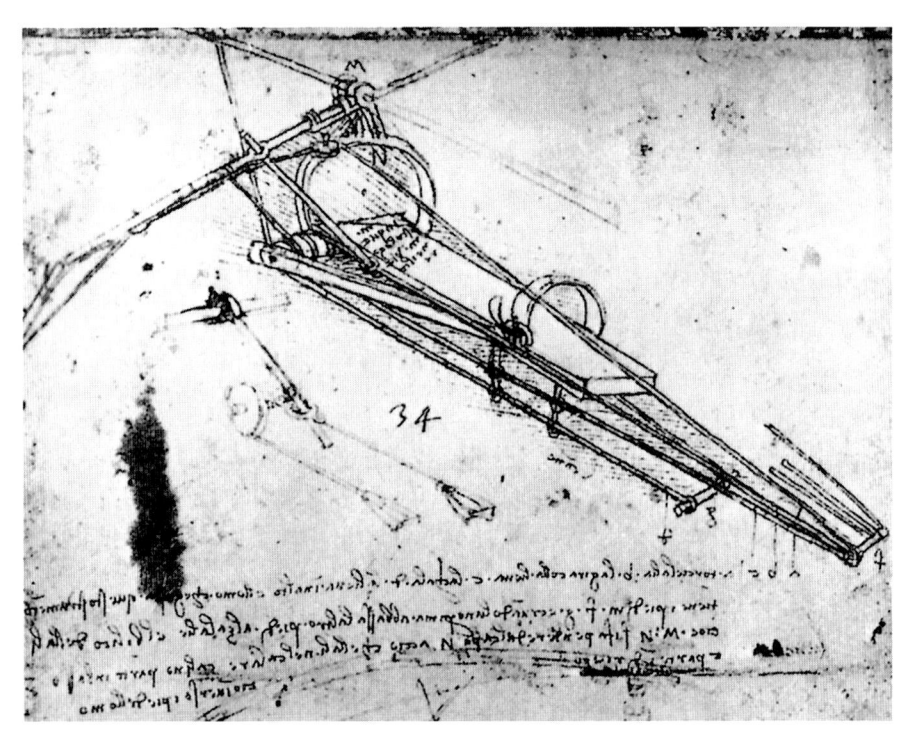

うな事柄について実際に存在した．すなわち，デザインとは何か，デザインはいかなる課題を果たさねばならないのか，どのような領分を含んでいるのか，その最も重要な力点はどこにあるのか，といった事柄についてである．重大な矛盾が生じ，デザイン概念に関する激しい論争がくりかえし燃え上がる．ドイツ語圏では産業製品の造形を 1945 年まではデザインと呼ばず，「製品造形」，「産業的形態付与」などと呼んでいた．

レオナルド・ダ・ヴィンチ (1452–1519 年)，「飛行装置の研究」：万能の天才の仕事においては芸術と技術的考案が一つになる．レオナルド・ダ・ヴィンチはしばしば最初の「デザイナー」と見なされてきた．

●前提

その定義も意味内容も変化している．かつてはデザインを定義する際の唯一の指標は製品の産業的生産であった．というのは産業化が進むうちに進歩する労働分割に伴い，早くから計画と実行はもはや手仕事の時代のようにひとりの人の手にはなかった．結局それは生じつつあ

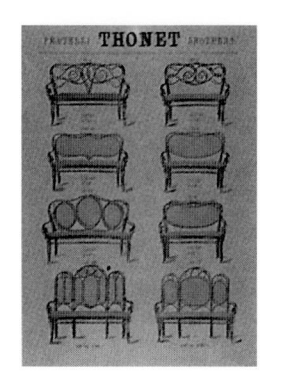

1883年のトネット兄弟社の国際的なカタログからの多国語「製品モデル・シート」.

ったデザイナーという職業にとっての基本的な前提条件であった．それゆえやがて産業デザイナーと呼ばれたのである．

大量生産は産業生産方式と緊密な関係にあった．多くの実用品は，家具がそうであるように，注文生産されるのではなくて大量生産された．大規模な販売の面倒をみたのは，新しい販売方法（カタログ，販売代理店など）と増大する広告の活用である．19世紀中頃から多くの商業や税関の障害がゆるめられ，取引が次第に国際的になった．

● 改革運動

産業化の始まり以来，ことに英国とドイツでは，手仕事や社会参加や趣味教育の改良によって産業化の芳しくない結果に対抗しようとする運動があった．ひとつの方向は，過去へのあからさまな回帰であり，改良された手工の良質製品を粗悪な工業製品と取り替えようとした．もうひとつの方向は産業製品をよりよく造形するという目標を追い求め，産業製品の形態を産業生産の条件に適合させ，モダンで値ごろで長持ちし美しい製品を得ようとした．

1859年のトネット椅子第14番．トネットの椅子は，標準化された部品の形状で一部は機械によって，一部は手仕事によって製作され，さまざまなモデルに組み立てられることができた．椅子は分解され，より具合良くこの企業の多くの国際的な商館に輸送することができ，このことがその大成功の原因のひとつであった．

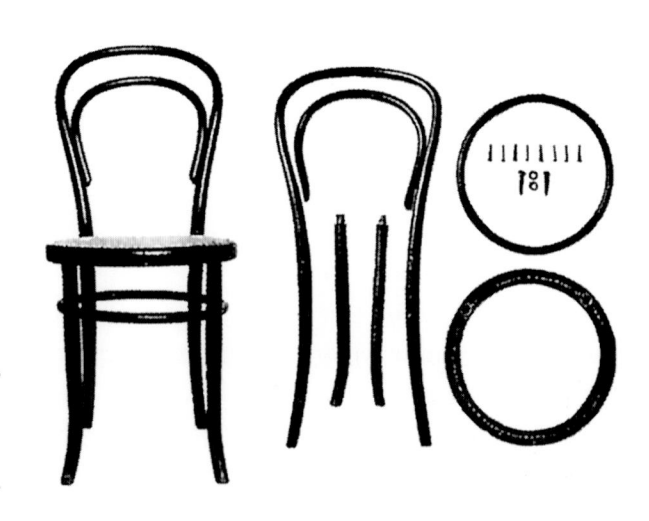

●形態は機能に従う

　産業製品のよりよい造形への努力が向かったのは，倫理的で社会改革的な見地から，特に機能主義的な理論を介して，産業的な量産の諸条件がさらにデザイン概念を美的に決定するところである．モダニズムと機能主義の支持者が前提としていたのは，第1に対象の形態は機能に従わねばならず，余分な装飾を帯びていてはならないことであり，第2に産業生産の諸条件は，社会改革的な要求に応じて高品質で長持ちする製品を買い得に生産できるように，標準化された簡潔で幾何学的な形態言語を要求していることである．ごく最近まで機能主義理論はもっぱら公的なインダストリアル・デザインを美的に定義づけてきた．デザインは長い間，形態の単純化と同義であり，形態の単純化は良好な有用性，高い品質，正当な価格と同一視されてきた．

「有益な集積の結果として理解することができる標準化によってのみ，一般に通用する，より確かな美的感覚が再び普及しうるのである」　ヘルマン・ムテジウス，1914年．

●デザイナーという職業

　デザイナーという職業名は特許で保護されてはいないので，何かデザインする者は原則として誰でも自らをデザイナーと呼ぶことができる．したがって優れたデザイナーの多くは特別の教育を受けていないし，建築家であったり広告界出身であったりする．今日デザイナー教育は一般に専門大学や総合大学でのインダストリアル・デザインやグラフィック・デザインの学士教育課程で行われている．

　インダストリアル・デザインの学習は，デザインの課題にとって重要であるすべての多様な学術領域を含んでいる．造形には美学，記号論，色彩論などが入っている．対象の分析と表現は，幾何学，透視図法，均衡論によって取り組まれる．デザイン・プロセスの技術的な側面を伝えるのは，ことに技術的な物理学，材料学，構造学，規格化，標準化である．インダストリアル・デザインの学習に固有の専門分野は，人間と環境の関係を中心にした人間工学である．さらには労働条件と事故防止に関す

「装飾はたいてい物品の価格を上げる……無装飾は労働時間の短縮であり，結果として賃金の上昇である……装飾は労働力の浪費であり，それゆえ健康の浪費である」　アドルフ・ロース，『装飾と犯罪』，1908年．

る人間的で健全な造形の問題がある．

　教育の一領域は，そうこうするうちに製品計画に，すなわち製品の開発と市場化の組織的な，経営経済的な，法的な，市場活動向け的な諸問題に全面的に専念する．実際には，デザイン・マネージメントと呼ばれるこの領域がいよいよ重要となっている．なぜならば例えば著作権や広告の問題が市場でのより激しい競争ではより大きな意味をもつからである．

　デザイン教育は，デザイン史とデザイン理論への手引きによって補完される．

　デザイナーの仕事における力点の置き所はさまざまである．すなわち芸術的・美的，技術的・機能的，市場活動的，理論的・科学的，組織的・管理的な力点の置き所がある．これらの領分は実際には重なり合い，技術的な要因は経済的な要因と関係があり，美的な問題は市場活動の問題でもある．

　デザインの具体的な適用領分はその職業像とおなじように多様である．ほとんどはまずグラフィック・デザインとインダストリアル・デザインを分別するが，ここでの産業という限定は無意味なように思われる．というのは今日さまざまな生産方式と組織形態の境界がほとんどの領分で無くなっているからである．

　インダストリアル・デザインの課題領域は，家具，家庭用品，衣服などの日常的な実用品から，機械製造，車両製造，飛行機製造の製作物にまで及んでいる．したがって正確に見ると，消費物品の美的な世界のみがデザイナーの仕事の領域であるのではない．デザインという概念は，もともと戦車，ロケット，外科器具，振動具や避妊具のような製品にも当てはめられねばならない．そこで長い無視の後，突然に車椅子，病院の寝台や障害者の補助具が形態的にも機能的にも改善され，それらが操作しやすくなり，個人的なものになり，もはや臨床的な装具の恥辱に取り付かれていないので，心理学的な観点からも明らかに進歩を意味していた．

マルセル・ブロイアーによる1921年から25年までの椅子のフォトモンタージュ．雑誌『バウハウス』1926年第1号から．「日一日と良くなる」との題がこのモンタージュには付けられている．最後の写真には「とうとう空気柱の上に座る」との詞書が添えられている．

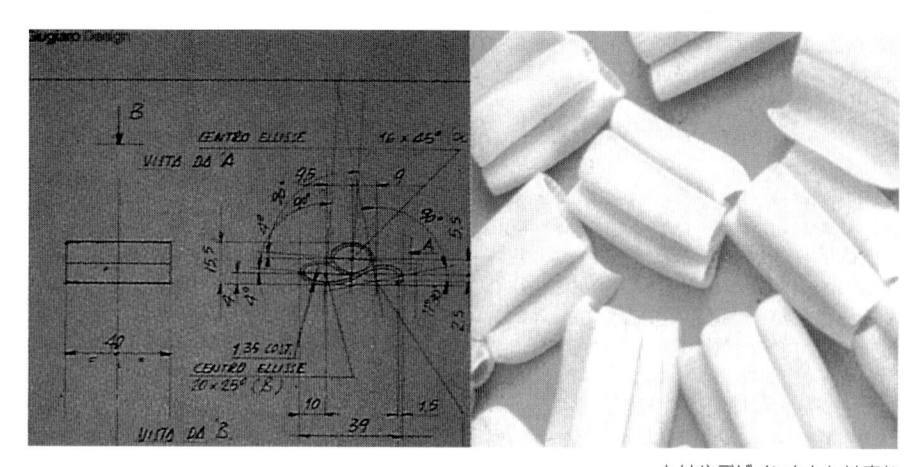

もはやデザインなしには売れない。イタリアのデザイナーのジョルジョ・ジュジャーロの食物デザイン。彼は食料品会社ヴォイエロのためにヌードル・マリールをデザインしている。

「デザインとは，経済と生産活動が自分たちのために要求している以上のものである」フランソア・ブルクハルト，1983年．

●グラフィック・デザイン

　グラフィック・デザインはすべてのコミュニケーションの領分を含んでいるから，この概念はコミュニケーション・デザインと同じ意味合いでしばしば用いられる．以前はグラフィック・デザイナーの仕事の領域は，企業のポスター，図表，広告，外見のデザインであり，それゆえ主に紙面上での仕事であった．今日コミュニケーションはコンピューター・スクリーン，留守番電話，その他の視聴覚メディア上で生じており，グラフィック・デザイナーの仕事には，コンピューター・プログラム，相互伝達形式，情報形式のデザインも含まれている．

●デザインの働き

　製品やサービスの設計・計画としてのデザインは，ひとつのプロセスである．そのデザイン・プロセスで製品の形態は，その機能の確定との相互作用において生じる．ここで言われているのは，純粋に技術的あるいは人間工学的な機能だけではなくて，美的，意味論的，あるいは象徴的な方法で情報伝達的に作用する一連の機能すべてである．すでに1937年にチェコの哲学者J.ムカロフスキーはひとつのモデルを開発しており，そこで彼は建築に関して5つの機能を確認している．すなわち，「直接

的，歴史的，個別的，社会的，美的な機能」である．同様な理論的モデルがその後も繰り返し現れている．というのは形態と機能の関係をめぐる論議はデザイン史における争点のひとつであったからである．しかしながらデザインにおいては少なくとも事物の有する3つの根本的な機能を語ることができる．

1．実際的で技術的な機能，
2．美的機能，
3．象徴的機能である．

ハルラン・ロス・フェルトゥス，「1991年の『ポルトフィーノ子供服』のための広告」．多くの場合ファッション部門では，ファッション・デザインと写真デザインとグラフィック・デザインが協力し合う．

1994年のフロックデザイン商会の広告．デジタル画像の時代においては簡潔さだけではなくて複雑さと同時性がグラフィック・デザインの美意識に決定的な役割を果たしており，それによって視覚的な影響を現代の環境に及ぼすとともに刻みこんでいる．

●科学としてのデザイン

デザインはひとつの科学であり，工学，経済学，社会学，精神科学のきわめて多様な分野の様々な方法を活用する．デザインの歴史が進展するうちに，当該分野の理論ならびにデザイン実践において重点がさまざまに値踏みされた．20世紀はじめの機能主義から70年代も遅くまで，機能と産業的大量生産の技術的な要請は産業製品の形態に関して規準として考えられた．アメリカのイン

ダストリアル・デザインにおけるスタイリングは、マーケティングの観点を注目の的にした．ここで重要な役割を果たしたのは人を引きつける製品の外皮である．

　50年代と60年代のドイツのデザインは極めて技術的な方向に向かい，例えば仕事場の人間工学や製品の操作性が注目された．60年代末から，特にポスト・モダンが語られはじめると，精神科学はデザイン機能の明確化に強く引き寄せられた．デザインは技術的で素材的な機能を充足するのみならず，コミュニケーションの手段でもあるという認識によって，心理学や記号論あるいは別種のコミュニケーション科学の方法が，造形された物品の記号性を研究し記述するために組み込まれた．椅子はまさしく椅子以上のものであり，椅子は座るための設備として純粋に機能的でありうるが，その他にも明確に誰もが分かる言葉を話すことができる．椅子は社長や重役の安楽椅子として社会的な地位を証明し，美術工芸品としてその使用者の人格を映し出したりするなどである．

● 越　　境

　80年代にはまずイタリアで，そして全西欧に，さらには猛烈な勢いでことにドイツで，古くからの機能主義が新しいデザイン解釈と対決することになる．この新しいデザイン解釈は，簡潔さ，純粋な機能性への還元，さらには産業的大量生産に関する定義のようなデザインの古い理想をもはや受け入れなかった．にわかにデザインとしても認められたのは，原型として手仕事的に制作されたものやギャラリーや美術館で討論の対象とされたもの，まず第1に技術的に機能するものではなくて情動を喚起するもの，実用的ではなくて美的であろうとするもの，しかも一般的な基準によるものではなくて個別的な多様な趣味の手本によるものであった．したがって芸術と手仕事とデザインの間には断固として挑発的な越境が起こり，やがてそれはコンピューター制御の機械の可能性によって，またそれで採算の合う少量生産によって実践

ドイツのルフトハンザ株式会社の「コーポレート・デザイン」の例．社標（ロゴ）から飛行機とその装備品を経て乗務員の制服と礼儀作法にいたるまでのすべてが，世間におけるその企業イメージに貢献している．

「クンストフルーク」,「様式の投射」, 1988年:理論とコンセプチュアル・アートと社会批判のあいだのデザイン.

移された.

● **今日のデザイン**

デザインの活用領域も変化している.かつてはデザインすべきものは具体的な物品の形態のみであったのが,今日ではコンピューター・プログラム,進行,組織形態,維持・修理,企業(コーポレート・デザイン)や個人の外観である.デザインにおける最新の領分はいわゆるサービス・デザインであり,このデザインは絶えず増大している余暇の領域に新しい仕事を探し求めている.デザイン自体とともにいわゆるデザイン・マネージメントもいよいよ重要になっている.

そして昔からのデザイン分野にも追加の課題領分が現れている.産業製品のデザインの新しい要因を検討することが必要となっている.例えば素材が環境を害しないことであり,またそこでは技術的な機能性がもはや触知できずいよいよ非物質化している電子工学の領域で,その複雑な取り扱い自体を説明するための造形性や能力である.

● **デザイン史**

デザイン史が語られるときには,技術的,経済的,美

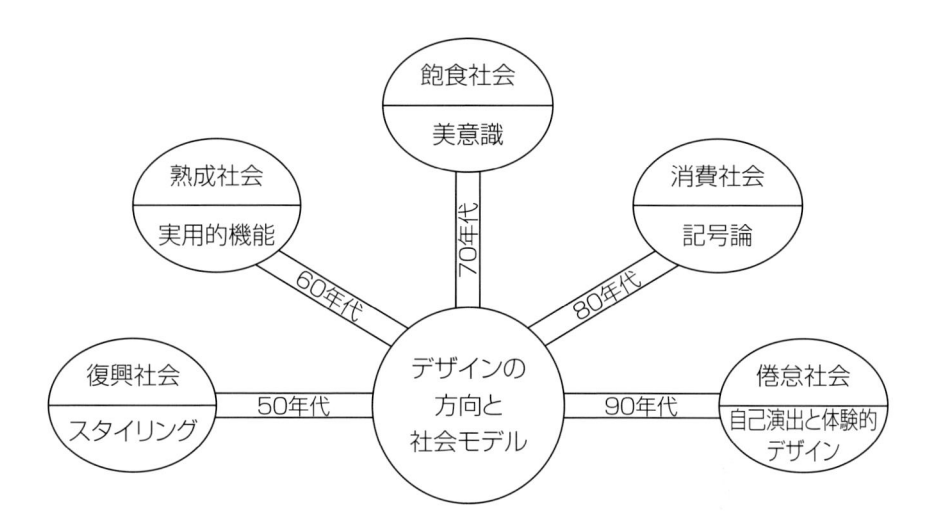

デザイン史　**デザインとは何か** | 13

```
                    ┌─────────┐
                    │ 飽食社会 │
                    │ 美意識  │
                    └────┬────┘
                         │70年代
   ┌─────────┐           │           ┌─────────┐
   │ 熟成社会 │           │           │ 消費社会 │
   │実用的機能│           │           │  記号論  │
   └────┬────┘           │           └────┬────┘
        │60年代          │          80年代│
         \               │               /
          \      ┌───────────────┐      /
           \    │   デザインの   │     /
┌─────────┐ \   │    方向と     │    / ┌─────────┐
│ 復興社会 │──50年代│  社会モデル  │90年代──│ 倦怠社会 │
│スタイリング│   └───────────────┘       │自己演出と体験的│
└─────────┘                              │  デザイン  │
                                          └─────────┘
```

キーテ／ツーンによるデザイン・モデルと社会モデル（1995年）

的, 社会的な発展のみならず, 心理的, 文化的, エコロジー的な側面もますます考えられている. デザイン史は物とその形の歴史に限定されてはいない. ことに20世紀においては人間と物品との関係は文化史の重要な一部を反映しているから, デザイン史は生活様式の歴史でもある.

1750–1850

- 1752年 ベンジャミン・フランクリンが避雷針を発明する。
- 1765年 ジェームズ・ワットが蒸気機関を開発する。
- 1774年 アメリカに最初のシェーカー協会の設立。
- 1776年 アメリカ独立宣言。
- 1781年 イマニュエル・カント、『純粋理性批判』。
- 1789年 フランス革命、バスティーユ攻撃。
- 1804年 ナポレオンがパリで「フランス皇帝」に即位する。
- 1805年 フリードリッヒ・シラー没。
- 1814/15年 ウィーン会議によるヨーロッパ再編成、王政復古とビーダーマイヤーの時代の始まり。
- 1824年 ルートヴィヒ・ファン・ベートーヴェンが交響曲第9番を完成する。
- 1830年 リバプールとマンチェスターのあいだに最初の鉄道が開設。
- 1844年 サミュエル・モースが最初の電信を送る。
- 1847年 カール・マルクスとフリートリッヒ・エンゲルス、『共産党宣言』。
- 1848年 カリフォルニアで金鉱発見による大移動、ドイツで3月革命。
- 1851年 ロンドンでの第1回万国博覧会。

●前　史

　今日的な意味合いでのデザインが早くても産業化の始まりとともに語られるとしても、後の時代の方向を定める重要な形態や使用法や美的な手本がすでに生じていたのであるから、前産業的な時代を一瞥することがモダン・デザインのある種の現象を理解するのに重要である。

●産業と技術

　手仕事から産業への移行において、手仕事的労働および機械的労働からの頭脳的労働（デザイン）の分離が始ま

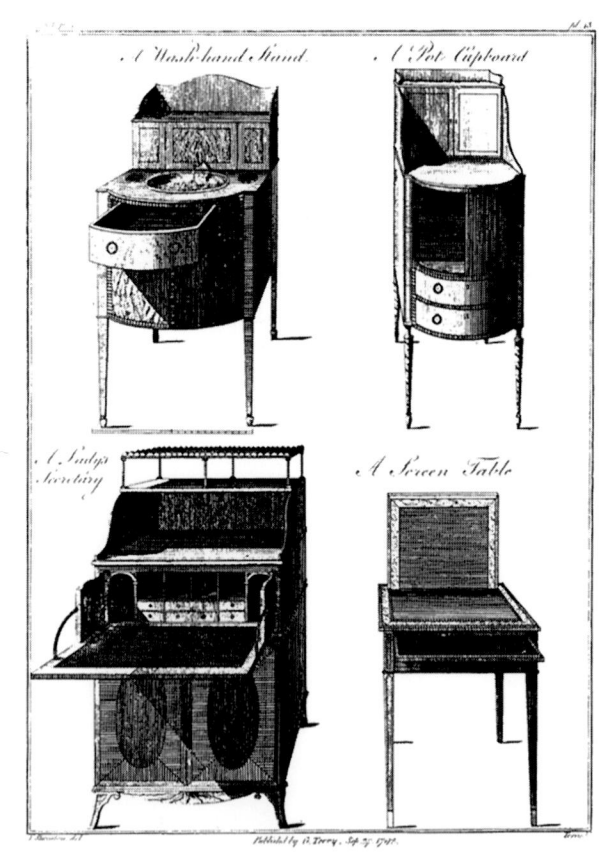

1791年の**トマス・シェラトン**の代表作『家具師と室内装飾師のデザイン見本帳』からの、化粧台と書き物机のデザイン。

った．すでに布製地図や手本帳は，注文を得るために比較的多い発行部数で刷られ売られた．また，前もって注文を受けて大量に生産された製品はすでに標準化されており，例えば家具は在庫用に作られ，完成品として大型店において，また販売カタログを通じて売られた．したがってデザインはすでに早くから生産のみならず，販売に関しても重要であった．

　デザインの重要性が増すとともに図案家の教育も専門化された．古くからの美術学校と並んで例えばドイツでは産業美術学校や産業美術博物館が現れ，「手本」の収集によって職業教育や趣味教育に役立った．この展開の先駆けはイギリスであり，そこでは18世紀末に，したがって西欧の他国よりも約50年早くに産業化が始まった．そこには最も有名で今日まで知られている陶器製造業や家具製造業がすでに存在していた．例えば，1759年に創設された「ウエッジウッド製陶所」は，貴族に提供するのみならず，生じつつあった大量需要にすでに早くから応じており，「急な温度差に耐え，容易に迅速に製造でき，それゆえ安価であるような，新しい外観をもつ石器食器」を製造した．その時代の最初のもっとも有名な見本帳は，イギリスの家具製作所のT・シェラトン社とT・チッペンディル社，両社の理論家に由来し，西欧全体の発展に大きな影響をおよぼした．

　その後ドイツではK. F. シンケルとG. ゼンパーのデザインと手本帳があり，19世紀前半の理論と様式を規定した．ことにシンケルは，プロイセンの宮廷建築家および簡潔な日常製品のデザイナーとして広範囲で活動し，デザイナーとしての芸術家の役割を改めて明らかにした．

● **政治と経済**

　政治的観点においても西欧では18世紀末ないしは19世紀はじめに進展があり，産業と商業の成長，それゆえ産業デザインの前提条件が成立した．フランス革命（1789年）は，市民の発達する倫理的で経済的な自意識の

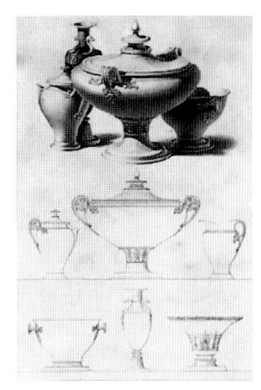

カール・フリートリッヒ・シンケル (1781-1841)，「容器の構想図」，1821年：1821年から1837年にかけてベルリンで発行された彼のデザイン集成『産業家と手工業者のための手本帳』に収録される．シンケルの模様と形態は，この時代のほとんどの工房や工場制手工業や初期の工場で受け入れられた．

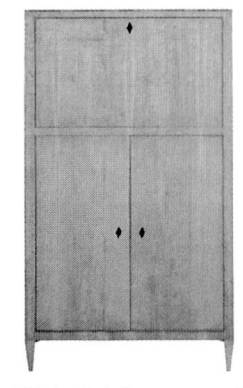

1815年頃のミュンヘンの「事務用開き机」：ビーダーマイヤー様式の簡素な家具の典型的な作例．ビーダーマイヤー様式は，1815年から1848年までの市民的な住居文化にはっきりと現れており，今日までわれわれの趣味に引き続いて影響を与えている．

16 | 前史　倫理と美意識

ヴァイマルにおけるゲーテの書斎．この詩人は，家具調度に関して当代の簡素なイギリス家具を好んでおり，これらの家具はドイツにおいても手本となった．

ハーバードのシェーカー教団の収納家具と書き物机．これらの家具はすべて手作りであった．これらの質素で実践的な形態は，シェーカー教の信仰にもとづいていた．

出発点であった．その革命のさらなる成り行きとウィーン会議（1814年）後のヨーロッパの政治的な新秩序に付属していたのは，ことに多くの商業や関税の障壁の廃止ならびにギルド規約の撤廃であり，これらは商工業を強化して産業的発展を結局はじめて可能にした．

●倫理と美意識

　その上に美的な手本が市民のあいだに発生しており，それは今日にいたるまでデザインに決定的な影響を及ぼしている．モダン・デザインの最も重要な要請——機能性や簡素さやザッハリヒカイトへの要請——は，生産技術の前提からであるばかりか，むしろ市民的でプロテスタント的な倫理から発している．これらはしばしば技術的というよりもむしろ倫理的な問題であった．それをはっきりと示しているのは，18世紀の中ごろからアメリカで生活していたシェーカー教の宗教的共同体である．彼らの家具や日用品の形態は宗教的な信仰原理に従っており，それはやがてほとんど同じ文言でさまざまなデザイン理論に入り込み，今日まで一般に愛好されている．

シェーカー派　前史 | 17

●シェーカー派の生活様式と手仕事

しばしば引用される「形態は機能に従う」というサリヴァンの指導原理にしたがって機能主義理論が現れている．しかしこれに先立つ約100年間にアメリカのシェーカー派の宗教的な共同体は，彼らの信仰原則において，例えば「美は合目的性に基づいている」と明確に述べている．

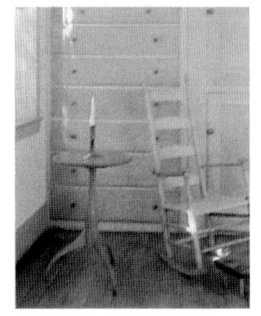

シェーカー派の指導原理
- 規則正しさは美しい．
- 調和にはすぐれた美しさがある．
- 美は合目的性に基づいている．
- 秩序は美の根源である．
- 最高の実用価値を含んでいるものは，すぐれた美しさを有している．

1840年頃の典型的なシェーカー教団の家具：クルミ材と松材からなる引き出し付き据付け戸棚，足のせ台付きのカエデ材からなるロッキングチェア，サクラ材からなるロウソク机．シェーカー教徒の家具は，その住居共同体における可動な共同所有物であったので，運ぶために簡素で機能的で軽量でなければならなかった．

ピューリタン的なその宗派は，宗教的な迫害によって彼らの故郷を離れ，アメリカに逃れたイギリス人のアン・リーと幾人かの同信者によって，1774年設立された．ことにアメリカ北東部の6州を含むニューイングランドにおいて，彼らはやがて多くの信奉者を自分たちのまわりに集め，19世紀の大規模で最もよく知られた宗派になった．1840年頃にはすでに約6000人のブラザーとシスターが19の良く組織された生活共同体において暮らしていた．彼らはある種の暮らしぶりを実践し，それが依拠していたのは共同体の価値と男女平等であり，そこではすべてのものが共有財とみなされた．したがって彼らは，ある種の「宗教的な共産主義」と後にしばしば呼ばれた．F. エンゲルスは，共産主義的な社会が実現可能であるということの実例として彼らを考えている．

シェーカー派（シェイキング・クエーカー派）は，礼拝での踊りで体をゆする動きにちなんでその名を与えられた．教団での生活は，秩序，謙譲，勤勉で特色づけられていた．彼らの信仰が表明されていたのは，日々の生活での厳しい規則性，彼らの住まいの簡潔さと簡素さ，彼らの手製の日用品や衣服や家具の質素な美しさにおいてであ

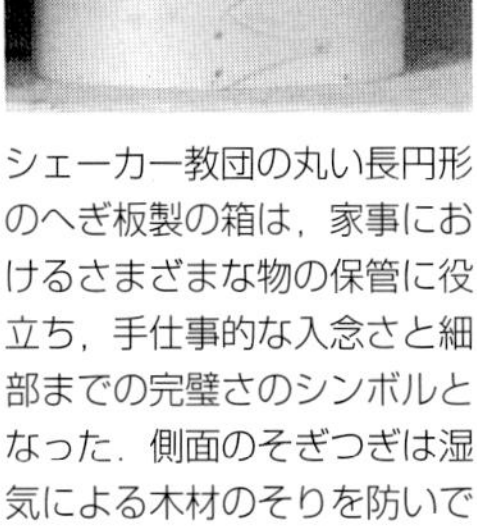

シェーカー教団の丸い長円形のへぎ板製の箱は，家事におけるさまざまな物の保管に役立ち，手仕事的な入念さと細部までの完璧さのシンボルとなった．側面のそぎつぎは湿気による木材のそりを防いでおり，鋲は鉄とはちがってさびない銅からなっている．

1750–1850

前史　シェーカー派

1750–1850

シェーカー教団における街路と住宅は、きわだって慎ましく清楚であり、建物は様式において質素で何の装飾もなく、街路に面する住宅はほとんど白であり、その背後の家畜小屋と農舎は暗い赤色か茶色である。

シェーカー派に帰せられている発明とさらなる発展
- 丸ノコギリ
- 洗濯バサミ
- チーズプレス
- えんどう豆さやむき機
- かご網細工機
- 脱穀機
- 回転馬鍬
- 移動分銅付き秤

「労働に汝の手を、神に汝の心を向かわせよ」．アン・リー、1780年頃

「教区で自家需要のために作られるすべてのものは、誠実に良好に、しかも簡素に一切の無駄なしに、仕上げられるべきである」．ジョセフ・ミーチェン、1795年頃

1800年頃ベルリンの、リンゴ材化粧板付きの松材製の事務用開き机．初期のビーダーマイヤー事務用開き机は、ここでは一部が大理石製であるように、古典的な円柱をしばしばなお携えている．他の作例でもそのほとんどが古典的な建築要素を示している．そうした事務用開き机は、ビーダーマイヤー時代にもっとも好まれた家具の一つに数えられた．

った．

　シェーカー派は日常用いるすべてのものを自分たちで作っており、その際それらは、彼らの暮らしのすべての事柄と同じように、最高の合目的性と完璧さを目指す権利をもっており、すべての無駄な物は固く禁じられていた．事物の形態は少しも変えられなかったが、しかし絶えず改良され、すでに手始めふうに類型化された．他の宗教的な生活共同体とは対照的に、シェーカー派は技術革新に対して開放的であった．彼らは販売用に家具や器具や織物を製造した．19世紀が経過するうちに、彼らの製品はアメリカにおいて広く普及し、しかも1876年にはフィラデルフィアでの万国博覧会に展示された．彼らの家具はその手仕事的な質やそれらの機能やそれらの簡素な美しさや格別の堅牢さにおいて至るところで人気を博した．

　今日二つのシェーカー教団がメーンとニュー・ハンプシャーに存続しているが、それらはもはやブラザーやシスターを受け入れないので、やがて消滅するであろう．「新しい簡素さ」のしるしのもとに、シェーカー派の家具は数年来ふたたび全世界で高く評価されており、例えばドイツのハビート社やイタリアの家具製造業者デ・パ

1820年頃ミュンヘンの，座部平面の下方に二つの引き出し付きのいわゆるマガジーン・ソファー．このソファーは机や，椅子を覆う同様な布地とともに市民的な住居空間の中心を形作った．

ドヴァ社が許可を受けて再び製造している．

ビーダーマイヤー様式における住宅文化

●市民階級と政治

1814年のウィーン会議から1848年の市民革命までの間の時代はビーダーマイヤー様式と呼ばれる．この時代に関するわれわれのイメージは，カール・シュピツヴェ

ゲオルグ・フリートリッヒ・ケルスティング（1785-1847年），『窓辺で刺繍をするお針子』，1814年頃．数え切れないほどの油絵や水彩画の，いわゆる「室内画」で，ビーダーマイヤー様式の部屋が描かれた．この室内の家具調度は明るく簡素で快適であった．

ーク（1808-85年）やアードリアーン・ルートヴィヒ（1803-84年）の田園的な絵画によって幾分追憶的に理想化されている．われわれがそれらに見て取る特色は，家庭本位，慎み深さ，市民的な上品さ，政治的な節制である．その上にそれらは産業化される前の最後の時代とみなされている．平安な世界，そこでは産業と人口爆発がまだ自然を破壊しておらず，産業化の結果である貧困と住宅難がはっきりと明るみに出ていなかった．

　この時代は，ビーダーマイヤーという名を，『フリーゲンデ・ブレッター』誌に由来する同名の風刺的人物にちなんで回顧的に与えられた．その雑誌ではこの風刺的人物が，1855年頃から小市民的な愚直さの権化として登場していた．世紀転換期頃にこの名は，その風刺的な相をはずされて，家具から出発してファッション，美術，文学までをも特色づけるような，質素で賢明な市民の基本的心構えに関する時代名称および様式名称となった．

　長年にわたって人びとは，この様式は1814年まで支配的であった封建的アンピール様式に対立する市民的な傾向であったという，前提から出発していた．ところが今日の研究が明らかにしているのは，ビーダーマイヤー様式が，貴族的な堂々とした様式へ向かう並行する様式傾向と同じ頃に，啓蒙化された宮廷でも発達し，そこでは私的な部屋のザッハリッヒで飾りのない家具調度に貢献していたことである．この後はじめてその「近代」様式は，宮廷周辺の高級官公吏によって引き継がれ，次第に市民階級の家具調度様式になった．この市民階級は，王政復古の時代には政略から居心地のよい自宅に引きこもったが，産業化の始まりとともに重要な階層となった．

化粧板：化粧板は，きわめて薄く，はがされており，鋸引きされたり切断されたりした木材片であり，一様な貴重な木材表面を可能な限り品質もよく値段も安く手に入れるために，たいてい安価な「芯材」の上に接着剤ではられる．化粧板の技法は古代から知られていたが，ようやくルネサンス以降しばしば利用されている．1817年にはウィーンで機械装置的な切断機械が発明され，家具の産業的な化粧板が可能にする．

●市民階級の住宅文化

　市民階級の住まいの家具調度は，合目的性，簡素さ，居心地のよさを示していた．豪華絢爛な織物，象眼細工，これらに類似した華美は断念され，つつましやかで統一的な室内の全体印象により重きが置かれた．家具のほとんどが一対あるいは一式で製作され，室内は調和的に配置された．その多くはあつらえ物ではなくて，既に標準化された「既製品」であり，それらのザッハリヒでつつましやかな形態に基づいて具合よく組み合わすことができた．

　多数の家具調度品の中には，手軽な椅子やソファーと並んで，小ぎれいな収納家具，書き物机，脇机，本箱，さらには贈り物や旅行記念品や評判の良い茶碗収集品の保管のための陳列棚や飾り棚が特に含まれていた．一般に家具は，徳用で手軽なトウヒやモミ材で製造され，カエデやサクラやクルミ材のような国産の木材からなる張り板が添えられた．

　ビーダーマイヤー様式は典型的なドイツの現象としてもっぱら見なされている．しかしその新しい簡素な合目的的な家具に関する手本は，国際的に普及していたイギリス製の見本帳とともに到来しており，ドイツ，オーストリア（北イタリアやハンガリアに至るまで），ベルギー，スイスにその普及が見られた．デンマークにおいては，固有の，むしろ古典主義的に作用する様式が出現した．デザインの歴史にも影響をもたらす産業化の最初の成果である，標準化された「既製品」，簡素な形態，機能性，「近代的な」販売方式がドイツに出現したのは，ビーダーマイヤー様式においてであった．

1825年頃のベルリンの，シラカバ材化粧板をともなう松材製のガラス戸棚．ガラス戸棚や本棚や本箱はほとんどすべての教養ある市民の家庭に見いだすことができた．ここには旅行記念物，小さな贈り物，書物や収集用茶わんが陳列された．

| 22 | 産　業　革　命 | 石炭，鉄，鋼 |

1833年	イギリスに最初の児童労働禁止法.
1837年	ヴィクトリアがイギリス女王になる.
1849年	エドガー・アラン・ポー没.
1859年	メキシコ市民戦争.
1860年	アブラハム・リンカーンがアメリカの16代目の大統領になる.
1861-65年	アメリカ南北戦争.
1863年	フェルディナント・ラサールが全ドイツ労働者同盟を設立する.
1867年	アルフレッド・ノーベルがダイナマイトを発明する. カール・マルクス:『資本論』.
1869年	スエズ運河開通.
1870/71年	普仏戦争.
1872年	クロード・モネが『印象・日の出』を描き，これに因んで印象派が名づけられる.
1876年	フィラデルフィア万博：グレアム・ベルによる電話.
1886年	ニューヨークに自由の女神.
1889年	パリ万博，エッフェル塔.
1890年	ビスマルク辞任. ロンドンに最初の地下鉄.
1893年	ルドルフ・ディーデルがディーゼル機関を発明する.
1898年	マリー・キュリーが放射能を発見する.

1830-1880

●蒸気機関が世界を変える

　1765年にイギリス人のJ.ワットが蒸気機関を発明した．それによって産業革命が起こり，19世紀にはまずイギリスで，その数十年後には大陸で，人びとの生活を急激に変えた．蒸気機関によって人工の動力が生み出され，石炭採掘，鉄鋼生産ならびに機械産業が近代的な重要性を獲得した．これは産業的大量生産，近代的交通制度，爆発的な都市の成長にとっての前提条件であった．

　新しい高速の交通手段――鉄道，蒸気船――は，石炭の採掘や鉄鋼の生産に役立つのみならず，世界貿易をも促進した．鉄道路線，国内運河，駅舎，ホテルをめぐって新しい建築とデザインの課題が生じた．さらには発展する都市が，工場，行政官庁舎，アパートのような新しい建築形態をもたらした．

ジェイムズ・ワットの蒸気機関．ワットはマシュー・ボールトンと協力してこれを組み立てラインで製造した．ピストンの上下運動が歯車を経由して大きなハズミ車の回転運動に変換され，鉱業や工業においてポンプや機械の駆動力に投入された．

●工房から工場へ

　高価で手間のかかる手仕事は安価な機械仕事によって代用させられることができたし，広範な階層への供給はあらゆる種類の徳用実用品の大量生産を必要とした．産

機械と労働分割　産業革命

1835年頃のマンチェスターにおける綿紡績工場．紡績機械が長い列で配置されており，運転軸を経由して蒸気機関によって駆動された．女性や子供が，低賃金であったので，他よりも好んで動員された．

業生産方式のもっとも重要な特性は労働分割であった．物品を製造し，それらにその個別的な形態を与えるのは，今や手工作家ではなくて，技術者や製造業者であった．商品を安く生産し得るために，個々の作業工程はしだいにいよいよ合理化され，ごくわずかの操作のみが残った．これに基づいて安い賃金を支払い，子供と女性を雇用することができたのであり，鉱山，工場において，あるいは家内労働において，しばしば最悪の条件下であくせくと働かされた．そして，痛ましい貧困，悲惨な住環境や暮らし向きという結果をもたらした．

このことは，当世紀の中頃からストライキや暴動の原因になり，労働協会や労働党の結成の原因ともなった．1867年にカール・マルクスは『資本論』を書き，当書において新しい生産組織と社会機構——無産階級の悲惨な状態——を批判的に検討した．

1830-1880

1871年頃のシンガー・ミシン．**アイザック・シンガー**はミシンを発明したのではなかった．この方向での最初の試みはフランスとオーストリアで企てられていた．ところが1851年のロンドン万博では，フランス人のバルテルミー・ティムニエによってより早く開発されたほとんど同じようなモデルが数日後に展示されたので，シンガーが審査委員会から賞を与えられた．これによって経済的な成果も彼に授けられた．シンガーは，個別の家庭に対して分割払いを申し出て，それによって売り上げを伸ばした，そうした最初の企業家に属していた．

最初のドイツの鉄道車両の複製品．1835年にニュルンベルクとフュルトの間を運行した．

産業革命　日常における機械

当世紀の終わり頃には，市民階級の人びとや進歩的な製造業者たちから改革運動が起こり，産業化の悪しき結末と戦うという目標を立てた．この悪しき結末とは，労働者の劣悪な生活状況，広がる環境汚染，そして——この時代の見るところでは——不必要な装飾を過度に背負わされ質的に劣悪な大量生産の日用品や家具調度品であった．ことにこうした企てを追求したのが，イギリスにおけるアーツ・アンド・クラフツ運動，アール・ヌーヴォーの主唱者たち，ウィーン工房，ドイツ工作連盟であった．

●工業化と機械化

産業化の先陣を切った工業化と機械化は，生産方法のみならず製品そのものをも含んでいた．19世紀は技術者の時代であった．彼らの発明の豊かさには限界がないように思われた．当世紀の中頃からアメリカが，この領域で優位を保った．1874年にニューヨークでは最初の路面電車が走り，1875年頃にエジソンが炭素フィラメント白熱電球とマイクロフォンを発明し，シンガー社は1851年から家庭用ミシンをすでに製造し，ベル社は1876年のフィラデルフィア万博で使用できる電話機を展示した．同じくこの年にアメリカの発明家P.レミントンによる最初の機械的なタイプライターが生産され始めた．同様に殺人さえも機械化され，1835年にS.コルトは彼の回転式拳銃の特許権が認められた．

レミントン第1号．1876年の最初の機械的なタイプライター．

●プルマン特別客車

鉄道は，技術的にも豪華さからも造作され仕上げられた．産業家のG. M. プルマンは，有名なプルマン特別客車をアメリカの長距離路線に導入した．それは寝台車，食堂車，廊下車からなっており，

その簡潔な空間で，よく練り上げられ機械的に調節可能な家具調度品によって，最大限の快適さを提供した．

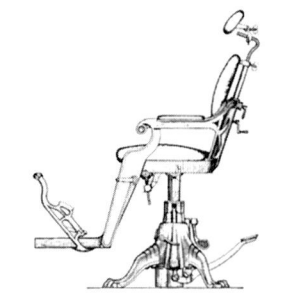

● 特 許 家 具

　欧州にも様々な回転椅子，調節可能な安楽椅子，その他の特許家具が，理髪店，開業医，事務所にすでに早くからあった．産業化の発生地であるイギリスにおいては，例えば空間を節約する折りたたみ椅子が船舶用家具調度に関してすでに知られていた．また1851年のロンドン万博ではすでにいくつかの機械的な特許家具があったが，実際にはそれらは比較的わずかしか注目されなかった．というのはヴィクトリア朝時代の興隆期には，むしろ歴史様式で体面をつくろう家具の方が好まれたからである．
　アメリカでは産業的大量生産が，もっとも首尾一貫して早くに発達した．すでに当世紀の中頃ここに最初の自動的な流れ作業が，まずシンシナティとシカゴの大規模な畜殺場に，それから新興のミシン産業に，そして終に自動車製造に組み入れられた．新しい品物，機械，特許家具は実用的で技術的な形態をもち，それらには精巧な装飾がまったく欠けていた．これらは広範な大衆需要のために構想されており，例えばフォードの「T型」車のようにしばしば市場での競争者がなく，したがって美的な外観は初期段階では重要な役割を果たさなかった．これとは違って裕福な階層のための家具では事情が違った．ここではむしろ保守的な趣味が優勢であり，欧州的な洗練さのしるしとして歴史化された形態が好まれた．

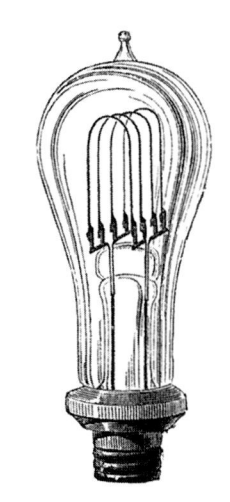

1879年のアメリカの歯科用椅子で，すでに水圧による高さ調整装置が付いている．

1830–1880

「1850年と1890年との間の40年間において，アメリカでは日常的な生活の活動が理屈ぬきで受け入れられることはなかった．度を越した発明衝動がすべてを新たに形作り，その他すべてのもの家具でさえも作り変えられた．それには感情的な無頓着さと，新しい消耗されていない眼で見る勇気とが必要であった．両者がいつでもその国の力となったのである．」（ジークフリート・ギーディオン，『機械化の支配』，1948年）．

1875／76にアメリカ人の**トマス・アルヴァ・エディソン**（1847–1931年）は，蓄音機，マイクロフォン白熱電球を発明しており，すでに1878年にはロンドンに最初の電気の街路灯があった．

産業革命　泡沫会社乱立時代と歴史主義

●泡沫会社乱立時代と歴史主義

　1870年から1885年までぐらいの時代には，最初の経済危機にもかかわらず産業的生産の第二波がヨーロッパ大陸にも速やかに強まり，しかもさらに推し進められねばならなかった．というのは，急速に拡大する都市においてより安価な大量生産品への需要が起こったからである．ドイツではことに普仏戦争後のフランスの賠償金に基づき，1873年ぐらいまでに多数の新しい工場や企業が創設されており，それゆえこの時代は一般に泡沫会社乱立時代と呼ばれている．

　技術的進歩は新しい生産方法，物品，新しい機能をもつ器具を19世紀に生み出したが，当分の間は産業生産品の新しい美学が存在しなかった．新しい機械的な物品に関しては，形態においても使用においても伝統が存在せず，たいていの場合に疑わしいものが優勢を占めていた．

　この点で人びとは，さらに世紀中頃ぐらいから歴史様式へと後戻りした．すでにロマン主義は中世への回帰を実行していた．ところが今や美術，建築，工芸においては，ロマネスク，ゴシック，ルネサンスあるいはバロックの要素が恣意的に混ぜ合わされ，新しい技術的な器具に装備された安直な機械打ち出しのブリキ張りが過剰な模様で装飾された．また家具の場合もネオゴシックやネオバロックの形態からなる交換可能な機械的な凝った飾り枠を取り付けられ，伝統的な形態や手仕事的な製作が模倣された．

●体面を保つための様式

　こうした体面を保つための形態の需要は，世紀後半の経済競争の発達で豊かになった企業家の若い世代から起こった．彼らは成果と財産を社会的な認知の唯一の規準とみなし，彼らの地位を外に向けて明示しようとした．彼らはすみやかにビーダーマイヤーの簡素な形態をしりぞけ，東方からの影響の強まりも相まって，過剰で装飾

古典的な寺院の形状をした1840年の高圧蒸気機関．機械化の初期には近代的な機械が歴史的な舞台装置にすぐに納められた．技術的な機器が当時はなお芸術作品として祭り上げられた．

に満ちた歴史記述的で体面を保つための様式に取って変えた．市民階級的な自己意識はもはや貴族と一線を画することなく，人びとは貴族的な生活や家具調度の様式を模倣した．経済的な豊かさは，その表現をまったく直接に装飾や装飾術の豊かさに見出した．上級の市民階級の住まいは相応に過度に装われ，窓には厚い布が掛けられた．黒っぽい異国的な木材からなる家具が好まれ，これらは重くて不釣合いに大きく，元の位置からずらすことができなかった．美術品が仕えるのは優先的に装飾であり，自己の教養を誇示することであった．やがてこの歴史主義は下級の社会層にも受け継がれた．さまざまな時代様式の原型が模倣の手本として出回り，手工業と産業は安価で粗悪な大量品を産出した．

便器「オウムガイ」．過剰な多くの装飾とともに，古典的な寓意と神話的な暗示が産業製品の正当化のために好まれ広められた．

●ヴィクトリア朝時代

イギリスではこれとよく似た歴史的様式への偏愛が流行していた．ヴィクトリア朝時代（ヴィクトリア女王在位，1837-1901年）は経済的な繁栄の時代であった．人びとは十分な満足感と誇りをもって技術的な進歩と大英帝国の拡張を見やった．技術的な形態は無趣味とみなされ，事物の産業的な由来は装飾の覆いの下に姿を消した．この歴史主義は，けばけばしい「偽」の形態語彙を伴うと同時に劣悪な有用性と不十分な堅牢性を備えており，西欧にやがてこれに続いて起こる改革運動の最大の敵になった．

1888年頃の「卓上電話」．歴史的な包皮にくるまれた近代的な技術．

●万国博覧会と国際競争

19世紀後半は，技術化と機械化の時代であったが，大規模な万国博覧会の時代ともなった．成長する世界貿易は1851年から万国博覧会とともに「国際的な市の立つ広場」を生み出し，そこでは指導的な経済国の産業製品が互いに競い合った．したがってこの博覧会は経済競争の舞台となるのみならず，国家的な自己演出の演壇ともなった．万国博覧会は産業発展の転機となったが，デザ

| 28 | 産 業 革 命 | 万国博覧会の時代

インの問題における読み違いと無力さをもはっきりと明るみに出し，参加国の産業製品の競争力が試された．その際しだいに歴史主義は国際競争における美的な障害として感じ取られた．したがって例えばゼンパーは，ロンドンでの1851年第一回万国博覧会を「混乱した形態の混合物あるいは子供じみた遊びごと」と批判した．この批判に関してはそれが彼一人だけであったというのではなかった．この種の最初のものとして世界中の新しい材料や技術製品を提示し，産業時代の象徴になるはずであった万国博覧会は，装飾，図案，歴史的な様式引用によって奇異な感じを与えられており，あらゆる方面から批判された．ロンドン・タイムズさえもが「よき趣味に逆らう罪」について報告している．

この万国博覧会ならびにこれ以後の万国博覧会に際してのドイツの自己描写は，絶えず批判を引き起こしている．「とうとう1876年フィラデルフィア万国博覧会の公式ドイツ特派

世紀転換期頃のイギリス企業の衛生設備カタログから：歴史的なものとして強調された装飾をまとった電気照明器具付きの近代的な浴室設備，「アテナ」モデル・シリーズからの豪華な洗面台．

1890年頃の裕福な市民階級の居間．

1851年ロンドン第一回万国博覧会でのジョセフ・パクストン（1801-65年）による水晶宮は，鉄とガラスを用いた新しい建築工法が招いた建築における断絶を明らかにした．古典的な内外の分離は広範囲に廃止され，その美的感覚は今や工学技術と新素材によって決定された．

万国博覧会の時代　産　業　革　命

員のF. レローは,〈安かろう, 悪かろう〉のスローガンの結果としてのドイツの〈最悪の敗北〉について報告している」(G. ゼレ, 1987年).

技術的で産業的な発展の境界石としての万国博覧会
1851年　ロンドン, 第一回万国博覧会, 水晶宮.
1854年　ミュンヘン. トネットが最初の曲げ木椅子を展示する.
1873年　ウィーン. 世界的不況が泡沫会社乱立時代を終わらせる.
1876年　フィラデルフィア, ミシン, シェーカー教徒の家具.
1884年　シカゴ.
1889年　パリ, エッフェル塔, 2800万人の入場者.
1897年　ブリュッセル.
1900年　パリ,最初のエスカレーター.
1904年　セント゠ルイス, 第三回オリンピック競技会と同時開催.

1830-1880

フランスの技術者**アレクサンドル・ギュスターヴ・エッフェル**（1832-1923年）のエッフェル塔は, 1889年のパリ万国博覧会で設立されており, 300mの高さがあり産業と技術の進歩の堂々としたシンボルであった.

トネット兄弟社

ミヒャエル・トネット
(1796–1871年)

多くの製品の形態がまだ手作りであり，家具製造者が手仕事的な歴史的家具形態を新しいろくろ細工機械や彫刻機械でまねることができた時代に，M.トネットは近代的で簡潔な形態へも通じる新しい製作技術を家具製造に利用することに成功した．彼は家具の産業的な製造方法を隠すのではなくて，それをデザインの原理とした．彼は中身のあるブナ材の棒を蒸気の作用で弓形の形態に曲げる方法を開発した．

泡沫会社乱立時代の重量家具とはちがって，トネットの家具は簡素で徳用で機能的でもあった．これらは分解して発送することができたのであり，このことがその成功の一因であった．

M.トネットは，ラインラント出身の職人・考案家・企業家であり，職人的な綿密さを新しい産業的な可能性と結びつけた．1830年頃に彼はひとつひとつの家具部材をまるい形に曲げる試みをはじめた．さらに彼は，張りつけられた薄板の多数の層からなる合板をも用いた．彼がこれらの技術で作った腰掛と安楽椅子は，しかも早くから組み合わせ可能な部品で構成されており，それによってすでに流れ作業生産方式の態勢が取られていたのであるが，しかし様式的にはビーダーマイヤー様式にとらわれていた．それでもこれらの椅子は大評判となり，トネットはメッテルニヒにウィーンに来るように勧められた．当地で彼は，まずカール・ライストラー社の側に立って，オーストリア宮廷の注文に応じた．1849年に彼は，彼の5人の息子とともにウィーンで自らの会社を設立して曲げ木家具を製造し，やがて喫茶店や公共建築物の装備に関する最初の注文を受けた．営業は絶えず伸びており，1853年にはすでに42人の社員を雇っていた．

トネット椅子　第14号（1859年），曲げ木椅子の精華で近代的大量生産家具の原型．今日まで一億脚以上が販売された．ル・コルビュジェは驚いて次のように述べている．「これよりもより優雅でより良い構想のもの，より正確でより丈夫な作りのもの，こうしたものはいまだに作られてはいない」と．

トネット兄弟社

椅子第14号が備えられたインターラーケンの鉱泉水を飲むための部屋，1908年頃．軽く実用的なトネット椅子は，ウィーンの喫茶店の椅子としても有名になり，産業生産と手頃な価格のゆえに事務所や劇場や喫茶店に大量の座席を設備するのに申し分なかった．

そうこうするうちにこの企業は，トネット・ゼーネ社に移管され，蒸気機関を用いて製造した．1856年にトネット兄弟社は彼らの最初の工場をメーレンの森に恵まれた地方（現在はチェコ）コリッチャンに設置した．

さらなる工場設置がつづき，1862年にはロンドンに最初の外国支店が設置された．万国博覧会と国際市場での成功は，トネットの方法を用いる競争会社をやがて生じさせた．1889年には，現在の本拠地であるヘッセンのフランケンベルクに工場が設置された．1900年にはトネット社は6000人の労働者を雇い，彼らは20の蒸気機関で毎日4000個の家具を製造した．

その後の数十年間には，曲げ木家具とともに，ウィーンの建築家のデザインと20年代および30年代の鋼管家具に，トネット社の重点が置かれた．彼らは他のファミリー企業と同様な財政的展開をたどっており，株式会社に移行し，競争会社とコンツェルン連合し，1945年の西欧での生産施設の破壊があり，東欧では工場の国営化があった．今では年代物のトネット家具は，国際展覧会によって広く知られており，需要のある収集品であるが，依然として新品のトネット家具も製造されている．

曲げ木の方法．切断したブナ材の棒が蒸気部屋で圧力と100度以上の蒸気で処理される．柔軟な棒が鋳鉄の曲線形態へと手で（今日でも）曲げられる．外側での木材の亀裂を避けるために，棒の凸面の側に薄い鋼レールが固定され，曲げる際に加工品に強く押し当てられ，それによって木材が破断点を越えて引き伸ばされるのを防げている．曲げられた家具部材は乾燥室においてほぼ70度で約20時間乾燥され，その後はじめて鋳鉄の曲線形態からはずされ研磨され，着色され，さらに仕上げられる．

改革運動

産業美術における改革運動

1844年	シュレージェンの職工一揆.
1848年	ドイツ3月革命；ダンテ・ゲイブリエル・ロセッティがラファエル前派友愛団を創設.
1849年	ギュスターヴ・クールベ：『石割り人夫』.
1852年	イギリスの人口の大半が都市に住む.
1857年	ジャン=フランソア・ミレー：『落穂拾い』.
1868年	ドイツ労働組合運動の始まり.
1873-76年	フリードリヒ・ニーチェ：『反時代的考察』.
1874年	印象主義の第1回共同展覧会；リヒャルト・ヴァーグナー：『神々のたそがれ』.
1878年	ビスマルクの社会主義者鎮圧法.
1896年	イギリスで田園都市運動が始まる；ミュンヘンで雑誌『ユーゲント』.
1907年	ドイツ工作連盟の設立.

●**改革運動**

　19世紀後半には工学技術が勝利しており，産業と経済は，1873年の世界経済恐慌によって中断されるにしても，急速に発達した．社会的に良からぬ状況は，速やかに新たに増大した無産階級層に産業化がもたらしたものであったが，やがて万博での国際的比較において明ら

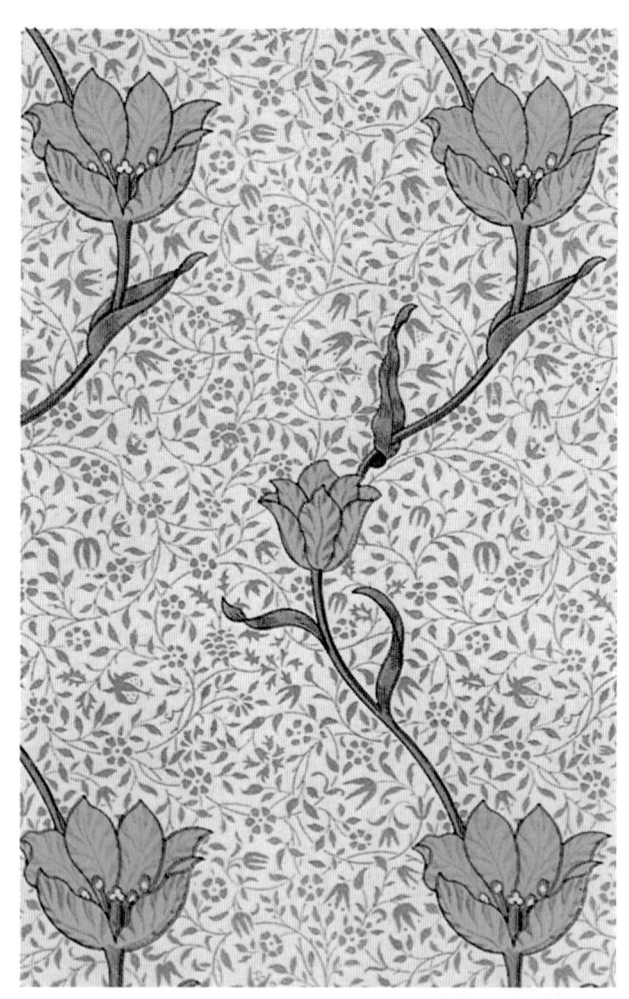

ウィリアム・モリス（1834-96年）による『壁紙の模様』．産業と大都市，大量生産と歴史主義への回答として，モリスと彼の後に続く改革運動の多くは，自然と手仕事への回帰を要求した．

様々な方向　改革運動 | 33

1902年のペーター・ベーレンスによるユーゲントシュティールの卓上スタンド．ユーゲントシュティールは世紀転換期頃に最も重要な改革運動となり，イギリスの手本にしたがって歴史的な装飾を有機的な形態にとって変えた．

かになった美的で経済的な問題との関連から中産階級の一群の知識層がこれに気づいた．大量生産はすでに近代的な日用品や家具を産出していたが，それらは安物の古風な，多くは低俗で愛国主義的な表象，模様，装飾で飾り立てられていた．これらの大量製品はしばしば悪質であり，非実用的で不釣合いに大きく，その家具は大抵の都会人の狭い住環境には適していなかった．

改善を求める声はさまざまな党派から上がった．社会主義と組合運動の支持者は，労働者のために生活環境の改善と簡便で徳用で「誠実」な有用品を要求した．教養ある市民は，社会問題とともに，美的に劣った折衷主義的な形態群を見出した．これらは過剰装飾の様式混合へと行き着き，これらが近代的に産業生産されることを決して認めようとしなかった．経済と商業の代表は世界市場でのこれらの製品の競争力のなさを嘆いていた．

したがってこの弊害の克服を願い，産業美術の改革に努める運動が，まずイギリスで，その後ドイツでも起こった．しかもそのすべては，産業化の好ましからぬ結果や歴史主義との戦いという点では同じ目標をもっていた．それにもかかわらず政治的，美的，経済的な方向に関しては，さまざまな集団の見解はしばしば違っており，個々の改革運動の内部で激しい論争が起こった．

家具や日用品のデザインの改革は，都会人の住まいや生活や労働の環境を改善しようとする多くの包括的な運動の構成要素であった．労働者家具が新しいデザイン課題になった．その結果すでに1860年頃にイギリスの進

1901年のヨーゼフ・マリーア・オルブリッヒによる『ダルムシュタット芸術家村のポスター』．ダルムシュタットはユーゲントシュティールの中心であり，当地と同じように改革運動の代表的人物は芸術家村や共同工房において暮らした．

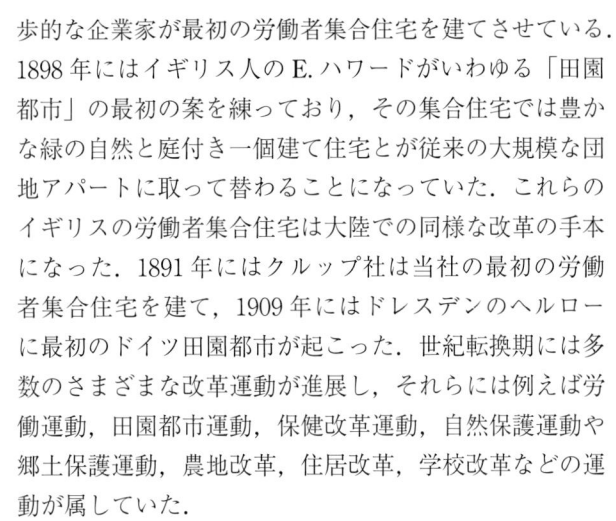

改革運動 労働者集合住宅と田園都市

歩的な企業家が最初の労働者集合住宅を建てさせている．1898年にはイギリス人のE. ハワードがいわゆる「田園都市」の最初の案を練っており，その集合住宅では豊かな緑の自然と庭付き一個建て住宅とが従来の大規模な団地アパートに取って替わることになっていた．これらのイギリスの労働者集合住宅は大陸での同様な改革の手本になった．1891年にはクルップ社は当社の最初の労働者集合住宅を建て，1909年にはドレスデンのヘルローに最初のドイツ田園都市が起こった．世紀転換期には多数のさまざまな改革運動が進展し，それらには例えば労働運動，田園都市運動，保健改革運動，自然保護運動や郷土保護運動，農地改革，住居改革，学校改革などの運動が属していた．

産業美術や社会領域における改革運動は，産業的な製造，形態，機能，実用の相互関連が次第に意識的に認められ変えられる限りにおいて，デザイン史のはじまりを際立たせている．

●ウィリアム・モリスとアーツ・アンド・クラフツ運動

歴史主義のジレンマがロンドン万国博覧会によって明るみに出され，イギリスにおいてその最初の反応が現れる．万博の共同提案者のひとりであるH. コールや，その頃に数年間ロンドンにいたG. ゼンパーの脇で，O. ジョーンズは1856年の彼の著作『装飾入門』によって装飾の問題に挑んだ．

新しいデザインの最も重要で影響力の大きい擁護者になるのが，美術家，詩人，社会批評家のウィリアム・モリスである．コールやジョーンズと違って，モリスは産業的な大量生産に猛

エビニーザー・ハワード著『田園都市の考察』のドイツ語版向けの広告ポスター．

「わたしが語るのは，文明の今日の発展が生活のすべての美しさを破壊しかかっている恐れについてである」ウィリアム・モリス．

1876年の**ウィリアム・モリス**による生地の模様．自然染料で手染めの木綿．

ウィリアム・モリス (1834-96年) は，1853年から55年にかけてオックスフォードで学んでおり，アーツ・アンド・クラフツ運動の父となり，工芸の最も重要な再興者になった．

烈に反対した．モリスは，環境汚染，疎外された労働，粗悪な大量商品という産業化の結果を，悪魔のような資本主義的な作り物であり人類の敵であると考えた．彼は社会主義の信奉者になったが，革命主義者にはならなかった．美的な弊害と社会的な弊害は彼にとっては緊密に関係していた．これに対する回答としてモリスが見出したのは，美術と手仕事が緊密に互いに結びついており，美術家が実用的で美しい日用品を作り出していた頃の中世を意識した産業美術改革であった．モリスが要請したのは，高い美的水準の手作りの日用品であった．彼が歴史主義の装飾過剰に対置させたのは，自然に由来する装飾と素材であり，明確に構成された形態であった．最初に熱心に取り組んだ環境保全運動家のひとりとして，モリスが挙げられるのは驚くべきことではない．モリスはオクスフォードで神学を学んだが，しかしほどなく絵画に転じ，さらにはラファエル前派に影響された芸術家同好会をバーン=ジョーンズや他の画家や詩人や建築家とともに設立した．彼にとって独特の実践的デザイン活動のきっかけとなったのは，彼の住まい（赤い家）の建築であった．ヴィクトリア朝的な家具商品は彼を満足させなかったので，その住まいの家具調度を仲間たちとともに装備したのである．この活動から1861年にモリス商会が起こり，この商会では堅実な手作りの家具，植物性染料で捺染された布，彩色されたタイルやガラス窓が制作された．モリスは芸術と社会を改革する彼の考えを私家版を通して広めた．その刊行物は，1890年に彼によって設立されたケルムスコット・プレスによって，他の作家の作品とともに愛蔵版で出版されている．

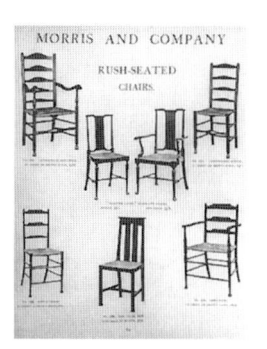

モリス商会のカタログからの「イグサの座部をもつ椅子のモデル」．

ジョン・ラスキン（1819-1900年）は，著作家，社会哲学者，美術評論家，画家であり，ラファエル前派の支持者であり，1850年から著作によってイギリスの美的感覚に決定的な影響力を及ぼしており，美的改革によって社会問題を解決し，工芸を改革することに努めた．

ラファエル前派：「ラファエル前派友愛団」は，ダンテ・ゲイブリエル・ロセッティ等によって設立されており，イギリス芸術の改革を願った芸術家たちの結社であった．彼らが要求したのは，芸術家が自然を再び熟慮することと，明確で簡潔な構図であった．彼らは中世的な主題を好んだ．彼らの手本は15世紀のイタリア絵画であり，ラファエル以前の時代であった．ラファエル前派は，モリスにとって，また後になってユーゲントシュティールにとって，重要な刺激となった．

| 36 | 改革運動 | アーツ・アンド・クラフツ運動 |

『赤い家』，これは1859年に**フィリップ・ウエッブ**によってウィリアム・モリスのためにケント州に建てられた．この家は古い田舎の邸宅を手本にしており，深いひさしのカワラ屋根とゴシック風の窓によって中世的な印象を与えているが，しかしその機能的な構造においてはすでに極めてモダンであった．

1896年ミュンヘンの雑誌『ユーゲント』の表紙．この雑誌にちなんでドイツの新しい様式がその呼び名を得た．

ウォルター・クレイン（1845-1915年）は，画家，工芸家，挿絵画家であり，日本の美術とラファエル前派に影響を受けた．アーツ・アンド・クラフツ運動の共同主唱者として彼は，壁紙，絨毯，ポスター，陶磁器，刺繡をデザインしており，しかもすぐれた書物デザイナーでもあった．

● アーツ・アンド・クラフツ運動

モリスは美術批評家・哲学者のJ.ラスキンと画家・挿絵家のW.クレインと親交があった．彼らの理論と彼らの協力の実践的な先例は，多数の芸術家ギルドの手本になった．とりわけ1888年に設立された「アーツ・アンド・クラフツ展協会」がそうであり，これからアーツ・アンド・クラフツ運動が起こった．

歴史主義の拒絶，手仕事の再考，デザインにおける芸術の重要性の認知によって，また自然に由来する簡素で有機的な形態によって，アーツ・アンド・クラフツ運動はユーゲントシュティール，ドイツ工作連盟，バウハウスに本質的な影響を及ぼした．

● アール・ヌーヴォー，国際的な運動

世紀転換期には，歴史主義を拒絶し，自然を手本に構造にかなった簡潔な形態を求める運動がヨーロッパ大陸でも発生した．

アール・ヌーヴォーは，1895年から第一次世界大戦までの時代にさまざまな呼び名で国際的な運動になった．イギリスでは「装飾様式」，ベルギーとフランスでは同名のパリのインテリアと家具の店にちなんで「アール・ヌーヴォー」，ドイツでは雑誌『ユーゲント』にちなんで「ユーゲントシュティール」と呼ばれた．イタリアで

アーサー・マックマード (1851-1942年), 著書『レンのシティー・チャーチ』の表題紙, 1833年, 木版画. 建築家でグラフィック・アーティストのマックマードは, モリスの支持者であり, 最初のユーゲントシュティールの芸術家のひとりと見ることもできる.

ペーター・ベーレンス, 『接吻』, 1898年, 色刷り木版画. 髪は, 流動する装飾になり, またそれを越えて二人の人物の内的な融合を象徴している.

はイギリスのインテリアと家具の店リバティーの呼び名が当てられて「リバティー様式」と呼ばれた. オーストリアでは「分離派様式」と呼ばれ, それはデザインにおける新しい思想を前面に押し立てた集団 (分離派) であり, 会社であり, 工房であり, 雑誌であった. そしてこの運動が定着した諸都市は, アール・ヌーヴォーの有名な中心地になった.

アール・ヌーヴォーは, そのほとんどが世紀転換期に始まるのであるが, すでに19世紀の80年代に根付いて

「この装飾法は……これが結びついている対象から生じ, その目的や発生方法を示唆する……その装飾はひとつの有機体となり, うわべにくっ付いているだけのものは拒否するのである」ハンリ・ヴァン・ド・ヴェルド, 1901年.

ハンリ・ヴァン・ド・ヴェルド, 『ハバナ・タバコ専門店』, ベルリン1899年. 建築, 商品棚, 椅子類, 彩色壁面が有機的に互いに交ざり合い, 空間を総合芸術作品にする. 彩色壁面はもうもうとしたタバコの煙を表現している.

改革運動　アール・ヌーヴォー

ハンリ・ヴァン・ド・ヴェルド (1863–1957年) は，画家，建築家，美術批評家であり，最初にアントワープで絵画を学び，1989年にブリュッセルの芸術家集団「20人会」の会員になる．1901年にヴァイマル宮廷の芸術顧問になり，当地で1906年から1914年まで工芸学校の校長となり，1907年にはドイツ工作連盟の創設会員となる．1917年にはスイスに亡命し，1921年から47年までオランダとベルギーで暮らし，引き続き没するまでスイスで再び過ごした．ベルギー，オランダ，ドイツにおける彼の活動と理論的影響力の点で，ヴァン・ド・ヴェルドは国際的なユーゲントシュティールの中心的人物であった．

いた．新しい形態に関する最初の作例は，イギリスのグラフィックアートや書物デザインに見出される．ここではアーツ・アンド・クラフツ運動から受け継いだ自然への回帰が，運動する有機的な揺れ動く線，様式化された植物形態，花の茎，蔓で表現されており，これらは装飾文様になった．好まれたのはユリや睡蓮のような植物であり，その象徴的な内容さえも利用された．これらの形態は非対称的であり，自然のように成長する印象を与えた．

アール・ヌーヴォーのもうひとつの明確な表れは，以前から幾何学的な形態に影響されており，日本の美術からやって来ており，イギリスでは非常に好まれた．

新しい装飾は建築，家具構造，そしてあらゆるデザイン領域にすみやかに転用された．というのは，アール・ヌーヴォーの主唱者たちが目指したのは，自由芸術と応用芸術のあいだの線引きの克服にあった．芸術家は，装身具，壁紙，布地，家具，食器類などをデザインするはずであった．アール・ヌーヴォーの産業的大量生産品への対応として目指されたのは，全生活領域での包括的な芸術的デザインの徹底であった．空間は綜合芸術作品としてみなされ，装飾はつなぎの部分として仕えた．その際，歴史主義とはちがって，装飾は恣意的に作成されるべきではなく，対象の構造や機能から「有機的」に成長することになっていた．

● ベルギー

ブリュッセルは，進歩的な芸術家やデザイナーの中心地に以前からなっていた．芸術家集団「20人展」と「自由美学展」はすでに80年代にA.ロダンやA.ビアズリーやO.ルドンなどの芸術家の作品を展示した．そこではW.モリスの布地や壁紙をも見ることができた．アール・ヌーヴォーの2人の著名な代表者である建築家のH.ヴァン・ド・ヴェルドとV.オルタもまたこの周辺にいた．

ブリュッセルにおいては，アール・ヌーヴォーの装飾

ヴィクトール・オルタ，『タッセル邸における〈吹き抜けの階段〉』，ブリュッセル1893年．

ベルギー　改革運動 | 39

術は，既に早くから三次元に移しいれられていた．オルタは，アール・ヌーヴォー建築の最初の最も重要な作例を提供した．彼は，ロンドンの水晶宮（1851年）やパリのエッフェル塔（1884-89年）によって知られるようになった新しい材料，鉄製の梁，ガラスを活用し，アール・ヌーヴォーの花柄装飾術を，表面装飾としてのみならず，構成的な要素としても組み入れた．彼の代表作に数えられているのは，『人民の家』（1896-99年），『タッセル』邸（1893年）ならびに『ソルヴェー』邸（1894年），『ファン・エートフェルデ』（1897-1900年）である．オルタは近代的な建築素材で片持ち構造を作り，それゆえ大きく明るい空間を生み出すことができた．彼は，鉄から任意に形作られうる柱を，植物のように大地から伸び上がらせ，それらを家具や壁面装飾と組み合わせてダイナミックな総合芸術作品に作り変えた．ここでは装飾と可視化された構造が明らかに相互に溶融し，建物自体が装飾になる．

少し年少のH. ヴァン・ド・ヴェルドは，画家で建築家であったが，理論家，家具デザイナーとしてオルタよりも有名である．ヴァン・ド・ヴェルドもデザインに芸術を要請し，総合芸術作品としての空間を得ようと努めた．しかしそれにもかかわらず彼は有機的な装飾を機能という概念とより強く結

ハンリ・ヴァン・ド・ヴェルド，「肘掛け椅子」，ブリュッセル　1898年．

アール・ヌーヴォーの雑誌（草創期）：
『ステューディオ』，ロンドン（1893年）
『パン』，ベルリン（1895年）
『ジンプリチシムス』，ミュンヘン（1896年）
『ルヴュー・ブランシュ』，パリ（1891年）
『ヴェール・ザクルム』，ウィーン（1898年）

アール・ヌーヴォーの中心地
国際的中心地：パリ，ブリュッセル，ナンシー，ウィーン，バルセロナ，グラスゴー
ドイツにおける中心地：ダルムシュタット，ミュンヘン，ドレスデン，ヴァイマル，ハーゲン

1850-1914

エミール・ガレ（1846-1904年）は，フランスのガラス工芸家，陶芸家で，「ナンシー派」の創設者であり，ナンシーとヴァイマルで哲学と植物学を学んだ．ガレは1886年に家具製造会社を設立し，1900年のパリ万国博覧会で大成功をおさめた．

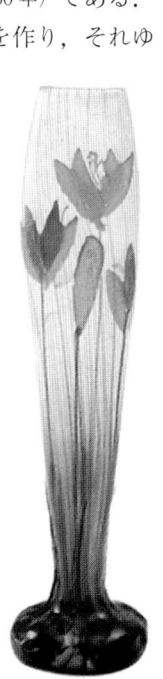

エミール・ガレ，「イヌサフラン模様のガラスの花瓶」，1900年頃．

改革運動　フランス

エクトール・ギマール（1867–1942年）は、フランスの建築家で家具デザイナーであり、パリの国立装飾美術高等専門学校で学んだ。ギマールは、イギリスのネオゴシックとヴィクトール・オルタの建築に影響を受けた。1900年頃に多くの仕事を請けており、1903年のコンパニ・ゲネラル・デュ・メトロポリタンのための活動によって有名になった。第一次世界大戦とアール・ヌーヴォーとの終焉後に彼は、標準化された建築部材を伴う近代建築と労働者住宅に取り組み、1938年から死去まではニューヨークで暮らした。

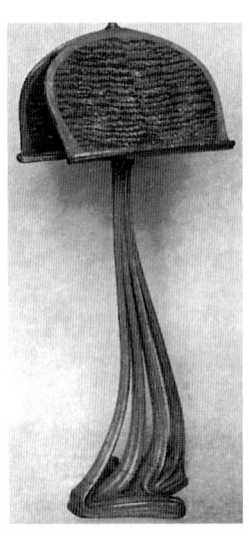

アレクサンドル・シャルパンティエ、「楽譜台」、1900年頃。これらの作品はその首尾一貫性において有機的な花柄模様の造形の頂点を示している。この楽譜台は大地から生えるようであり、その躍動する形態は音楽の躍動に照応している。

びつけた。だが彼が多数の刊行物や講演によって広めた理論的な言説と彼が実践したデザインとは明らかに矛盾していた。やっと1904年頃から、特にハーゲンの企業家で芸術保護者K.E.オストハウスのために『ホーヘン・ホーフ』邸を1908年に建てることによって、彼の作風は実際によりザッハリヒなものになった。しかもヴァン・ド・ヴェルドは、歴史主義や「芸術的な専横」への敵対者であり、ほとんどの他のアール・ヌーヴォーの芸術家たちと同じように、手仕事の擁護者であり、改革は産業と対立することでのみ可能であるとし、彼の家具は最高の芸術的自負をもち高価であった。ドイツ工作連盟での彼の役割はこの矛盾を明らかにした。

● アール・ヌーヴォー

　小さな地方都市が大きな意味をもったフランスのアール・ヌーヴォーの、その最も重要な中心地はパリとナンシーである。

● ナンシー

　当地では有名なガラス芸術家E.ガレとA.ドームが活動した。ガレが興した「ナンシー派」は、アール・ヌーヴォーの華美な花柄風で象徴的な傾向に優れた手本を提供した。皿や壺やガラス器は「茎」と「ガク」を伴う花の模造であり、多くの家具には情趣や象徴的内実を伝える文字が刻み込まれていた。

　ガレとドームはガラス器製造所を経営しており、そこからは、アメリカ人のL.C.ティファニーは別として、最も有名で高価なアール・ヌーヴォーのガラス製品が届けられた。しかしガレは芸術的な単品を制作したのみならず、産業製品をも製作した。1886年にガレは、専属の製材所、工房、蒸気機関、近代的事務所、展示ルームを備えており、完全に機械化された家具製作所を設立した。

　ガレが興したこの流派には、家具工芸師のE.ヴァラン、L.マジョレル、画家・彫刻家・金工家のP.プルヴェ

が属しており，彼らはガレ没後にそのガラス器製作所と「ナンシー派」が世界的な名声を得るのに貢献した．

● パ リ

ほとんどのアール・ヌーヴォーの中心地とはちがって，パリでは分離派や何かひとつの流派の創設には向かわず，激しい理論的論争にも至らなかった．芸術家たちをひとつにする美しき時代の精神が支配しており，華麗な花模様の装飾術がここでは最高潮に達していた．A. シャルパンティエやL. マジョレルのような家具工芸師は，表現は強烈だが簡潔である植物形態と精巧で清らかな装飾的象嵌細工とを同時にもちいて活動した．

パリのアール・ヌーヴォーの最も有名な代表者はH. ギマールであった．彼がデザインしたパリの地下鉄入り口は，近代技術と芸術的デザインの結合に関する卓越した作例になった．植物の茎のように，その鉄製の入り口照明燈と屋根の支柱は力強くダイナミックに成長する．屋根そのものはガラスと同様に透けて見えるピンと張った傘からなる．しかもその構造は歴史的意味を明らかにした表面でもはや隠されてはいない．それにもかかわらず合理主義的な機能性も認めてはおらず，その味気ない技術と首都の輝かしい市街風景とを彼らの近代装飾術によって「和解」させる．

ルイス・カンフォート・ティファニー，「花のうてな風の形をしたガラス製品」，1900年頃．

エクトール・ギマール，「パリの地下鉄の入り口」，1900年頃．

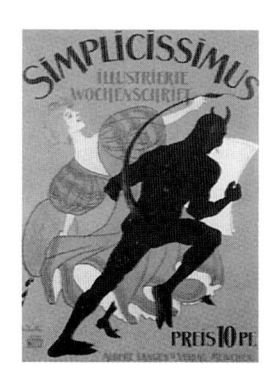

トーマス・テオドール・ハイネ，「『ジンプリチシムス』誌の宣伝ポスター」，ミュンヘン，1896年．ハイネは，『ジンプリチシムス』誌のために制作した多くのユーゲントシュティールのグラフィック・アーティストのひとりであった．

● ド イ ツ

ドイツのユーゲントシュティールも歴史主義に反対して有機的で波立つ装飾術の方向に向かった．しかしそれにもかかわらずフランスのアール・ヌーヴォーよりもおしゃれでなく優美でもなかった．それに対してユーゲン

改革運動   ドイツにおけるユーゲントシュティール

> 「簡潔で，誠実で，実用的で，無条件に合目的的な形態にもとづいてのみ健全な民衆的手工が可能であることが，われわれには明らかであった……」 ヘルマン・オーブリスト

アウグスト・エンデル，「〈エルヴィラ〉ホーフ＝スタジオの正面」，ミュンヘン，1896年．

リヒャルト・リーマーシュミット（1868-1957年）は，アール・ヌーヴォーのむしろ機能主義的な変形の代表であった．ミュンヘンの大学で絵画を学んだ．イギリスのアーツ・アンド・クラフツ運動の影響下にデザインへと向かい，1897年には手工作芸術統一工房の共同設立者となる．1903年からドレスデン工房と共同しており，1907年にはドイツ工作連盟の共同設立者となる．1912年から24年にかけてミュンヘン産業美術学校で校長として，また1926年から31年にかけてはケルン職業学校で活動した．

トシュティールは，ザッハリヒで構成的な方向と，民族固有で手工業的な方向との間に行きついており，それを特色付けたのは，改革的思想であり，またイギリスの手本に従って設立された様々な工房と連合のいろいろな理論上の手始めであった．

重要なことは，そのほとんどがイギリスを目指して接触があった，芸術保護者，君主，企業家の社会参加であり，彼らはドイツ製品の競争力を高めることを願ったのである．

リヒャルト・リーマーシュミット，「湿原オーク材と皮革からなる音楽室椅子」，1899年にドレスデンでの美術展のためにデザインされた．多くの他のアール・ヌーヴォーの家具とは対照的に，この椅子はむしろ簡素で機能的であった．そのゆるやかに反った対角線状の側面補強材は，この椅子に安定性をあたえ，音楽家に必要な腕の自由を提供している．Ⓒ近代美術館，ニューヨーク

● ミュンヘン

多くの他の都市と同じようにミュンヘンにおいても「公的な」芸術アカデミーに反発して分離派が1892年に生まれた．その頭目のH. オーブリストは，P. パンコック，B. パウル，A. エンデル，R. リーマシュミット，P. ベーレンスと共に，1898年に「手工業芸術連合工房」を設立した．この連合組織は「ドレスデン工房」とともに1907年に「ドイツ手工作芸術工房」に結びついた．

ミュンヘンではアール・ヌーヴォーが，複製印刷術と雑誌『ユーゲント』や『ジンプリチシムス』において風

刺的で政治的な面をも備えていた．ユーゲントシュティールの芸術家たちは辛らつな戯画やポスターを描いており，あるいはエンデルのように，キャバレーや劇場のファサード，装飾，インテリアをデザインした．センセーションを巻き起こした王室御用達スタジオ『エルヴィラ』の激しく運動するファサードもエンデルの作品である．エンデルはオーブリストとともにアール・ヌーヴォーの表現豊かな変種の代表者である．しかしながらドイツのアール・ヌーヴォーとその後の発展にとってさらに重要だったのはリーマシュミットである．より一層のザッハリヒカイトと構成的な思考への彼の努力は，彼の「機械家具」の考えに行き着いており，これはその形態と構造によって産業生産向きであった．

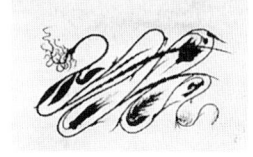

ヘルマン・オブリスト,「刺繍」, 1893 年．アール・ヌーヴォーではしばしばそうであるように, 理論的な主張と実践活動が分離していた．

● **ダルムシュタット**

芸術趣味のあるミュンヘンにつづいて，ユーゲントシュティールの中心地になったのは，ダルムシュタットであった．1899 年にヘッセン大公エルンスト・ルートヴィヒはウィーン分離派の共同設立者 J. M. オルブリヒ,

ヨーゼフ・マリーア・オルブリヒ,『マチルデンヘーエの展示館』．『結婚記念塔』を伴っており，この塔は，大公の二度目の結婚へのダルムシュタット市からの贈り物で，オルブリヒが 1905 年から 08 年にかけて建てた．

ダルムシュタットのマチルデンの丘にあるヨーゼフ・マリーア・オルブリヒの自邸，1901 年；なお伝統的な邸宅形式に影響されているが，新しい窓形式と異例の装飾要素を伴っている．

ヨーゼフ・マリーア・オルブリヒ（1867-1908年）は，ウィーン・アカデミーで建築を学んだ．北アフリカとイタリアを旅行し，引き続いてウィーンでオットー・ヴァーグナーの事務所で働いている．ウィーン分離派の共同設立者となり，『ヴェール・ザクルム』誌に参加する．1899年から1907年にかけてダルムシュタットのマチルデンヘーエの芸術家村を建設し指導する．1907年には他の人びとと共にドイツ工作連盟を設立する．建築家として活動とともに，オルブリッヒは家具，刺繍，ガラス製品，食器，陶磁器をデザインする．

「主要な建築」：ウィーンの分離派館，1898年；1900年のダルムシュタットのマチルデンヘーエの住宅群；1907年から08年にかけてのオーペル製作所の労働者住宅；1906年から08年にかけてのデュッセルドルフのティーツ百貨店．

ハンリ・ヴァン・ド・ヴェルド，「マホガニーの戸棚」，ヴァイマル，1900年頃．

ミュンヘン工房の設立者のひとりP.ベーレンスをダルムシュタットへ招いた．彼らは，ヘッセンの産業と手工業に改革的な刺激を与えるために，当地のマチルデンヘーエに芸術家村を設立することになった．そこに建築家のオルブリヒが建てたのは，アトリエや展覧会場や住宅をともなった施設全体であり，これらはしばしば機能的な建築と遊戯的な装飾意欲とのあいだをさまよった．ベーレンスは，もともと芸術家であり，ミュンヘンで建築とデザインに取り組んでいたが，ヴァン・デ・ヴェルドとおなじように，住宅を総合芸術として把握していた．彼は自分のための住宅を，やがて後には他の人のためにも，屋根から食器までをデザインし，本質的にザッハリヒな造形言語を開発した．ベーレンスは，もっとも多才なユーゲントシュティールのデザイナーのひとりであり，ダルムシュタットでの活動が知られるところとなり，数年後には最初の近代的なドイツの産業デザイナーになった．

● **ヴァイマル**

ヴァイマルは1901年にはゲーテ時代のミューズの宮廷以上のもではなく，大公ヴィルヘルム・エルンストは趣味のある芸術愛好家ではなくて，むしろプロイセンの権力者であった．ところがここに定住した偏見のない芸術愛好家で外交的手腕のあるH.グラーフ・ケスラーは，近代的な芸術とデザインの代表者のために尽力した．彼は1902年に経済的な関心からH.ヴァン・ド・ヴェルドを芸術顧問としてヴァイマルに連れてきた．当地でヴァン・ド・ヴェルドはザッハリヒな形態言語をくりひろげ始め，ドイツのデザインの展開に彼の影響がひろまった．1906年から14年にかけてヴァイマルで，彼は新設された工芸学校の校長であった．同じころに彼はハーゲンの芸術保護者のK.E.オストハウスのためにも活動しており，1907年にはドイツ工作連盟の共同設立者のひとりとなった．

アール・ヌーヴォーの問題点　　改　革　運　動　| 45

ハンリ・ヴァン・ド・ヴェルド,『ホーヘンホーフ』の寝室, ハーゲン, 1908年. 芸術保護者カール・エルンスト・オストハウスのためにヴァン・ド・ヴェルドは, 1904年にハーゲンのフォルクヴァング美術館を, 1908年に邸宅『ホーヘンホーフ』をデザインしており, そこではザッハリヒで実用的な後期様式が現れている.

● 芸術と産業のあいだのアール・ヌーヴォー

　国際的なアール・ヌーヴォーは, 今日では実際失敗したものとみなさざるを得ない改革運動であった. 歴史主義と粗悪な産業的大量生産に対するその正当な反乱は, 多くの点で後退に行き着き, そのうえ近代的な産業デザインの発展を遅れさせさえした. その様式は新しいダイナミックな装飾を生み出し, 建築においては新しい空間意識を追求し, デザインにおいては素材や簡潔で構成に適った形態の意識的な扱いをさがし求めた. しかしその

アントニ・ガウディ,『カサ・バトリョ』の食堂, バルセロナ, 1906年. 家具もガウディによる.

改革運動　ガウディ

アントニ・ガウディ，北西からの『聖家族教会』，バルセロナ，建造開始1884年．

様式は過去へ一歩退いてもいた．ほとんどのアール・ヌーヴォーのデザイナーは，自分が芸術家だと感じていた．彼らは産業的な大量生産品を拒絶し，工芸品の改革に解決をもとめた．彼らは中世の手本にしたがって芸術家ギルドを設立し，美を求めてエリート崇拝を促進した．

アール・ヌーヴォーの芸術家はしかも古いアカデミーへの突撃のラッパを吹き鳴らし，歴史模様を植物模様に取り替えたが，しかし彼らの多くはこれらの新様式を，以前に歴史主義の代表者がそうしたように，とことんまで利用した．その結果，ひとつの装飾術が他のものと取り替えられたにすぎなかったのである．彼らが差し出したデザインは表現的かつ芸術的に過度に高められており，ほとんどが手作りであり，大市民階級の裕福な集団にのみ調達可能であった．

アール・ヌーヴォーの芸術家の品物の機能と素材や生産方法（手工業的あるいは工業的）とに対する関係，また彼らのデザインの多様な変種（豪華な花柄風や簡素な幾何学風）に対する関係をも考えれば，多くの場合に分類は難しい．

例えばスペインのアール・ヌーヴォーの代表者でバルセロナ出身のアントニ・ガウディは，彼の代表作『聖家族教会』によって，芸術的な個人主義と革命的な形態とに関する壮大な作例を創り出した．しかしこれはモダンな建築やデザインの改革意志とは無関係であった．そしてアール・ヌーヴォーにおいてもガウディはいつも特殊なケースとして見なされている．彼の建築物はきわめて

ダイナミックでありモダンであり濃密に彩色されている．しかしそのほとんどをこの厳格なカトリック教のカタロニア人はゴシックあるいはムーア式の形態に関係付けており，これらの形態は彫刻のように形づくられ，表現主義的なものへと度を越えて高められた．

イタリア人のC.ブガッティも同じようにアール・ヌーヴォーの「特殊なケース」にしばしば格付けされるが，芸術的に常軌を逸しているものの極端な例である．彼は例えば家具をまったく新しい唖然とさせる形で創り出し，オリエント風の充填物とアジア風の文字からなる模様で装飾を施し，銅や象牙や羊皮紙のような高価な材料で仕上げた．当然これらの家具の場合にも扱われたのは裕福な発注者のための特注品であった．

二人のアウトサイダーはアール・ヌーヴォーの問題点を明らかにしており，その様式はそんなにもセンセーショナルで新しかったのであるが，これに反して極めて早くに1910年頃には消滅した．その決定的な終焉を画したのは第一次世界大戦であり，世界大戦間の革命的な運動である．生き延びたのは改革への意思であり，結局ほとんど不可避的に産業の方向においてもそれが明らかになった．

アントニ・ガウディ（1852–1926年）は，建築を学び，1878年からオリエンタル風の様式要素で最初の建築を建てる．建築と室内装備との統一の理念を猛烈に支持し，カタロニアの「アール・ヌーヴォー」，いわゆる「ムダルニスマ」に影響を与える．センセーショナルな建築方法によって彼は高い名声を手に入れた．「主要作品」:『聖家族教会』，建造開始1884年；『カサ・ミラ』，1905–07年；『カサ・バトリョ』，1906年；グエル館とグエル公園，1886–89年と1900–14年；これらすべての建築はバルセロナとその周辺にある．

カルロ・ブガッティ，「椅子つきの女性用書き物机」，トリノ，1902年．家具の表面は羊皮紙と銅で全面おおわれている．

1883年	フイリードリッヒ・ニーチェ:『ツアラストラはこう語った』.
1888年	ポール・セザンヌ:『赤いチョッキの少年』.
1889年	パリ万国博覧会,エッフェル塔.
1898年	ドレスデン手工作芸術工房.
1901年	フランク・ロイド・ライト:『機械のアート・アンド・クラフト』.
1903年	ライト兄弟による有人動力付き航空機での初飛行.
1904年	イギリスに最初の田園都市;ニューヨークに地下鉄.
1905年	芸術家団体『橋』.
1906年	パブロ・ピカソ:『アヴィニョンの娘たち』.
1907年	ドイツ工作連盟の設立:ペーター・ベーレンスがAEGの全製品デザインを引き受ける.
1908年	アドルフ・ロース:『装飾と犯罪』.
1909年	F. トンマーゾ・マリネッティ:『第1回未来派宣言』.
1913年	ヴァルター・グロピウスによるファグス工場.
1914年	第一次世界大戦の突発.

チャールズ・レニー・マッキントッシュ,「ヘレンズバラにあるヒル・ハウスの寝室のための椅子」, 1903年. カシーナ社による複製品.

● モダニズムへの道

　アール・ヌーヴォーは一面では後ろ向きで，手仕事的に常軌を逸しており，ぜいたくであった．しかし他面では革命的な改革意思をもっており，工業化問題が「自然への回帰」という逃避によっては実際に取り組まれていないことを全面的に見て取っていた．さらにアール・ヌーヴォーは統一様式を望んではいなかった．豊満な花柄模様と高価で豪華な家具の他に，これと同じほどに存在したのは装飾の全面的放棄に至るまでのザッハリヒで幾何学的な形態であった．

　独特の形態，方法，対象物の機能の理論的熟慮あるいは産業に対する姿勢によってモダニズムの先駆者になったのは個々の建築家やデザイナーであった．モダン・デザインのはじまりに関して重要なのは，この初期段階における建築と方法との緊密な結びつきであった．アール・ヌーヴォーの代表者は，H. ヴァン・ド・ヴェルドがそうであるようにやがてザッハリヒな形態言語に行き着いており，あるいはP. ベーレンスがそうであるように産業における全く新しい課題に全面的に取り組んだ．1907年に設立されたドイツ工作連盟のような改革運動や機関においては，芸術家の役割と，長く無視することはできない産業的大量生産への態度とに関して激しく論争される事態にもなった．

● マッキントッシュと「グラスゴー派」

　新しいザッハリヒな形態は，アール・ヌーヴォーの全盛期にイギリスの出来事とは無関係にスコットランドの港町グラスゴーにおいてすでに生じていた．ここでは建築家と芸術家の集団「グラスゴー派」が，日本の美意識からの影響下に装飾を控えて，いくつか

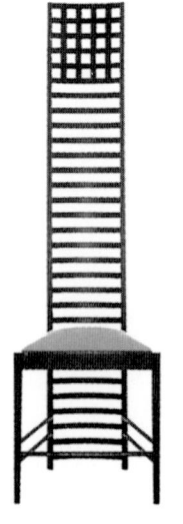

のパステル画風の色調とともに黒と白を好むひとつの様式，モダニズムと呼ばれるようになるひとつの傾向をすでに 1890 年代に発展させた．この集団の主要人物は C. R. マッキントッシュであり，彼の幾何学的な形態，すらりとした水平線と垂直線による平板風の構成は，モダニズムの他の先駆者たちの指針となった．しかしながらマッキントッシュはイギリスよりも大陸でよく知られた．ことにウィーンで高く評価され，1900 年の第八回分離派展では近代的なデザインの模範として賛美された．

● 1900 年頃のウィーン

　ウィーンでも 1897 年に分離派が生じた．ウィーン分離派様式は，他の運動と同じように伝統的なアカデミーと歴史主義に立ち向かっており，総合芸術と工芸改革にもとづいていた．それでもここではとりわけマッキントッシュの影響下に明瞭な形態言語が発展し，それは直角性と強い輪郭線とを特色としていた．分離派の創設者は G. クリムト，K. モーザー，その頃すでに 60 歳の建築家 O. ヴァーグナーであった．

　ヴァーグナーは，しばしばウィーン・モダニズムの創始者と呼ばれるが，厳格な古典主義の代表者であり，ザッハリヒでモダンな形態の方向に向かうことは彼にとって元来何の決別をも意味しなかった．彼は建築作品と同様に厳格に家具をデザインした．この方向が明確に示されているのは代表作『ウィーン郵便貯金局』である．これの窓口は高く軽やかなアーチ形のガラス屋根をともなう鉄製梁構造から成り立っている．空間は機能的にデザインされ，明るく，ザッハリヒであり，余分な装飾はない．アルミニウム製の温風装置や支柱上張りといった近代的用具と同じほどに，構造は目に見えるままであり，鉄製梁の結合鋲の頭さえも隠されてはいない．

　ヴァーグナーの弟子の J. ホフマンは，建築とデザインにおけるザッハリヒで幾何学的な形態言語を主張した．彼の代表作のひとつ『プルカースドルフ療養所』はすで

チャールズ・レニー・マッキントッシュ，「グラスゴー美術学校の図書館の翼部」，1907–09 年．ザッハリッヒで箱型の建築方式は，その後の建築とデザインの機能的な把握にとって手引きとなった．

チャールズ・レニー・マッキントッシュの 1907 年の「椅子」は明らかに東アジア的な特徴を伴っており，なおアール・ヌーヴォーにとらわれている．

チャールズ・レニー・マッキントッシュ (1868-1928年) は，建築家で美術家であり，「グラスゴー美術学校」で学び，イギリスのゴシック様式と東アジアの美意識に影響される．マッキントッシュは建築，家具，布地などをデザインし，J. ハーバート・マックニール，マーガレット＆フランシス・マクドナルドとともにモダン・デザインへの推進力として重要な衝撃をあたえた．第八回分離派展で彼は大きなセンセーションを巻き起こし，ウィーン工房，ヘルマン・ムテジウス，ドイツ工作連盟に影響力をおよぼした．マッキントッシュは1923年から全面的に絵画に向かった．彼の家具は「モダンの古典」と今日では見なされており，カッシーナ社から複製で再生産されている．「主要建築」：「グラスゴー美術学校」の建物，1897-1907年；ヒル・ハウス，ヘレンズバラ 1903年；カントリーハウス『ウィンディ・ヒル』，キルマーコーム，1900年．

「装飾は労働力を浪費し，そのため健康を浪費する……今日装飾は浪費された材料をも指しており，両者は浪費された資本を意味している……近代人，近代的な感受性をもつ人間は，装飾を必要としないのであり，彼は装飾を忌み嫌うのである．」 アドルフ・ロース，『装飾と犯罪』，1908年

に近代的な平屋根で建てられており，彼の手がけた日用品は今日でもモダンな感じを与える．1903年に分離派からウィーン工房が生じた．この工房は，ホフマンとモーザーによって設立されたが，しかし20年代にはしだいに軽やかで豪華な工芸品の方向にむかった．同じく初期ウィーン・モダニズムの集団に属していたのは，A. ロースである．彼は，ウィーン工房の敵対者で，装飾の抑制を越えて完全に装飾を拒絶し，純粋に機能的なデザインを彼の多数の理論的な刊行物において要求した．ウィーンではアール・ヌーヴォーが克服されたのであり，ホフマンやモーザーのザッハリヒなデザインはドイツ工作連盟やバウハウスにとって重要な推進力となったのである．

アメリカでは，すでに言及したように「洗練された」西欧様式の愛好とともに，必要性と技術的実現可能性を見据えた実用主義が普及していた．モダニズムは産業的な大量生産の問題をここでは意味していた．

オットー・ヴァーグナー，『ウィーン郵便貯金局』，窓口ホール，1906年．

●「形態は機能に従う」

　シカゴは，重工業と鉄鋼生産で名高い土地柄であり，中西部からの穀物と家畜の主要な積替え地でもあったが，初期モダニズムの中心となった．ここでの大畜殺場において最初の流れ作業がはじまった．シカゴは交通分岐点であり，1900年頃には約170万人の住民を擁していた．3つの要因がここでの超高層ビルの建設を助長しており，それは全都市区を廃墟にした1871年の破壊的な火災，鉄骨建造法の技術的な可能性，高い地価である．

　新しい建築方式の重要な主張者はL. H. サリヴァンであった．彼は近代建築の創始者のひとりとして，また機能主義の初期理論家として見なされている．しばしば誤解され，しかしよく引用される格言「形態は機能に従う」は，彼に由来する．ドイツ工作連盟からバウハウスやウルム造形大学を経て70年代に至るまでの，機能主義の信奉者たちは，この基本理念とつながりがある．

オットー・ヴァーグナー，「ウィーン郵便貯金局のひじかけ椅子」，アルミニュウムの補助金具付きのブナ材，1906年．この局の室内装備もヴァーグナーが手掛けており，ホールには簡素で立体的な腰掛，事務室にはトネット社製のブナ材の椅子が置かれている．

1890-1914

●フランク・ロイド・ライト

　ライトは，サリヴァンの共同者であったが，独立して，建築とデザインの新しい考え方を発展させた．他の建築

ヨーゼフ・ホフマン（1870-1956年）は，オットー・ヴァーグナーの弟子で共同者であり，ヴァーグナーやコロマン・モーザーやグスタフ・クリムトと分離派を創設した．彼は，モーザーやフリッツ・ヴュルンドルファーとともにウィーン工房を1903年に設立した．ホフマンは1905年に分離派を脱退し，1912年にはオーストリア工作連盟を設立した．「主要建築」：コロマン・モーザー邸，ウィーン，1901-04年；プルカースドルフ療養所，1903-06年；ストックレー邸，ブリュッセル，1905-11年，その他にさまざまな個人住宅，とりわけ画家のフェルディナント・ホードラーの住宅，ゲンフ，1913年．

アドルフ・ロース（1870-1933年）は，建築家で理論家であり，1890-93年にドレスデン工業大学で学び，その後アメリカで数年を過ごす．そのあとで彼は建築家としてウィーンで活動し，1923-27年はフランスで活動する．ロースはザッハリッヒな形態の主唱者であり，装飾的なアール・ヌーヴォーの激しい反対者であった．1908年には彼の有名な論説『装飾と犯罪』が現れている．「主要建築」：カフェ博物館，1900年；ケルントナー酒場，1908年；シュタイナー邸，1910年（全てウィーン）；トリスタン・ツアラ邸，パリ1926年．

オットー・ヴァーグナー（1841-97年）は，ウィーンとベルリンで建築を学び，1894-1912年にウィーン芸術大学で教授として教えた．彼はウィーン分離派の共同設立者の中に数えられている．「主要建築」：ウィーンツァイレの賃貸住宅，1898-99年；都市鉄道の建物，ウィーン，1894-97年；郵便貯金局，ウィーン1904-06年．

モダニズムへの道　フランク・ロイド・ライト

ルイス・サリヴァン，『ピリー・スコット百貨店』，シカゴ　1899-1904年，白いテラコッタが張られ鉄骨建築方式で建てられた．1階の陳列窓はなお豊満な渦巻き鋳鉄装飾で縁取られていたが，しかし新式の3つに分けられた「シカゴ窓」を伴うファッサードの明確な構成は，すでに近代的な機能主義建築の方向を示していた．

家と同じように彼は，住宅を総合芸術作品として見なし，依頼人のために室内設備をもデザインした．彼は，住宅の中心としての暖炉からはじめて，平面図と開放的な空間を左右非対称に展開し，まったく機能主義的な観点から造り出した．住宅は自然のなかに「有機的に」埋め込まれ，街路から隔離されて，その地方の自然に開かれていた．水平の軒蛇腹と突き出た平屋根が周辺の空間への結びつきを生み出した．このためにライトは鉄筋コンクリートの建築方式を活用しており，これの先駆者のひとりであった．

家具は，可能な場合は作りつけであるが，動かすことの出来る家具も，建築の水平性を取り入れており，簡素な平面（板作り）と直角のくつ形とで厳格で幾何学的に構想された．住宅の内部の開放性と素材の簡素さは，ライトにとっては民主主義と個性の表現であった．彼は「説法者」のような人であり，自らの信念を講演や出版物で伝えている．彼は最も有名な小論『機械時代におけるアート・アンド・クラフト』において，少なくとも理論的には家具の機械生産を認めた．1910年にはベルリ

フランク・ロイド・ライト，「カウフマン百貨店の事務所」，シカゴ．

ンで彼の建築作品集が刊行される．展覧会とともにこの作品集は，グロピウス，ミース・ファン・デル・ローエ，ベーレンスといった全ヨーロッパのモダニズムに影響力をおよぼした．デ・ステイル運動にとってもライトはすぐれた手本となった．

フランク・ロイド・ライト，『オーク・パーク荘』，オーク・パーク，イリノイ．

フランク・ロイド・ライト (1867–1959年) は，800以上の建築を手がけており，20世紀のもっとも有名な建築家のひとりである．工学を学んだ後にシカゴでまずサリヴァンとともに仕事をし，そのあと独立した．ライトは，プーレリーハウスの近代的で自然に密着した型を発展させ，簡潔で自然に密着した素材を近代的な建築素材と，たとえばガラスや鉄を木材や自然石と組み合わせた．彼は，1910年頃から西欧の近代主義に重要な推進力として刺激を与えた．「主要な建築」：ラーキン・ビル（事務所建築），バッファロ　1904年：ロビー邸，シカゴ　1907–09年：クーンリー邸，リヴァーサイド，イリノイ　1907–11年：落水荘，ベア・ラン，ペンシルバニア　1936年：グッゲンハイム美術館，ニューヨーク　1943–59年．

●ドイツ工作連盟

　アール・ヌーヴォーの克服と近代的な産業デザインへの移行に道をつけたのは，ドイツにおいてはドイツ工作連盟であった．工作連盟は1907年にミュンヘンで芸術家，産業家，公人の代表によって設立された．これの手本はイギリスのアーツ・アンド・クラフツ運動であったが，近代的産業生産の条件の承認という点で，これとは重要な違いがあった．ドイツ工作連盟は，機械反対ではなくて，産業に向かう方向での改革に努めた．彼らの目的は，明確な規定「芸術と産業と手工との協同による実業活動の質の向上」であった．ドイツ製品は世界市場でふたたび競争に耐えるようにされ，産業的大量品は芸術的な要求を伴ってデザインされ，良質で簡素で労働者家庭にも手ごろなものになるはずであった．

　その創設会員には，とりわけ H. ムテジウス，H. ヴァ

モダニズムへの道　　ドイツ工作連盟

「有益な集中の成果として把握されうる標準化によってのみ，一般に通用する信頼にたる美的感覚を再び受け入れられることができる」ヘルマン・ムテジウス，1914年．

カール・アーノルド，『ジンプリチシムス』誌における1914年の「工作連盟論争に関する戯画」．

「工作連盟に芸術家が存在し，その運命になお影響力をもつかぎり，彼らは規準や標準化のいかなる提案にも反対するであろう」ハンリ・ヴァン・ド・ヴェルド，1914年．

ヴァルター・グロピウスとアドルフ・マイヤー，1914年ケルン工作連盟展での『モデル工場』(南側)．

ン・ド・ヴェルド，P. ベーレンス，K. E. オストハウス，自由主義的な政治家 N. ノイマン，ドレスデン工房の指導者 K. シュミットが含まれていた．彼らはすでに1906年の彼らの展覧会で産業的大量生産に関して大いに成果をあげていた．

工作連盟は，1914年にケルンでの有名な工作連盟展によって影響力を獲得した．量産家具や家庭用品とともにここで見られたのは，寝台車の車内造作であり，またベーレンスの弟子 W. グロピウスによる大胆な鋼鉄構造とガラス構造のモダンなモデル工場である．

同じ年に，当初から工作連盟を2つの立場に分けていた論争が極に達した．規格化問題をめぐる論争である．H. ムテジウスは，デザインの規格化によってのみ有用な工業デザインが生まれ，長い耐用期間の徳用な量産品を作り出さすことができるという考えを支持した．ヴァン・ド・ヴェルドは，芸術家の個別的なデザイン活動を擁護した．第一次世界大戦はこの論議をさしあたり中断した．

戦後，増大する社会問題からの影響下に，人びとは労働者住宅や徳用の家具調度品に取り組んだ．この努力の絶頂は1927年のヴァイセンホーフ集合住宅を伴った有名な工作連盟展「住宅」であった．この展覧会はモダニ

ズムと新建築の代表者たちの国際的なフォーラムになった．しかし新建築については工作連盟内に対立的な意見があり，工作連盟員の中の保守主義者はナチズムの早まった統制をついに全面的に歓迎した．

　第二次世界大戦ののちに新たに設立された工作連盟は，今日まで存続しているが，かつて有していたような重要性をもはや獲得しなかった．工作連盟は，バウハウスと並んでモダン・デザインの発展をもたらした機関に数えられている．

ケルンでの1914年の『工作連盟展のポスター』．

リヒャルト・リーマーシュミット，最初の『機械椅子』，1906年頃．

AEG　ペーター・ベーレンス　AEG

「まさに電気工学においては，装飾された付属品で形態を粉飾することが問題なのではない．電気工学には申し分ない新しい存在が内在しているのだから，それの新しい特性に適った形態を見出すことが重要である」ペーター・ベーレンス，1910年．

ペーター・ベーレンス，1912年頃．

AEG社は，1883年にE.ラーテナウによって創立され，1907年にはジェネラル・エレクトリック社，ウエスティング社，ジーメンス社と並んですでに世界的な指導的電気コンツェルンのひとつであった．世紀末にまさしく爆発的に増加する電気産業は成長し未来の経済部門になった．AEG社は発電機，タービン，変圧器，電動機などを産業向けに製造していたが，さらに家庭用の電気器具，電球，扇風機，時計，湯沸し，電気加湿器，暖房などをも製造した．

すでに早くからAEG社は，アメリカの手本に従って最新の機械，合理的な組織方式と生産方式を用いて活動した．会社はすみやかに成長し，子会社や電気銀行や持ち株会社を設立した．1910年にすでにAEG社は7万人の従業員を擁していた．国際競争について話し合いが行われ，世界市場が分配されたのであり，「ほとんど信じられないような発展」であった．

近代的で未来に向けての企業の自己理解が外部に向けてはっきりと示されることも望まれた．時代にかなった上質の製品デザインによって，ドイツの産業製品の悪評が対処されるべきであり，そしてまた一部残存している新しい機器への接触不安が対処されるべきであった．こうした理由からラーテナウは1907年にP.ベーレンスを芸術顧問に雇った．

ベーレンスはこの頃すでにミュンヘン工房とダルムシュタット芸術家村の共同設立者として知られていた．1903-07年に彼はデュッセルドルフ工芸学校の校長であり，グラフィックから建築までの多彩な活動において，すでにアール・ヌーヴォーから離れて，ザッハリヒで機能的な形態の方向に進んでいた．

AEG社のために彼は1906年にまず宣伝物をデザインすることになったが，1907年からは企

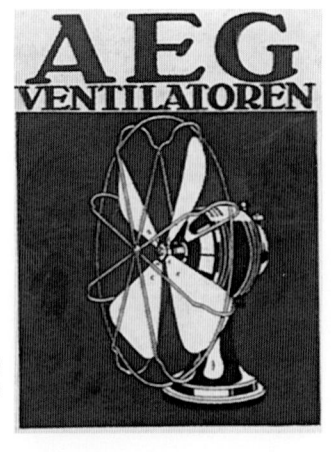

ペーター・ベーレンス，「扇風機宣伝用パンフレットのカバーデザイン」，1908年頃．

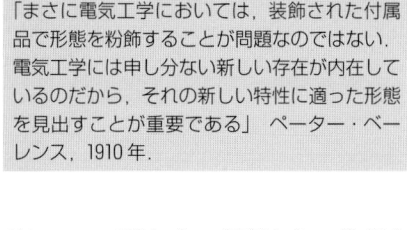

AEG　ペーター・ベーレンス　AEG

業全体のデザインに責任を持った．1907年から1914年までの時期にベーレンスは，その企業全体の外観に大変革をもたらした．彼はカタログ，価格表，電気器具ならびに労働者住宅，見本市スタンド，工場建築をデザインした．すべてが購入者にとって魅力的であったが，しかし（あるいはそれゆえに）ことさらザッハリッヒで機能に即したデザイン形態であった．ベーレンスは，芸術と産業の「内的な結びつきを，……機械的な方法で生産されるすべてのものにおいて」，過剰な渦形飾りや装飾を用いないで得ようと努めた．高度の芸術的水準でのこのザッハリヒで

商標の発展．うず形装飾化されほとんど解読できない1896年の歴史主義的デザインから，ユーゲントシュティールをへて，AEG社のために独自の字体を生み出す明確でザッハリヒなベーレンスのデザインまで．

モダンな形態言語によって，AEG社は新興産業の代表者としての文化領域における名望をも得ようと願ったのである．書簡紙の頭書きから工場建築までの自己表現が，市場での販売機会にとって，いかに重要であるかが認識されたのである．AEG社は，ベーレンスの活動によって，完璧なコーポレート・アイデンティティを備えた世界的な最初の企業となり，なお今日まで他の追随を許さない模範になっている．

「手仕事的な活動，歴史的な様式形態，その他の資料，これらを断念することが重要である」ペーター・ベーレンス，1907年．

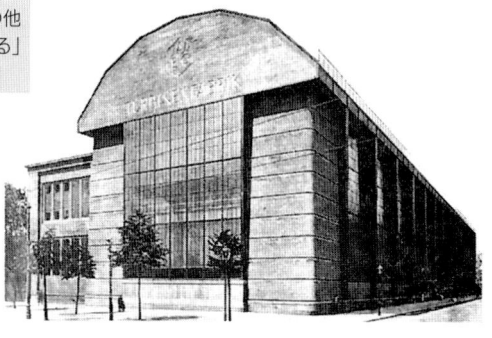

ペーター・ベーレンス，ベルリンの『AEG社タービン組み立て工場』，1909年．隅柱と屋根構造はなお古典主義的なモチーフを想起させる．しかし組み立て工場全体は，片持ち構造で，鋼鉄の梁とガラス板からなる．構造は化粧張りにされないで外部から見えるままになっている．

コーポレート・アイデンティティ（CI）：ある企業の内外からの統一的現象型であり，その企業を明確に同定し，競争相手と一線を画する．CIは，すべての製品や建物や伝達手段（たとえば社内雑誌，広告，便箋）のデザインを含み，極端な場合には統一的な制服や顧客に接するときの礼儀作法にまでいたる．コーポレート・カルチャー（CC）の概念と関係がある．CCは，例えば協力者としての資金提供や格別の文化的社会的な業績によって，要求の高い文化的イメージを生み出すことに企業が努めることを意味する．

1900年	ジグムント・フロイト：『夢判断』．
1906年	日露戦争調停によりシーオドア・ローズヴェルトにノーベル平和賞．
1912年	『青騎士年鑑』．
1913年	デトロイトのフォード社で最初の流れ作業列．
1916年	アルベルト・アインシュタイン：『一般相対性理論』．
1917年	ロシアで10月革命．
1918年	ドイツで11月革命；第一次世界大戦の終焉．
1919年	バウハウス設立宣言．
1924年	ウラジーミル・イリイチ・レーニン没．
1925年	ドイツとイギリスで最初のテレビ実演；パリで「装飾芸術・近代産業・展覧会」．
1926年	フリッツ・ラング：『メトロポリス』．
1929年	世界経済恐慌のはじまり．
1933年	ドイツでナチズムが政権掌握；アドルフ・ヒットラーがドイツ帝国宰相となる．
1939年	ドイツ軍がポーランドを攻撃．第二次世界大戦のはじまり．

1915-1933

●生活に向かう芸術

世界大戦間の時代に影響を与えたのは，産業国における深刻な社会的で経済的な大変動であった．産業化は，大量生産と資本主義的な階級社会によって，そうこうする内にその明確な結果をあらわした．世界市場での主導的な立場をめぐる争いは，産業国や植民地保有国を第一次世界大戦へと駆り立て，その結果としてロシア（1917年）とドイツ（1918年）に革命が起こった．すでに19世紀に産業製品デザインの経済的で政治的な意義は明らかになり，例えばすでにイギリスでのモリスのように，デザインに社会改革的な働きへの期待が抱かれたのである．

今や革命後，手仕事と頭脳的仕事，芸術と技術が相互に和解させられることになっていた階級のない新しい社会の建設への努力において，芸術そのものも自由芸術と応用芸術とに仕切られることなく，芸術家は普遍的なデザイナーとして改革的に教育的に影響力をおよぼすことになっていたのである．アヴァンギャルドの代表者たちは，技術が支配する世界に芸術の新しい方向を見いだし，それと共に社会的な変革の可能性を見いだした．立体派と未来派の理念の継続のうちに技術の形式的抽象と理想化がさらに発展させられたのである．イタリアの未来主義者たちは戦争，速度，技術美を賛美した．絶対主

ウラジーミル・タートリン（1885-1953年），『第三国際労働者同盟の記念建造物』，1920年．この塔はタートリンの代表作で通っている．螺旋は人類の発展と解放のシンボル——革命的な運動の「楽天的な投射」——となった．

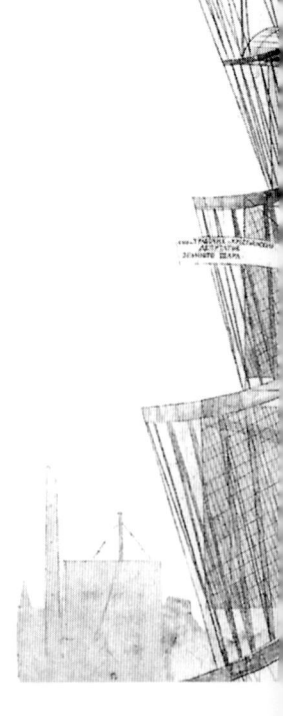

義と構成主義のロシア芸術運動においては，構造と素材特性がデザインにおける最も重要な要因となった．芸術の再現描写性からの解放は，カンディンスキーによってロシアに導入されたのだが，政治的な変革と同じように革命的であった．アヴァンギャルドの芸術家たちは無対象の形式に還元された機械時代の美学を賛美し，デザインの多様な領分で活動し，ポスター，ブックカバー，近代タイポグラフィー，組み立て家具，その他の有用品をデザインし，ユートピア的な建築や都市の構想を生み出した．ことに構成主義の代表者たちは，続いて国際的モダニズム，デ・ステイル運動（オランダ），ドイツのバウハウスに影響をおよぼした．機能主義的美学への重要な推進力としての衝撃は芸術からやってきた．簡潔な幾何学形態と白・黒・灰色・原色に限定された色使いは，モダン・デザインの理解に今日まで影響を与えている．

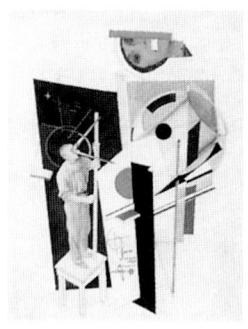

エル・リシツキー，『第三国際労働者同盟の記念建造物を制作中のタートリン』，1921／22年．20年代のアヴァンギャルドにとってコンパスは芸術家であることの標章だった．芸術家は芸術家技術者となった．

● ソビエト連邦：
　生産における芸術

ロシア・アヴァンギャルドの代表者たちの多くは，W. タートリン，K. マレーヴィッチ，A. ロトチェンコ，エル・リシツキーがそうであるが彼らの活動を新しい社会への奉仕だと考えた．彼らは，ソビエト政府の宣伝手段としてポスター，雑誌や紙カバー，街路や劇場の装飾をデザインしたのであり，また量産向けの高度の標準化によって成立途中のロシア産業に役立つ実用品，衣服，家具をデザインした．徳用な量産品によって，一般大

テオ・ファン・ドゥースブルフとコルネーリス・ファン・エーステレン，『建築計画』，1923年．オランダのデ・ステイル集団の建築に影響をあたえたのは，アメリカ人フランク・ロイド・ライトの初期モダニズムのデザインとともに，立体派，未来派，絶対主義，構成主義といった新しい芸術の流派であった．

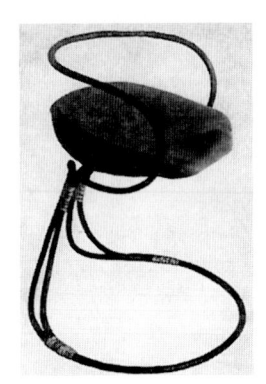

革命とアヴァンギャルド　　ソビエト連邦

衆の生活水準を向上させることが目指された．デザインは産業製作の要求と素材の特性に応じることになっていたが，しかし同時に構成主義の抽象的で幾何学的な形態言語と芸術的な表現意欲とに由来していた．

● ウラジーミル・タートリン：「生活方法の形成者としての芸術家」

　構成主義は自らを材料の文化だと思った．この意味合いにおいてタートリンは1913年頃にこの概念をはじめて用いた．タートリンは，こうした広がりにおいて多様な素材で実験し，これらの特質と構造的特性を素材組み合わせ作品や反レリーフ作品の造形要素にした最初の芸術家であった．20年代にはタートリンは彼の芸術をより多く日常生活に用いはじめており，『第三国際労働者同盟の記念建造物の模型』の制作に取り組んだ．リシツキーとロトチェンコも純粋美学ではなくて応用芸術を要求した．この点で彼らは，芸術の純粋精神に力点をおいたN.ガボやA.ペヴスナー，あるいはW.カンディンスキーといったロシア・アヴァンギャルドとは異なっていた．

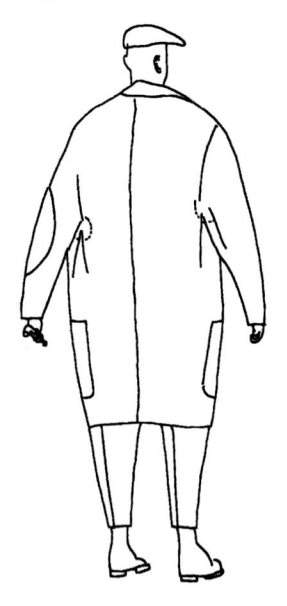

　しかもタートリンは，構成主義者たちとは違って，芸術においてもデザインにおいても直線や直角ではなくて曲線を好んだ．彼は材料に適した工作方法とともに，人体に適応した丸みのある形態を何よりも要求した．したがって彼は，劇場装飾や服飾の他に電気ストーブ，衣服，家具をデザインしており，これらは徳用で快適で実用的であることになっていた．

ウラジーミル・タートリンとN.ロゴスティン：「椅子のモデル」，1929年．

「今日の家具製造工場は，個々の家具型式の構造において概して人体の必要性を考えに入れていない……しかし人間は，骨格，神経，筋肉から成り立つ有機的な存在である．それゆえ椅子は弾力を有することがどうしても必要である」ウラジーミル・タートリン，1929年．

ウラジーミル・タートリン，「男性服のデザイン」，1923年．

ウラジーミル・タートリンとA.G.ソトニコフ，「幼児の飲用容器（最初の変形体）」，1930年．

エル・リシツキー　革命とアヴァンギャルド | 61

● エル・リシツキー

　ロシア・アヴァンギャルドの芸術家たちの中でもエル・リシツキーはその最も多彩な活動家のひとりであった．近代技術の認識は，彼にとって，芸術的な知覚と造形の基準となる要因であった．プロウン絵画において彼は，マレーヴィッチの絶対主義の形態言語，一種の航空写真美学を新都市の建築計画に移しいれた．リシツキーは写真を用いて実験し，書物カバーや家具をデザインした．彼は，1928年ケルンでの『プレッサ』展，1930年ドレスデンでの『保健衛生展』といった国際見本市で，ソビエト連邦の展示館をデザインした．リシツキーはベルリン滞在や諸外国の人びととの接触によって，構成主義の理念を普及させ，デ・ステイル集団，バウハウス，ダダイストと重要な関係を持った．

エル・リシツキー（1890–1941年），「ペリカン社のポスター」，ハノーファ，1924年．
リシツキーは20世紀の卓越したタイポグラファーでポスター芸術家であった．彼は宣伝・広告ポスターをデザインした．

エル・リシツキー，『赤いくさびで白を打て』，1920年，ポスター．

アレクサンドル・ロトチェンコ，1925年パリでの「アール・デコ展」でのソビエト館の「労働者クラブの家具調度」．

● 陶磁器産業と織物産業

　ほとんどの芸術家たちがそこで働いたり教えたりしていたのは，モスクワの「高等国立芸術技術工房」（ヴフテマス）であり，詳しく言えば1927年からは「高等国立芸術技術大学」（ヴフティン）であった．そこには金属，木工，織物，陶磁器のデザイン部門があった．初期の大量

革命とアヴァンギャルド　　陶器と織物

コンスタンチン・ラジェンスキー，「絶対主義的装飾のついた茶わんと受け皿」，ロモノソフ陶磁器製造所，レニングラード．

生産におけるデザインの主要な領域は，陶磁器産業と織物産業であった．なぜならば，食器や織物は，大量に配布されるがゆえに宣伝運搬体としても役立つ可能性を提供したからである．したがって1917年の革命後すぐに以前の皇室陶磁器製造所が再興された．これは最初には「国営」と称し，また1925年からは「ロモノソフ陶磁器製造所」と称しており，若い芸術家に生産の経験を積む機会を提供した．これの美術監督は1918-23年と1925-27年はS. チェホーニンであった．美術部門では一時W. カンディンスキー，W. レベデフ，N. スーチン，K. マレーヴィチが活動した．多くの食器は，絶対主義的な模様をつけられたり，備えたりしたが，1921年の「新経済政策」の導入後，ことに20年代の末からは，革命のテーマが増えた．

●織物模様

織物産業にも，彼らが革命のメッセージを仲介するという政治的指導への期待がしだいに高まった．O. ローザノヴァ，W. ステパーノヴァ，L. ポポーワ，A. ロトチェンコのような古参の織物芸術家は，国際的で階級差の無い社会の美的記号よりも，なお構成主義や絶対主義の非対象の幾何学を好んだ．やがて20年代末頃に，ことにスターリンによって推し進められた産業化の開始とともに，L. ライゼルやM. ナザレフスカヤのような新参の織物デザイナーは，強化された芸術のプロレタリア化に努めた．ブルジョア的な花柄模様に反対したのと同じよ

ミハイル・アダモヴィッチ，「食糧配給券，レーニンの肖像，〈働かざる者，食うべからず〉の宣伝文が添えられた皿」，1923年．記念皿，茶碗，その他の扇動品の飾りとなったのは，革命的な解決策，レーニンの肖像や引用句，あるいは新生ソビエトの象徴「ハンマーと鎌」である．

社会主義的装飾　**革命とアヴァンギャルド**　| 63

L. J. ライゼル，「赤軍の機械化」，装飾的な絹織物，1933年．

うに，今や彼らは「形式主義的」と批判された構成主義の幾何学にも反対し，社会主義の綱領を無教育の労働者や農民に広めるはずであるところの，新しい具象的で図像的な模様をつくりだした．古い民衆芸術の模様は一連の機械やトラクター，小さな赤軍兵士や作業班労働者に置き換えられた．しかしデザイン芸術家の間では図像的で扇動的な模様の使用をめぐってしばしば論争になった．というのは，人民はトラクターやコンバインを織物の模様として受け入れなかった．したがって1933年に人民委員会の評議会は，その布地をさらに生産しないことを決議している．

● **造形的インターナショナル**

アヴァンギャルドの産業製品はソビエト政府のひとつの重要な宣伝手段であり，ベルリンでの1922年の「第一回ロシア芸術展」，パリでの1925年の「国際アール・デコ展」そしてその他の国際展で展示された．さらに多くの製品がロモノソフ製造所から西側に輸出された．しかし西側ではこれらは労働階級にではなくて，収集家の手に届けられた．

● **オランダ：デ・ステイル（1917–31年）**

ロシア構成主義や芸術におけるその他の抽象美術運動と同時期に，オランダにおいてもひとつの芸術運動が生じ，すべての自然模倣をきびしく退けて絵画を形態と平

1915–1933

マリヤ・ナザレフスカヤ，「綿花を収穫する赤軍兵士」，装飾的な絹織物，1932年．

革命とアヴァンギャルド　　オランダ：デ・ステイル

面と色彩の自立的な組織として理解した．絵画からすべての感情や個性を締め出し，芸術における合法則性や構成を見つめることを，彼らは願った．

ロシア構成主義と芸術における他の抽象運動と同時代にオランダでも芸術運動が起こり，自然の複製が厳しく拒絶され，形態，面，色彩の自立的なシステムとして絵画が理解された．絵画から情動的で個別的なものがすべて拒絶され，芸術における合法則性と構造性が観照されることを彼らは望んだ．

1917年ライデンでT.ファン・ドゥースブルフは，『デ・ステイル』誌を創刊しており，これは新しい急進的でモダンな見解を支持する一群の画家，建築家，彫刻家のフォーラムとなった．ここで彼らは自分たちの理論と宣言を公表した．この雑誌の協力者とデ・ステイル集団の創設メンバーとしては，ドゥースブルフのほかに，画家のP.モンドリアン，B.ファン・デル・レック，V.フサール，建築家のJ.J.P.アウト，J.ウィルス，R.ファント・ホフ，彫刻家のG.ファントンゲルロー，詩人のW.コックがいた．1918年にはG.リートフェルトが，

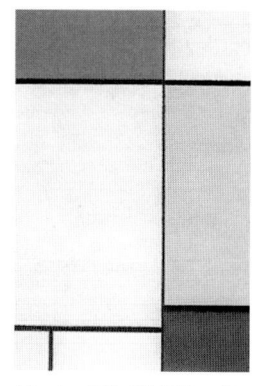

ピート・モンドリアン，『コンポジション』，1922年頃，カンバスに油彩．
モンドリアンは1917年から彼の新造形主義の理論を定義した．彼は，芸術が完全に抽象的であるべきだと主張した．造形要素としては水平・垂直の線のみが用いられるべきであり，色彩は原色（赤，青，黄）ならびに黒，灰，白に限定されるべきであった．

ヘリット・トーマス・リートフェルトとユトレヒトでの彼の工房の雇い人，1918年．後の『赤と青の椅子』の原型にリートフェルトは座っている．

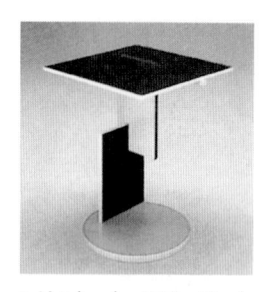

ヘリット・トーマス・リートフェルト，「ラッカー塗装の木製サイドテーブル」，1922–23年．ミラノのカシーナ社による今日の複製．

「今日の文化的人間の生活はいよいよ自然的なものから離れており，ますます抽象的な生活になっている」　ピート・モンドリアン，『デ・ステイル』誌第1号，1917年．

抽象と厳格な秩序　革命とアヴァンギャルド

1922年にはC.ファン・エーステレンが，それぞれさらに加わった．デ・ステイル運動は閉鎖的な集団ではなかった．彼らの交際範囲にはロシア構成主義者のエル・リシツキー，イタリアの未来主義者のG.セヴェリーニ，さらにはH.アルプやH.バルやK.シュヴィッタースといったドイツでのダダの世界の代表者たちが属していた．

デ・ステイル集団の芸術家たちにとって，純粋抽象と厳格な幾何学的秩序は，近代的に産業化され工業化された社会の形式美学的な表れであった．彼らは社会において手本を示す役割を芸術に振り当てるがゆえに，純粋形態の理念はすべての生活領域に転用され，自然に依拠しない秩序と調和を生み出すはずであった．

純粋さの理念ときらびやかな装飾の拒絶とは，カルヴァン派のオランダ社会の清教主義に根ざしており，デ・ステイル集団の努力は新教的な聖画像破壊主義らしいところが大いにあった．今やその形態的禁欲はモダニズムの美的綱領に移しいれられ，さらには産業生産の機能性と技術的要求にも役立つことになった．したがって伝統的な市民的倫理感がアヴァンギャルドのユートピアと落ち合うことになった．

●家具デザイン

デザインにおいても形態形成は，簡潔で絶えず反復される基本要素に還元されることになった．リートフェルトはデ・ステイルの理念を宣言風に彼の椅子に移しいれた．最も知られた作例は『赤と青の椅子』であり，簡素な角材および座部と背もたれとなる2枚の板から構成され，そのうえ機械製作が可能であった．個々の構成要素は色彩付与によって強調されており，ここで見逃すことができないのはモンドリアンの絵画との類似性である．この椅子は形式美学的な理想像を大量生産の機能的で社会的な要求に結び付けている．したがってこの椅子は実用品であると同時に芸術作品でもあり，芸術と生活の新しい統一へのアヴァンギャルド的な要求にこのようにし

ピート・モンドリアン（1872-1944年）は，後期印象主義と立体派を経て抽象に到達した．彼はデ・ステイルの共同設立者のひとりとされている．1925年にファン・ドゥースブルフと絶交したが，1929年にはふたたび彼と和解し，1931年にはファン・ドゥースブルフの芸術集団「アブストラクシオン＝クレアシオン」のメンバーとなった．

テオ・ファン・ドゥースブルフ（1883-1931年）は，雑誌発行者で批評家であり，デ・ステイル集団の理論的指導者であった．彼は刊行物とヨーロッパ旅行を通してデ・ステイル集団の理念の普及に努め，バウハウスやロシア構成主義者たちとのつながりを保った．

ヘリット・トーマス・リートフェルト（1888-1964年）は，すでに1900年から独自の椅子をデザインしており，フランク・ロイド・ライトから影響を受けた．1918年から彼はデ・ステイル集団に属した．20年代の進展とともに彼は建築に転じ，1928年には「近代建築国際会議」（CIAM）の共同設立者となった．

革命とアヴァンギャルド　　家具と建築

ヤコーブス・ヨハネス・ピーテル・アウト（1890-1963年）は、建築家であり、H. P. ベルラーヘとフランク・ロイド・ライトから影響を受けた。デ・ステイルの共同設立者であった彼は、1918年にロッテルダムの都市建築家になった。1921年にドゥースブルフと、1922年にモンドリアンと絶交した。しかしなおバウハウスとは接触を保った。1927年に彼はシュトゥットガルトでの「国際建築展」に参加し大きな成果をあげた。後に多くの著名な大学から招聘されたが、彼はそれを受け入れなかった。

「われわれの椅子、机、用途のきまったその他の物品は、われわれの未来の家具という〈抽象〉彫刻である」　テオ・ファン・ドゥースブルフ、「リートフェルトの家具について」．

ヘリット・トーマス・リートフェルト、『赤と青の椅子』、1918-23年．この椅子は、もともとラッカー塗装されていないブナ材で作られていた．この椅子にはじめて特徴的な彩色がなされるのは1923年であり、このときにリートフェルトはすでにデ・ステイル集団の一員であった．

て応じている．しかもリートフェルトが後にデザインした家具はすべて原型として残されており、もちろん形態と素材において機械生産にあらゆる点で適していた．今日これらの家具は、彼の照明器具とおなじように、「デザイン最高水準作品」として再版でイタリアのカシーナ社によって生産されている．

● 建　　築

デ・ステイル集団の建築家のほとんどは、1917年以前からすでに初期モダニズムの信奉者であった．彼らの形態上の模範はアメリカの建築家でコンクリート建築と新しい空間解釈の先駆者 F. L. ライトであった．デ・ステイルの建築家たちは、簡潔な立方体の形態から建築を展開した．空間の連続は直角の平面によって区分された．しかしこの平面は住宅と室内を限定するものではなくて、

J. J. P. アウト、『カフェ・デ・ユニ』、ロッテルダム 1926年．

シュレーダー邸　革命とアヴァンギャルド

ヘリット・トーマス・リートフェルト,「ユトレヒトの『シュレーダー邸』」, 1924年. 壁面はデ・ステイルの理念に反してコンクリートではなくてレンガ造りであるが, 漆喰で化粧塗りされており, 平面のように見える.

テオ・ファン・ドゥースブルフとコルネリス・ファン・エーステレン,「ある住宅の軸測投象製図」, 1923年. 閉ざされた立体が分解されている.

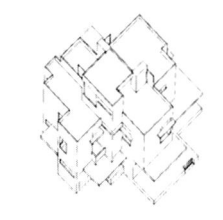

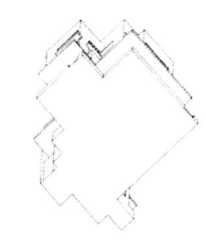

形態的にも機能的にも拡張可能であると考えられた. 建築は空間, 時間, 機能の協同として把握され, これは実践では開放的な間取りになりがちとなった.

　この理論の徹底した実践はリートフェルトが1924年に建てたユトレヒトのシュレーダー邸である. この住宅は内的な機能性においても形式的な原理においてもデ・ステイル運動に同調していた. これは大きな白い直角の相互に存在する平面によって支配され, これらの平面は鉄製の手すり, 窓枠, T型梁からなる有色の水平線と垂直線によって区画される. 室内の連続する重なりは, 張り出した平屋根, バルコニー, 欄干によって外部に継続される.

　したがってこの住宅は, 建てられたデ・ステイル宣言であり, 近代建築の手本であり, その首尾一貫性において抜きんでていた. なぜかというと忘れてはならないのは, このアヴァンギャルドのデザインは大方の賛同を得ていたのではなかった. アヴァンギャルドのデザインとモダンな建築は比較的少数の知的エリートのためにとって置かれていたのである. 建築家への依頼はごく限られており, そこでは妥協を強いられることはなかった.

「シュレーダー邸二階の住居空間」. 一階は区切られた空間からなっているが, 二階は開放的な空間の連続である. 仕切り壁は案内レールの上を走っており, 位置をずらすことができる. この住宅は住人の必要と家具調度の備え付けに適合させられている.

●ドイツ：バウハウス（1919–33年）

ドイツではバウハウスがモダニズムと機能主義思想との中核となった．ここにおいて新しいデザインの基礎が固められ，それはモダンなインダストリアル・デザインの発展に今日まで影響を与えてきている．

ヴァルター・グロピウスは，ヴァイマル美術大学と，1915年に解散させられたヴァン・ド・ヴェルドの工芸学校とを合併して，1919年に国立バウハウスをヴァイマルに設立した．この学校で彼が目指したのは，歴史主義を明確な形態言語によって克服し，芸術と手工作と産業の新しい統一を実現するという，彼の以前からの目標であった．そのためバウハウスにはまったく新しい体制と教育組織が導入された．教育の基礎は予備課程にあり，ここでは実用にとらわれない色彩，形態，素材の実習が中心に置かれた．予備課程の修了後に学生は，家具，陶器，金工，ガラス細工，舞台装置，写真や商業美術といった多様な工房のひとつを選んだ．目標は，手工作活動と芸術活動が同じ権利をもつ教育であった．したがってすべての工房には二人の指導者が配され，ひとりは「形態親方」としての芸術家，もうひとりは「手工作親方」であった．建築のクラスは当初は存在しなかった．芸術と産業，美的理論と社会的観点，そのどちらに力点を置くかをめぐって，バウハウスのいくつかの発展期には絶えず論争が

ライオネル・ファイニンガー，『大聖堂』，バウハウス綱領の表題木版画，ヴァイマル1919年．新しいデザインのユートピア的な理想像としての中世大聖堂．

カール＝ペーター・レール，「バウハウスの最初の校章」，1919–22年．多様なシンボルの下にピラミッドや鉤十字形も隠されている．

バウハウス教育の図解，1922年．

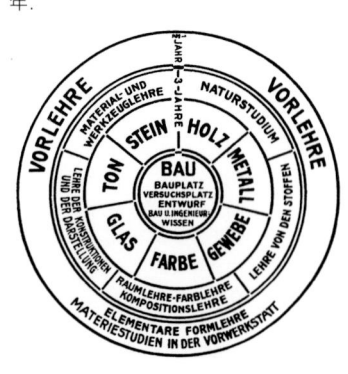

オスカー・シュレンマー，「バウハウスの二番目の校章」，1922年から用いられた．

起こった.

初期にバウハウスは表現主義の方向に進んでおり, アーツ・アンド・クラフツ運動やアール・ヌーヴォーと同じように, 改革の道を中世への回帰に求めた. 諸芸術の統一においては, 中世の建築職人組合の手本にしたがって, 建築家が指導的な役割を担うことになっていた. バウハウスの教育を特色づけたのは芸術家たちであり, グロピウスは彼らを最初にバウハウスに招いた. J. イッテン, L. ファイニンガー, G. マルクス, G. ムッヘ, P. クレー, O. シュレンマーである. デザインはなお強く工芸的な特色を有していた.

● バウハウスでのデ・ステイル

要素的で機能的な形態言語への展開は20年代初めから起こった. これは特にT. ファン・ドゥースブルフの影響力を通してである. 彼はバウハウスでは教えなかったが, 1922年にヴァイマルでバウハウスのすぐ近くでデ・ステイル学級を開いている. ことにイッテンの下にバウハウスの学生が学ばされていたような主観的で芸術的な教育の方向付けを, ドゥースブルフは根底から拒絶し, 彼らにデ・ステイル運動の明確で構成的な形態への興味を起こさせた. デ・ステイルの理念からの影響に加えて, 1923年にはL. モホリ=ナギが招聘された. 彼は有名な構成主義者であり, 合理的な技術志向的な流れの代表的人物であった.

彼の指導下に金属工房において産業に役立つ最初のデザイン, 機能主義への転換の兆しが生じた. モホリ=ナ

ヴァルター・グロピウス (1883-1969年), 建築家でペーター・ベーレンスの仕事仲間. 1919-28年にバウハウスの指導者. 1925／26年にはデッサウ・バウハウスの新校舎をデザインしたが, 1934年にはロンドンへ亡命し, さらに1937年にはアメリカに亡命し, マサチューセッツ州ケンブリッジのハーバード大学で教官として教えた.

マルセル・ブロイアー,「子割り板製椅子」, 1923年. ブロイアーはドゥースブルフとデ・ステイル運動の賛美者であり, 1921年から1925年の間にリートフェルトの範例にしたがって多くの椅子を創り出した.

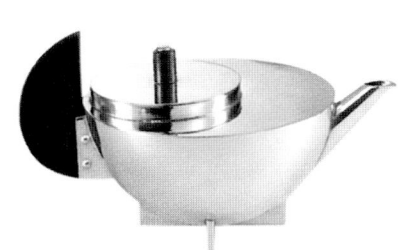

「バウハウスは, すべての芸術創造を統一に向けて集結し, 彫刻, 絵画, 産業美術, 手仕事といったすべての工作芸術の領分を, その不可分な構成要素として新しい建築芸術へと再統一することに努める」. ヴァルター・グロピウス,『国立ヴァイマル・バウハウスの綱領』から, 1919年

マリアンネ・ブラント,「ティー・ポット」, 1924年. 内面は銀メッキされた薄い真鍮板で, 取手は黒檀製. ラースロー・モホリ=ナギは, 普段使っていない材料との関わりを金属工房の活動に取り入れた.

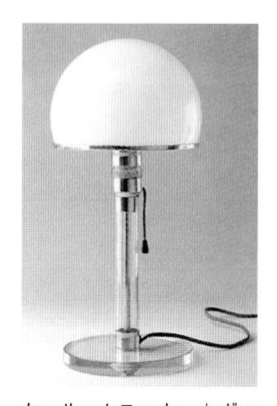

革命とアヴァンギャルド　　鋼管家具

ギは学生に木や銀や粘土のような手仕事的な素材に手を染めないように勧め，その代わりに鋼管や合板や工業ガラスを推奨した．

1925年にバウハウスは新保守主義的な政府の圧力の下でヴァイマルを去り，デッサウに移転した．同年にブロイアーは家具工房の指導者になり，最初の鋼管椅子をデザインした．彼はさらにシステム家具と組み合わせ可能な台所設備に取り組んだ．バウハウス教育の重点はイ

カール・J. ユッカーとヴィルヘルム・ヴァーゲンフェルト，「卓上電気スタンド」，1923／24年．ザッハリヒで機能的な形態を手に入れようとする努力が認められる．この電気スタンドはしかしなお手仕事で製作されたが，産業的な材料（金属とガラス）からなっていた．この電気スタンドは今日では大量生産されている．

デッサウの新しいバウハウス校舎は，ヴァルター・グロピウスによって設計されており，街路面に向けて全面ガラス張りの工房翼によって建築的な大評判を取った．

マルセル・ブロイアー，1925／26年に制作された有名な「ヴァシーリー椅子」は，彼の最初の鋼管椅子のひとつである．当初は強靭なより糸で張られ，後には革で張られた．

ンダストリアル・デザインと建築に移された．産業的製作の促進とともに，広範な住民層のための徳用な大量生産品を生み出すことが主目標となった．したがってデッサウ・バウハウスには独自の販売組織があり，一連の製品が産業的な製造にその売れ先を見出した．鋼管椅子はトネット社によって，バウハウス壁紙はラッシュ社によってそれぞれ製造された．

● 「ぜいたく品ではなくて大衆必需品」

　1926年から27年にバウハウスは，高まる国際的な評価にもかかわらず，財政問題と芸術と産業のあいだの教育方針をめぐる内部紛争の下で苦悩していた．それに加え当時まだ建築学級が現れておらず，学生の多くによってこのことが批判されていた．したがってグロピウスは，1927年にH.マイアーの指揮下に建築部門を新設しており，1928年には強まる困難さを感じ，新しい推進力としての衝撃力を期待してマイアーをバウハウスの新学長に据えた．マイアーはバウハウスを組織的にも内容的にも再編成した．彼がデザインに要求したのは，標準型として大量に生産され，人間の基本的必要を充足する標準製

ラースロー・モホリ＝ナギ(1895-1946年)は，ハンガリー生まれの画家でグラフィック・アーティストであり，1923年から1928年まで金属工房の指導者で，タイポグラフィー，写真，映画，舞台デザインの教員であった．そのうえ彼はバウハウス叢書全体の表現型の原案を作った．1928年に彼はバウハウスを去り，ベルリンでグラフィックアート事務所を開設し，そこで舞台装置や展示デザインを制作した．同時に光，映画，プレキシガラスによる実験を行っており，例えば1930年には「光・空間・調節器」を制作した．彼はアメリカに亡命し，1937年には「ニュー・バウハウス」を，1938年には「スクール・オブ・デザイン」を設立した．

マルト・スタム，鋼管椅子『S34』，1926年．「浮遊椅子」とも呼ばれる後脚のない鋼管椅子の原案者については，しきりに論争されてきた．そうした椅子の思いつきは，材料と構造が機能主義思想を十分に具体化しているように見えたので，当代においてはバウハウスに限らずどこにでも起こりそうであった．

革命とアヴァンギャルド　建　　築

ハンネス・マイアー（1899-1954年）は，バーゼル出身の建築家であり，1927／28年にバウハウスの建築部門の主任として活動し，1928年にはバウハウスの学長になった．1930年に彼は「共産主義的策謀」の理由で解雇された．その後モスクワの建築大学に教授として加わり，1936-39年にはスイスで建築家として，1939-49年にはメキシコで建築家ならびに都市建築家として活動した．マイアーは20年代における機能主義的な建築の重要な代表者に数えられている．彼のバウハウスでの活動や近代建築への貢献については，いまだ評価が定まっていない．

品であった．マイアーは集産主義思想の信奉者であり，芸術的ロマン主義をきっぱりと拒絶した．彼は教科の科学化に努め，心理学や社会学や経済学のような新しい科目を新設した．したがって織物工房では例えば混紡織物や合成物質を使って実験が行われた．

●建　　築

マイアーは建築になによりも「社会的要因の分析」を要求した．彼は住宅を住居機械としてのみならず，社会的な観点から見たのである．それゆえ彼のデザイン活動は経済的な観点に従っており，彼はできるだけ安価な新素材とプレハブ式部材を用いて建てた．彼の手がけた建築物には，デッサウのテルテンでの労働者集合住宅の増築，1928年から30年にかけてのベルナウでのドイツ労働組合総同盟の学校がある．技術化と政治化の基調のもとに芸術は最終的に抑制された．グロピウスとブロイアーはこの年にバウハウスを去った．その後グロピウスは，アルバースやカンディンスキーと協力して，マイアーの解任を政治的な理由から進めた．1930年にマイアーの後任となったのはミース・ファン・デル・ローエであり，彼は力点を建築に置いたが，その社会的で政治的な次元は排除された．しかもそれ以後バウハウスの学生は政治的活動を禁じられた．バウハウスの規約と教育組織は改

ヴァルター・グロピウス，デッサウの「グロピウスが入居していた教員住宅」，1925／26年．この建築は立方体の基本形式からなる「積み木セット原理」に則して展開された．このバウハウス教員の住宅はもの惜しみなく設備が整えられており，維持費が比較的高くかかった．

閉鎖と亡命　革命とアヴァンギャルド

変された．ミース・ファン・デル・ローエは権威的な指導方式を貫徹した．

　政治的要素を除外する企てにもかかわらずマイアーの思想を受け継ぐ多くのバウハウス学生はドイツ共産党の信奉者であり，バウハウスは新建築のすべての運動と同様に経済的にも政治的にも抑圧された．ベルリン移転後ほどなく1933年にバウハウスはナチ政権の激しい影響力行使の下に最終的に閉鎖され，バウハウス人の多くはアメリカに亡命した．

　そうこうするうちにバウハウス思想は国際的に認知され，ガラスやコンクリートの新素材は，典型的で簡潔なバウハウスの幾何学形態とおなじぐらいに，国際的な近代様式の重要な推進力になった．グロピウスやアルバースやミース・ファン・デル・ローエはアメリカの大学で教え，1937年にはモホリ=ナギはシカゴにニュー・バウハウスを設立した．

　明晰で無装飾のモダニズムの形態は，機能主義の理論から生じた．この理論によると形態は機能から生じ，あらゆる装飾は不必要であり，それどころか有害である．装飾は産業的大量生産を妨害し，必要もないのに製品の値段を高くするからである．簡潔な幾何学形態は，機械生産に最もかなった形態としてみなされた．かくしてバウハウスの形態と素材は，とくに社会的観点において正

ルートヴィヒ・ミース・ファン・デル・ローエ (1886–1969年) は，建築家であり，1908–11年にはペーター・ベーレンス事務所の仕事仲間であり，20年代初めからガラスの高層建築物を最初にデザインした．1927年にシュトゥットガルトのヴァイセンホーフにおける工作連盟展の指揮を取り，1929年にバルセロナ万博のドイツ展示館をデザインした．彼は1930–33年にバウハウスの最後の学長となり，さらにアメリカに亡命し，1937年にシカゴのイリノイ建築大学の指導者になった．

戦後の有名な建築に，1905–52年のシカゴでのレイク=ショアー=ドライヴ=アパートメント，1956年のシカゴのクラウン・ホール，1954年のニューヨークのシーグラム=ビルディング，1962–67年のベルリンの新国立美術館がある．ミース・ファン・デル・ローエはモダニズムの最も重要な建築家のひとりである．彼の建築の主題は透明性と明晰さであり，彼のモットーは「レス・イズ・モア」（「少なければ少ないほど良い」）である．

「デッサウ・テルテン集合住宅の街路」，1926–28年．

革命とアヴァンギャルド　公営住宅建設

女流建築家マルガレーテ・シテ=リホツキーは，1926年にフランクフルト市のために最初のドイツの作り付け台所，いわゆる「フランクフルト台所」をデザインした．空間分割と設備は，機能的で人間工学的な視点から正確に練り上げられており，少ない身体移動によって主婦の仕事を軽減するために，特に小住宅にあわせて組まれていた．

当性の理由づけを得た．というのも近代建築と産業的大量生産は，労働者階級向けの徳用な住宅と家具を作るはずであった．このことはすでに以前から様々な改革運動の目標であった．

フランクフルト上級建築局のための標準合板扉，1925年．フェルディナント・クラーマは，航空機製造によって知られていた合板を彼の標準家具や作り付け要素のほとんどに用いた．

●ドイツにおける公営住宅建設

徳用な居住空間を生み出すことが，ドイツにおいては両大戦間の前衛的な建築の主目標のひとつであった．フランクフルト市はE.マイの指揮下に大々的な住宅建設計画を実行した．目標は，「最低生活条件向けの住宅」であり，ここではすべてのが出来るだけ安価であるべきだった．これや他の住宅のため

ヴァイセンホーフ集合住宅　革命とアヴァンギャルド

に建築家のF.クラーマーは1925/26年に徳国で実用的な家庭用品や小室向けの軽くて融通のきく合板家具をデザインした．ベルリンで1929年に展覧会『安価で美しい住宅』が開催された．多くの大都市でモデル住宅やモデル集合住宅が建てられ，それによって将来の賃借人は「機能的で美しい」日用品になじませられた．

　これらのモデル住宅のひとつがシュトゥットガルトのヴァイセンホーフ集合住宅であり，これは1927年の工作連盟展『住宅』の会期中に成立した．ここではミース・ファン・デル・ローエの指揮下に，住宅群が産業的に前もって工場で作られたコンクリート部材を用いて建てられた．ここでの建築家にはとりわけM.スタム，J.J.P.アウト，ル・コルビュジェがいた．この展覧会は前衛的な建築家とデザイナーの国際的なフォーラムとなり，ドイツの両大戦間の公営住宅建設はアメリカの建築家にとっても形態上の手本になった．

　新しい課題は，水泳プール，カフェ・バー，体操室の

ヴァルター・グロピウス，パリにおける1930年ドイツ工作連盟展での高層住宅建築物のための「軽飲食店」．

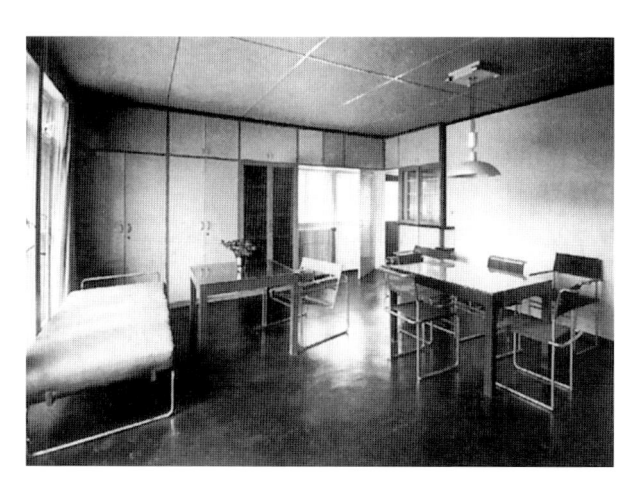

ヴァルター・グロピウス，「ヴァイセンホーフ集合住宅の住まいのための居住空間」，シュトゥットガルト，1927年．

革命とアヴァンギャルド　　ガラス，鋼，風，光

ような集会室付の都市的住宅としての高層建築物でもあった．W. グロピウスは1930年のパリ工作連盟展で，ガラスと鋼鉄，風と光を伴うこうした集会室の造作を提示した．このドイツ・デザインの公開は国際的に高く評価された．新しい材料と冷徹でザッハリヒな形態によってグロピウスは，首都群において1930年頃に生じ工業時代の技術的形態を美的表現として評価するところの近代的で大都市的な生活感覚に応じた．

機能主義は形式主義になるという危険に，深刻な理由があって，いつもさらされていた．新しい形態はさらに新しい進歩的な立場の徴として絶えず美的見地からのみ判断され，知的な趣味的エリートのステータスシンボルになった．工業と技術における非常に速い発展は労働者の境遇に影響をあたえたのみならず，まったく新しい住民層を生じさせた．高収入があり，技術志向で近代的でスポーツ的な関心をもつ指導的な役付きサラリーマンである．こうした新しい大都市人は，世界経済危機の前の20年代中頃からの飛躍期に工業材料の冷徹な優雅さを

ルートヴィヒ・ミース・ファン・デル・ローエ，「ガラス板を伴う鋼管製の机」，1927年．これらの机はシュトゥットガルトでの工作連盟展で展示された．ノル・インターナショナル社による今日の複製品．

ルートヴィヒ・ミース・ファン・デル・ローエ，『バルセロナ椅子』，1929年．この椅子はバルセロナの万国博覧会でのドイツ展示館の造作の一部であった．構造は鋼管からではなくて，手で溶接してつなぎ合わされねばならない平鋼部材と革製クッションからなっている．機能主義の社会的側面は優雅な外観の背後に退いている．

「その明晰で素材美的な外観において鋼管家具は，形態におけるリズム，合目的性，清潔さ，公平さ，軽快さ，質朴さに対する，今日の追求の鮮やかな現れである．鋼鉄は，硬くて抵抗力があり耐久性もあるが，同時に奔放な造形衝動のかすかな動きにきわめて柔軟に応ずることができる．良好に作られた鋼管家具は，それ独自の自足した美的価値を持っている」　ハンス・ルクハルト，1931年．

国際様式　　革命とアヴァンギャルド　77

好んでおり，鋼管椅子は極めて似合っていた．

● 「国際様式」

　近代デザインは，アメリカではF. L. ライトによって，西欧ではA. ロースとP. ベーレンスによってそれぞれ始められたが，20年代中頃から建築とデザインにおける国際的な形態言語を生み出した．バウハウスの諸形式が「国際様式」になった．この概念は1932年に著作『国際様式——1922年からの建築』を公刊したアメリカの建築家H. R. ヒチコックとP. ジョンソンによって作り出された．同年の1932年にはこのタイトルのもとに彼らは，1929年設立のニューヨーク近代美術館で展覧会をも企画した．国際様式はまず第1に建築に関連させられた．建築はマッスではなくてむしろヴォリュームとしてとらえられており，今後は左右対称性ではなくて明確な秩序がデザインを決定するべきであり，いかなる装飾の挿入も避けるべきであると，ヒチコックとジョンソンは主張した．

ルートヴィヒ・ミース・ファン・デル・ローエ，『浮遊椅子〈S533R〉』，鋼管および手編みの籐からなる座部と背もたれ，1927年

マルセル・ブロイアー，アルフレート＆エーミール・ロート，「チューリヒ近傍のドルデルタールにおける多所帯共同住宅地の居間」，1934年．この部屋は明るく開放的であり，家具は軽量で可動である．この家具調度は，厳格なバウハウス美学が30年代には増加する優雅な色合いをいかにして備えるようになったかを示している．

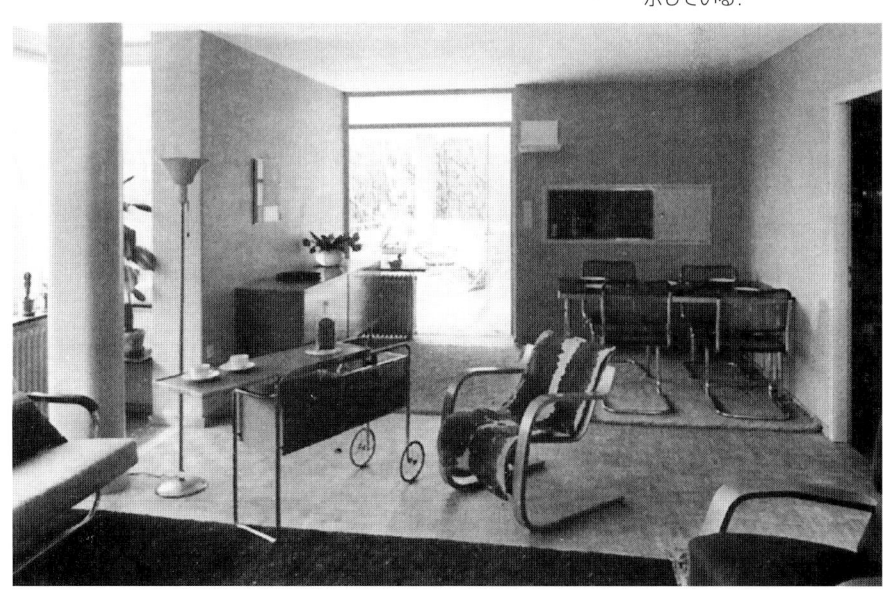

1915-1933

革命とアヴァンギャルド　　鋼管製の浮遊椅子

ル・コルビュジェ（本名シャルル・エドゥアール・ジャンヌレ，1887–1965年）は，20世紀の最も重要な建築家のひとりであり，いわゆる純粋主義の共同創始者である．彼の主要な建築に含まれるのは，レスプリ・ヌーヴォー館（1925年）のほかにポワッシーのサヴォイ邸（1929–31年）である．後に彼は純粋で幾何学的な機能主義から離れ，50年代には有機的な形態に取り組んでいる（ロンシャン礼拝堂，1950–54年）．

国際様式の基盤のひとつをル・コルビュジェは，既に1922年に現れていた自著『新しい建築に向かって』によって固めていた．彼が好んだのは高層建築物であり，ファッサードや平面図に関する厳格な幾何学的なパターンであった．パリにおける1925年の「アール・デコ展」での彼のレスプリ・ヌーヴォー館は，センセーションと憤激を巻き起こした．そして彼の未来像を描いた都市計画デザイン——例えば「パリ改造に向けて」——は，今日なお評価が定まっていない．ル・コルビュジェは，C.ペリアンといとこのP.ジャンヌレとともに鋼管椅子をつくり，これらはモダニズムの名品となった．

スカンジナビアではフィンランド人の建築家A.アールトが200以上の私的ならびに公的な建築によってモダニズムの最も重要な先駆者となった．彼は自らの家具を建築の有機的な構成部分として，その折々の建築課題と絶えず関連させてデザインした．その結果，例えば当時フィンランドの都市ヴィープリの市立図書館のための腰掛や肺結核療養所パイミオのための膝掛椅子が現れ，これらにおいて彼は望む形に合板面全体を曲げた．

アールトは，浮遊椅子の原理と優雅さを，鋼管とは対照的に暖かい感じを有している曲げられたシラカバ材（合板）に移しいれた．この家具は30年代中頃から当時

ル・コルビュジェ，ピエール・ジャンヌレ，シャルロット・ペリアン，「肘掛椅子〈LC3〉，『肱掛椅子グラン・コンフォール，グラン・モデル』」，1928年．黒革製のしっかり固定されてはいないクッション付のクロムメッキ鋼管台座．ミラノのカッシーナ社による今日の複製品．

ル・コルビュジェ，ピエール・ジャンヌレ，シャルロット・ペリアン，「寝椅子〈LC4〉」，1928年．雌牛の毛皮で張られた寝床と黒皮製の首当クッションをロムメッキ鋼鉄枠が支えている．この構造物は可動であり，鋼鉄下部台で支えられている．カッシーナ社による今日の複製品．

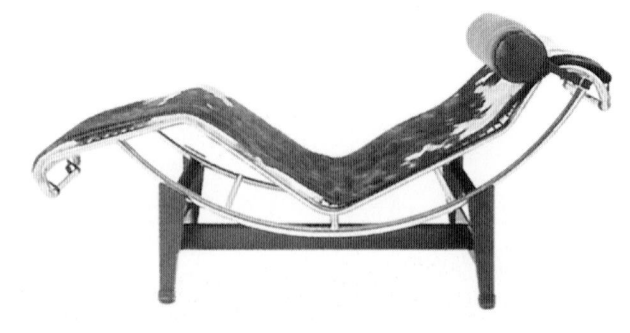

合板製の浮遊椅子　　**革命とアヴァンギャルド** | 79

アールト自身が設立したアルテック社によって製造されている．

　しかしながらその後の指導的な役割を引き受けたのは，特に多くのバウハウス人たちのドイツからの亡命以後の，30年代のアメリカであった．それから先の新しい国際的な潮流にとっての重要な役割を果たしたのは，展覧会やコンテストによって世論先導者となるニューヨーク近代美術館であった．

アルヴァル・アールト (1898–1976年) は，20世紀の最も有名な建築家・デザイナーのひとりであり，多数の私的ならびに公的な建築物（ドイツでの主要な建築としてはエッセンのオペラハウス）によってフィンランドの近代建築に影響を与えた．

アルヴァル・アールト，「肘掛椅子〈406〉」，1935–39年．合板製の浮遊椅子．これの支持枠には布地帯が張られている．

1915–1933

| 80 | **豪華と権力** | 対立を抱えた時代 |

1921年	ココ・シャネルが『シャネル第5番』を売り出す．
1922年	イタリアでベニト・ムッソリーニが政権掌握．
1923年	ジョージ・ガーシュウィン：『ラプソディー・イン・ブルー』．
1927年	チャールズ・リンドバーグが大西洋を単独で横断飛行する．
1929年	バルセロナ万国博覧会．
1932年	オールダス・ハクスリー：『すばらしい新世界』．
1933年	国会議事堂放火事件と，すべての反対派への恐怖政治的弾圧の始まり．
1936年	スペイン市民戦争の勃発．
1937年	パリ万国博覧会のスペイン館のためにパブロ・ピカソが『ゲルニカ』を描く．
1940年	ウィンストン・チャーチルが英国首相になる．
1941年	日本軍が真珠湾を攻撃する．
1944年	ノルマンディへの連合軍上陸の開始．
1945年	最初の電子デジタルコンピューターがアメリカで生まれる；アメリカが広島と長崎に原子爆弾投下．

●対立を抱えた時代

　20年代と30年代は西欧でもアメリカでも対立に満ちた時代であった．ドイツでは戦争，革命，経済危機が大量失業，貧困，住宅不足をもたらした．モダン・デザインはここではもっぱら理論的で社会改革的な問題に発展した．それにもかかわらず裕福な社会の上層は慣習的な生活様式を続けており，文化，娯楽，スポーツ，まさに熱病のような娯楽癖が社会生活の中心にあった．ベルリンはパリに次いで西欧の文化的で経済的な中心になった．

　アメリカから音楽やダンスが，すなわちジャズ，スイング，チャールストンがやってきた．B.グッドマン，J.

対立を抱えた時代：世界的不況時の「アメリカの労働者家族の宿泊所」．

オットー・アルプケ，30年代の「ドイツ・ルフトハンザ社宣伝ポスター」．航空機による旅は世才のあるおしゃれで優雅なものとしてみなされた．

自由奔放な20年代　　豪華と権力　　81

ベイカー，F.アステアがニューヨークと同じように西欧でも有名であった．映画の影響，ことにハリウッドの手本はそのぜいたくな仕上げの歴史映画やレヴュー映画やダンス映画によって，過小に評価できないやり方で生活，モード，デザイン，それどころか倫理問題にも影響を与えた．

　国際関係の拡大と交通システムの発達は新しいデザイン問題を生み出した．豪華な定期航路，飛行船と航空機，ぜいたくなホテルのスイートルーム，宮殿のような映画館，百貨店が開設された．ラジオ，電話，最初のテレビ受像機のような電化製品が，モードと美容における新し

20年代にはあらゆる異国風なものへの愛好が流行した．これは，植民地から輸入した異国風の木製品から，虎の毛皮やアフリカの仮面，さらにはジョセフィン・ベイカーと彼の「黒人レヴュー」にまで達した．

「ブガッティを囲む優雅な夜会」，エルネスト・ドィチュ・ドライデンによるガッシュ．

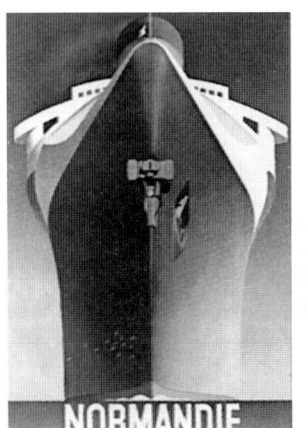

「有名なポーズのひとつをとる大衆的な踊り手」．このポーズはしかもアール・デコの様々な置物彫刻の形態を刺激した．

カッサンドル（A.ムーロン）は，アール・デコの最も有名なポスター芸術家であり，交通企業体のために多数の宣伝ポスターを創作している．このポスターは，当代における最高に豪華な大西洋航路と見なされた「ノルマンディ」のためのものである．

豪華と権力　　アール・デコ, フランス

い買い物やシガレットケースと香水瓶のような奢侈品, これらのための宣伝や包装と同じようにデザインされねばならなかった. この時代は, 公営住宅建設の時代であるのみならず, C. シャネルや J. ランヴァンのような優れたファッション・デザイナーの時代でもあった. 新しい生活が様式化され, またイタリアの未来主義者にも似て速度の美が様式化された. 当世風のデザインは合理性と進歩の徴であったのみならず, 経済的ならびに政治的な権力の象徴をも生み出した.

●アール・デコ

体制側の市民層が戦争にもかかわらず比較的持ちこたえていたフランスにおいては, 経済的な権勢と高尚な生き方をあらわに示す豪華な家具様式や装飾様式が発展した. その上フランスの工芸は, 第一次世界大戦前に世界市場で国際的な競争相手に立ち向かうことに努めた. すなわち, 伝統的な方向での「フランス美術会社」が, 当代の指導的なデザイン芸術家とともにパリの大百貨店に先導されてひとつの展覧会を決意しており, この展覧会は, 同じ頃に設立されていたドイツ工作連盟への反発とも見ることができた. 回顧的に 60 年代になってこの豪華な様式がその名称「アール・デコ」をこれから受け取

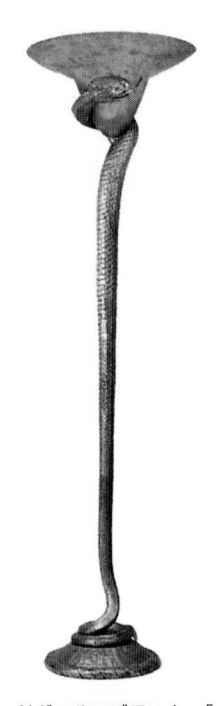

エドガール・ブラント,「ドームによる笠を伴った鍛鉄製のフロアースタンド」, 1925 年頃. ブラント (1880-1960 年) は彫金家であり, 銅, 青銅その他の金属を一部は自らの労苦の成果である新技法で加工した.

建築家ピエール・パトゥーによって『現代の装飾美術と産業美術の展覧会』で建てられた展示館のために, ジャック＝エミール・リュルマンは『裕福な美術収集家のための住まい』のぜいたくな室内装備をデザインした.

豪華な工芸品

ることになる,「現代装飾・産業美術国際博覧会」は,なかんずく第一次世界大戦のために延期され,ついに1925年に大金を費やしてパリで開催された.

モダニズムの代表者たちはここでは分が悪かった.バウハウスのメンバーは誰も入っていなかったし,アメリカは何の関心も示さなかったし,ル・コルビュジェの『レスプリ・ヌーヴォー館』は挑発的であると感づかれ,展覧会場の片隅に追いやられた.

●高価な工芸品

アール・デコはモダニズムの目標とはまさに逆の立場に立っていた.大量生産品の産業生産を求めてはおらず,高級な逸品の工芸的な制作が注目を浴びた.したがって極めて高価で貴重な素材,たとえば蛇の皮,象牙,青銅,水晶,異国の木材が使用された.後には鋼鉄,ガラス,合成物質といったモダンな素材との奇抜な組み合わせが付け加わったが,しかし重視されたのは機能性ではなくて装飾であった.

ルイ・スューとアンドレ・マル,「オニキス(縞瑪瑙)製台座の上の金メッキ青銅からなる置時計」,1925年頃.

ルネ・ラリック(1860-1945年),「着色ガラス壺」,1925年頃.ラリックはすでにアール・ヌーヴォーにおける最も有名なガラス芸術家のひとりであり,第一次世界大戦後にエルザスに製造所を設立していた.当地で彼はカットや着色や腐食のためのぜいたくな技法を編み出していた.

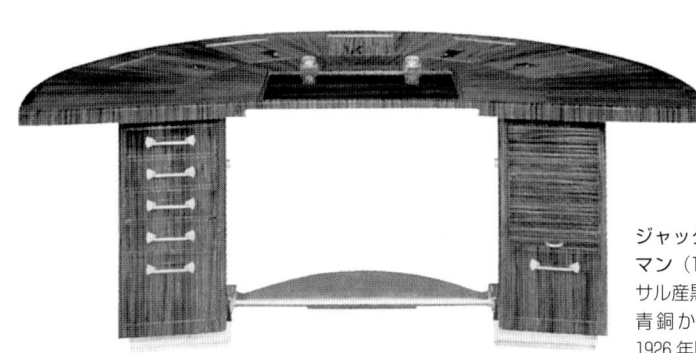

ジャック=エミール・リュルマン(1901-84年),「マカッサル産黒檀と熱処理金メッキ青銅からなる書き物机」,1926年頃.

豪華と権力　　文様と飾り

●文様と飾り

　形態の選択においてアール・デコは，近年のポスト・モダンにも似て，さまざまな歴史上の時代や異国の文化から手本を取り上げた．アール・デコ様式の根源のひとつはアール・ヌーヴォーであるが，それの特徴である揺れ動く形態は，立体派や構成主義や未来派からの影響のもとに，幾何学的で抽象的な様式化，表現的なジグザグの線，ダイナミックな流線型に席をゆずった．愛好された形態は，六角形，八角形，楕円と円，三角形と菱形からなる幾何学文様であった．これにさらに加わったのが，古典主義からの引用であり，そしてアメリカ・インディアンとエジプトの文化ならびにアフリカ文化からの引用であった．したがってアール・デコは多くの方向を，すなわち古典的優雅さ，異国風の豊かな表現，さらには増えるモダニズム的変種を結果として生じた．

　それゆえ専門文献においてアール・デコの年代的位置づけがまったく異なっているのも，驚くべきことではない．多くの専門書はこの様式の始まりを1910年頃の早きに定めているが，他の専門書は1918年以降にようやく始まるとしている．しかしこの様式の最盛期は確かに20年代と30年代であった．この時期に本来豪華なこの様式が，時のたつうちにいよいよモダニズムの要素を吸

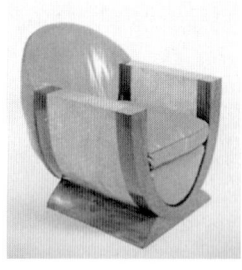

ルネ・ラリック，「香水瓶『火の鳥』」．ラリックは，他のアール・デコのデザイナーと同じように，パリで上演された「ロシア・バレエ」でのイーゴリ・ストラヴィンスキーの同名のバレエから着想を得た．

ピエール・シャロー，「赤いクッション付の紫檀とクルミ材からなる肱掛椅子」，1928年頃．

ジャン・プルーヴェ，「可動性の肘掛け椅子『大いに安楽な肘掛け椅子』」，1930年頃（ロイエンフェルデのテクタ社による今日の複製品）．プルゥヴェ（1901-84年）は錠前師として活動しており，個々の家具を機械として見なした．彼は素材として鋼管とブリキ板を好み，ル・コルビュジェやアイリーン・グレイと同じようにモダニズムの代表的人物であったが，しばしばアール・デコのひとりとされている．

収し，工業材料を素材として使い，大衆の趣味に受け入れられた．

● 玉虫色のとらえどころがない人名群

見渡せないほど多くのデザイナーや工芸家がおり，彼らを分類するのも極めて難しかった．最も有名で最も高価な家具デザイナーは伝統主義者 J.-E. リュルマンであり，彼は R. ラリックや E. ブラントとともに 1925 年の「装飾美術展」で幅をきかした人物のひとりであった．人気のあるデザイナーに数えられるのは，同様に非常に豪華な方向を代表していた L. スューと A. マル，そして P. ファロ，A. ルグラン，A.-A. ラトであった．

こうした根本において伝統的なデザイナーに対峙していたのが，一群のアール・デコの代表的な人物たちであり，彼らはむしろモダニズムを追求し，アウトサイダーのような役割を担った．彼らの中には例えば P. シャロー，E. グレイ，J. プルーヴェがいた．

● オートクチュール

職業婦人，映画スター，豊かなあるいは成金の産業家夫人や戦争成金の夫人の高まる自意識とともに，モードが重要なデザイン分野になった．それゆえ，例えば P. ポワレ，C. シャネル，J. ランヴァン，ローマ人の E. スキャパレリのような優れたファッション・デザイナーもアール・デコの道標となった人物に数えいれられている．

アイリーン・グレイ（1879 –1976 年）．このアイルランドの建築家・デザイナーは，ロンドンでの勉学の後に，1910 年にパリに向かい，当地でモダニズムの重要なデザイナーならびに理論家になった．彼女は J. J. P. アウトとル・コルビュジェと共に活動しており，彼らよりもずいぶん早く 1925 年に最初の鋼管家具をデザインした．戦中戦後彼女は建築家・デザイナーとして活動した．1972 年にはロンドンの王立芸術協会から「ロイヤル・デザイナー・ツー・インダストリー」に指名された．1987 年にニューヨーク近代美術館は，彼女の『調整可能なテーブル E 1027』を収集デザインに受け入れた．

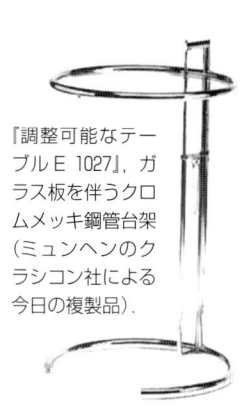

『調整可能なテーブル E 1027』，ガラス板を伴うクロムメッキ鋼管台架（ミュンヘンのクラシコン社による今日の複製品）．

エッカルト・ムテジウス，「インドーレの宮殿のための書斎用の肱掛椅子」，1930 年頃（ミュンヘンのクラシコン社による今日の複製品）．

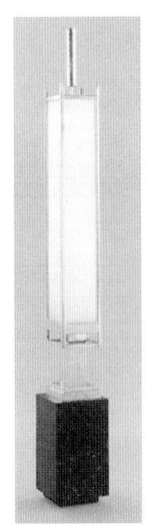

エッカルト・ムテジウス，「インドーレの宮殿のためのフロアー・スタンド」．

「アルフォンソ＆レナート・ビアレッテイによるコーヒーメーカー『モカエクスプレス』」．アルミニウムと黒プラスチック，1930年頃．まず手仕事で作られ，1948年以降はこのデザインが量産された．このコーヒーメーカーは，八角形のアール・デコ形態で，今日まで変更されないで製造されており，そうこうするうちにイタリアの家庭用品の最も典型的なものとしてみなされるようになっている．

● 国際的なアール・デコ

　アール・デコはその起源においてはフランス的な現象であった．もっともアール・デコの形式は20年代と30年代において他の西欧諸国や海外でも支持を得た．

　アール・デコの世界的な拡張の最も有名な例のひとつは，インドールのマハラジャの宮殿である．インドの王侯がオックスフォードで学び，そこで若いドイツの建築家 E. ムテジウスと知り合い，そこでインドにおける自分の宮殿の建築と造作を彼に委嘱した．ムテジウスは，さらに意見を求めるために有名なフランスのデザイナーの幾人かを引き入れた．しかし彼自身が一連の奇抜な家具，例えば赤いラッカーと黒い合成物質からなる椅子セット，いくつかの電気スタンド，羽目板，備え付けの読書電気スタンドと灰皿を伴う書斎肘掛椅子をデザインした．

● 産業的大量生産品

　ドイツ，イギリス，イタリアにおいてもアール・デコ

の形式はモダンで優雅な表現として評価され，時のたつうちに，とりわけアルミニウムやベークライトといった新しい材料からなる大衆的量産品の生産にいよいよ好まれた．したがって，古典的な幾何学形態を伴って，また表現的なジグザグ模様や象牙や鼈甲の特性を真似た合成物質からなる装飾的な象嵌細工を伴って，流行装身具，煙草入れ，ラジオケースや香水瓶がやがて現れた．

30年代におけるベークライト製の典型的なラジオケースのひとつ．

●アメリカにおけるアール・デコ

　20年代のアメリカではまだなお西欧モダニズムの思想は，バウハウスや他の思潮に注目していた少数のアヴァンギャルド建築家の関心事であった．F.L.ライトという近代建築の先駆者のひとりがアメリカから現れ，またそこではすでに世紀転換期から鉄骨組み構造による施工法で摩天楼が建てられていたにもかかわらず，住宅のファッサードは20年代末までなお歴史主義的な窓台，張り出し窓，尖塔アーチで飾られたのであり，例えばニューヨークの豪華で新ゴシック風なウルウォース・ビルディング（1913年）がそうである．
　家具と調度品も，手仕事的な堅実な植民地様式や歴史

「男性用香水瓶」（シカゴのノースウッズ・カンパニー），1927年頃．ベークライト製の「立体派風」の頭部，褐色ガラス瓶．

イギリスの家庭用品社バンダラスタの「カタログの一面」．当社の製品が格安で長い耐久性をもつことを宣伝している．

ベークライト：ベークライトは，最初の純粋な合成物質であり，1907年にリーオ・ベイクランドによって発明された．20年代と30年代には化学産業がフェノール樹脂やヴィトロライトのようなさらなる合成樹脂を開発し，これらは同様に大いに人気があった．可塑性があり耐久性があり徳用であることは日用品にとって理想であり，プラスチック製品はアール・デコ様式とその産業的量産における高価な素材の模倣としても有用であった．

豪華と権力

摩天楼と宮殿のような映画館

リー・ローリ，ロックフェラー・センター入口の上の彫刻．この建築のモダンでザッハリヒな外観とはちがって内装は盛りだくさんの装飾で特色が与えられていた．アール・デコ様式の彫刻と浮彫りが建物最下部の入口，入口ホール，中庭付広間を飾っている．

ニューヨークのクライスラー・ビルは外部も豊かに装飾されている．この建物はクライスラーの自動車の優雅とこのコンツェルンの経済的な力を象徴している．

的な西欧の様式を好んだ，中流と上流の階層の保守的な趣味に合わされた．ナチズムからアメリカ合衆国に逃れたバウハウス人やその他の人々の移民によって，モダニズムの思想がかなり普及した．モダニズム思想の重要な仲介者は1932年に設立されたデトロイトのクランブルック・アカデミーであった．これの指導者でフィンランドの建築家 E. サーリネンは，このアカデミーはバウハウスと一対を成すものであると考えた．

　この機能主義的なモダニズムよりもいくぶんやすやすと装飾豊かなアール・デコは受け入れられたが，しかし建築と室内デザインにおいてであった．20年代以降から大企業の立派な建物はアール・デコ様式で建てられた．アメリカのアール・デコの作例はニューヨークとマイアミに見られる．それらは大規模な摩天楼であり宮殿のような映画館である．これらの建築の手本はおそらく船首や手すりの形態を伴う大型の豪華定期船であった．装飾には高価な木材や大理石が，しばしば黄銅象嵌細工，色ガラス，色彩タイルならびに幾何学的で表現的な形態による文様を伴って組み込まれた．

ニューヨークのアール・デコ建築物
- ラジオ・シティー・ミュージック・ホール，1931年．建築家：レイモンド・フッド．
- エンパイア・ステイト・ビル，1932年．建築家：シュルヴェ，ラム＆ハーモン．
- ロックフェラー・センター，1931年．建築家：レイモンド・フッド．
- クライスラー・ビル，1930年．建築家：ウィリアム・ヴァン・アレン．

　30年代にアメリカにおいては装飾豊かなアール・デコから発して，アメリカの飾り気のない様式が生じ，経済恐慌への行政措置の進展とともにザッハリヒで安価な建築方式が宣伝された．同様に経済的考慮との関連において，アール・デコの形態は，新しい流線型とともに多数の量産品のデザインに再び現れた．アール・デコへのアメリカの貢献が語られるときには，流線型が考えられ

モダン・インダストリアル・デザイン

豪華と権力

ているのである．

● **モダン・インダストリアル・デザイン**

アメリカ合衆国においてモダン・デザインは独自の方向に進んだ．西欧の影響を受け入れながらも，アメリカのデザインは他のどこよりも消費行動によって，また技術的進歩によって強く影響を受け，さらにまた，全世代の美的感覚を左右した夢工場ハリウッドの理想像によって，しばしば推測されているよりも，より強く影響された．

ジャック・デラメア，「チャニン・ビル内の暖房器具の放熱体板張り」，1927年．段階付けられた模様は建築の外形から取られている．

● **デザインと技術**

西欧において第一次世界大戦が技術と経済の発展を著しく制限している間に，アメリカは20年代の初めにすべての工業国の水準をはるかに越えており，30年代にはほとんどの中流家庭にはラジオ，冷蔵庫，トースター，洗濯機，最初のテレビといった多くの電気機器があった．

S. L. ロスアフェルズとドナルド・デスキー，「ラジオ・シティー・ミュージック・ホールにおけるスイートルーム」，1932年頃．アール・デコの優雅さと豪華さがここでは機能主義のザッハリヒな美意識と混ざり合っている．

「クライスラー・ビルのエレベーター扉」．この黄銅製象眼細工は様式化されたヤシやハスの花といったエジプト的モチーフを示している．

ノーマン・ベル・ゲディス，「流線型水滴形のバス（1931年）と乗用車（1934年）」．このようなモデルはニューヨーク万国博覧会で展示された．

ウォルター・ドーウィン・ティーグ，「木材，金属，青ガラスからなる〈ラジオ受信機〉」，1936年．

したがってここでは家具デザインとインダストリアル・デザインとの境界が早くに消えていた．広範な大量需要のための新しい安価な素材による大量生産がすでに必要不可欠であり，20年代末頃には成長する宣伝分野が近代的な市場調査の成果をよりどころとしていた．購買力のある中流階層を満足させるためには，宣伝や包装とともに，当世風の製品デザインが次第に重要になった．

少し前には自動車や他の技術的製品のデザインは，まだ全く実用的に機能や初期流れ作業生産の技術的な要請に適合させられていた．古いフォードの「T型車」は1913年にはなお実際の競争相手がいなかった．ところが20年代と30年代においては，急激に成長するいくつかの競争相手から識別するために，デザインがいよいよ重要になった．

西欧ではデザイン改革が絶えず社会的あるいは機能的な問題設定のもとで論じられていたが，アメリカ合衆国ではデザインはまず第1にひとつのマーケティング要素であった．この新たなデザイン理解は1929年の世界経

レイモンド・ローウィ，「機関車〈S1〉」，ペンシルベニア鉄道会社，1938年．

世界経済恐慌　豪華と権力

済恐慌の余波によって助勢された．

> 「価格，機能，質が同じである二つの製品のうち，より美しいものがより売れるであろう」レイモンド・ローウィ，1929年．

● 世界経済恐慌

　ウォール街の証券取引所破産とそれに続く経済恐慌の後で再び動き出すために，政府はまず消費を再度活気づけようとした．そのためすべての製品は新しい心引かれるデザインによって高い購買刺激を押しつけられることになった．形態的な仕上げと新しいデザインがスタイリングとよばれ，最適の形態としてアメリカの産業デザイナーが見出したのはいわゆる流線型である．これはアメリカの発明ではなく，すでにイタリアの未来主義者たちがこれに取り組んでいた．しかしアメリカ産業は新しい素材と技術のおかげでこの形態を大量生産に利用することができた．

レイモンド・ローウィ，「鉛筆削り器」，1933年．

● 流　線　型

　進歩とダイナミズムのシンボルとして流線型は，旅行用バスから乳母車まで，コーヒーメーカから鉛筆削まで，何であれすべての製品に転用された．これは建築にも利用された．流線型の使用は，合板，合成物質，ブリキといった任意に形作られうる新素材によって促進された．スタイリングの手段としての流線型によってアメリカの産業デザイナーは様式のひとつの方向を生み出した．この方向は，物品の機能とは無関係であるが，しかしなが

レイモンド・ローウィ，「インターナショナル・ハーヴェスター社の〈ミルク遠心分離機〉」，1939年．

流線型：流線型（streamline）とは，対象の水滴状の理想的な形態であり，風に対する可能な限りの少ない抵抗を有している．それは第一次世界大戦からの飛行機や自動車の製造における流体研究の成果であった．30年代からさまざまな製品のスタイリングに投入された．ダイナミズムと進歩主義信仰を象徴しており，50年代にはすべての産業国家において利用された．

スタイリング：デザインにおけるスタイリングとは，購買者にとって製品が魅力的であるようにするために，もっぱら美的でマーケティング主導的な観点のもとに製品形態にさらに手をいれることを意味する．この概念は，1929年の経済恐慌後に，産業が消費に再度てこ入れしようとしたときに，アメリカ合衆国で生じた．

豪華と権力　　流線型

ヘンリー・ドレフュス
(1903-72年)は、広告界の出身ではない数少ないデザイナーのひとりであった。彼は劇場装飾家で、ニューヨークにデザイン事務所を1929年に開設した。40年代から人間工学の理論に没頭した。1957年には彼の著作『人間という尺度』が刊行された。

ノーマン・ベル・ゲディス
(1893-1958年)は、画家、広告美術家、舞台美術家であった。彼は最も重要な流線型の自動車や機関車のデザインを制作した。1939年にニューヨーク万国博覧会でジェネラル・モーター社の展示館「フューチュラマ」をデザインした。

ら恐慌から抜け出すために、何よりも進歩の信念とアメリカ経済への確信を暗示していた。これによってアメリカ生活様式の土台のひとつが生じた。

　この楽天主義は、「明日の世界の建設」という表題下のニューヨーク万国博覧会によって、1939年に頂点に達した。1920年と1940年の間にアメリカの産業デザインは独自の非常に速い発展に遭遇し、この発展は明らかにアメリカの産業デザインを西欧のデザイン理論から解放した。流線型は50年代末までこの立場のシンボルでありつづけ、奇跡の経済復興のドイツにおいても受け入れられた。

　注意すべきことには、この時代の卓越したアメリカの産業デザイナーのほとんどは、広告分野の出身であった。例えばW. D. ティーグは、コダック社から最初のデザインの注文を引き受ける前に、広告美術家として20年以上にわたって活動していた。第二次世界大戦前の時期に彼は、R. ローウィ（104頁参照）と並んで指導的なアメリ

ノーマン・ベル・ゲディスとアルベルト・カーニ、1939年のニューヨーク万国博覧会での「ジェネラル・モーター社の展示館」。

カの産業デザイナーのひとりであり，とりわけニューヨーク万国博覧会でのフォード展示館，コダック・カメラ，テクサコのガソリン・スタンド，ボーイング707をデザインした．

● **第三帝国におけるデザイン**

製品販売の促進のために，技術的に高度に発達した製品の「美化」と近代化を求めるデザインがマーケティングの観点のもとにアメリカ合衆国で発展している間に，ドイツではナチズムが日常美学と生産美学とにおいてもイデオロギー的な統制を求めた．そのために彼らが用いたのは，例えば公職からの「非アーリア人芸術家の解任」法令や，「労働美」局と「帝国個人住宅局」といった新機関の創設であった．新しい「民族文化」の創出が目指された．

アルノ・ブレーカ，『戦友』，浮き彫り，1940年．通俗化された記念碑的な擬古典主義は，ナチス的な「価値」のための意味内容運搬体になる定めであった．

第三帝国におけるデザインは，しかし詳しく見るとデザインのすべてがナチのイデオロギーにおいて重要な役割を担っているという，明らかなパラドックスによって特色づけられていた．常に使用目的にしたがって歴史記述様式ならびに近代様式が使用されたり組み合わされたりしており，従っていずれにせよオリジナルなナチ様式について語ることはできない．

福祉住宅建設におけるモダン建築は今や終わった．これに代わって血と土のイデオロギーの趣旨において鞍型屋根の一世帯用住宅の建設がいたるところで宣伝された．

堂々とした公共建造物の建築においては記念碑的な擬古典主

アルベルト・シュペーア，「ドイツ展示館」，パリ，1937年万国博覧会．

義（帝国宰相官房様式）が優勢であった．そして私的な家具調度の分野においては郷里を駆け巡る野趣さと素朴なザッハリヒカイトとの混和が優勢であり，それは小市民的な快適さの理解ならびに戦争準備の際の経済政策や分配政策に役立った．したがって家具はもっぱら木材や合板で作られ，その一方で鉄は1935年から1936年にかけてはもっぱら軍備産業のためにとって置かれた．

「HJ（ヒトラー青年団）の集団リーダーの夏季制服」．生活領域全体の組織化と画一化はナチスの支配組織を特色付けた．

●モダニズムとの関係

ナチズムは政治的な理由からバウハウスを閉鎖し，機能主義の主唱者たちは芸術的なアヴァンギャルドと同様に亡命しなければならなかった．ところがモダン・アートとの関係におけるのとは異なり，簡潔さと明確さへの，規格化標準化と安価な材料と徳用な大量生産への機能主義の努力はナチ政体によってたやすく受け入れられ得た．というのは，簡潔さと質朴さ，有用性という情念はナチスの「民族芸術」のイデオロギーならびに産業的大量生産の要請に適っていたからである．改革運動の多くの目

「ザールラントの〈ヴァルントの村〉の家の模範住居」，1936年．私的な領分においてはザッハリヒカイトと郷里を動き回る農民性との混和が支配的であった．

標はヒトラーによって受け入れられえたし，ことに改革者の多くはすでに早くから民族的な保守的な思想に近い立場を擁護していた．そのため注目すべき方法ですでに1933年以前にドイツ工作連盟の多くの会員がナチスの「ドイツ文化のための闘争連盟」組織に入っていた．一方で他の会員は早くに自らが実施した統制を通して壁龕生活に避難したのであり，あるいは後には「労働美」局に再び現れた．

●「労働美」局

ナチスは，ユダヤ人所有のものを除いて，大企業を没収せず，しかも経済や財産の組織をなおかなり存続させた．大コンツェルンの集中はむしろ促進された．というのは経済政策の目的はあらゆる領域での生産性向上にあった．「労働美」局は，コンペ，キャンペーン，見本帳によって企業における規格化標準化と近代化を鼓舞した．そして血と土のイデオロギーのすべてをものともせず，産業的大量生産に最適であった機能的な形態，新しい素材と生産技術は受け入れられた．当局は労働条件改善のキャンペーンを実施し，政体の社会的関与を表明することになった．

「KdF車あるいはフォルクスワーゲン」は，宣伝されていたように，万人が手に入れ得ることになっていた．

●フォルクスワーゲン

フォルクスワーゲンも「ナチスの文化的行為」になるはずであったのであり，これの断念の数年後にやがて万人が自動車の所有者になりうると国民に約束していた．後に「KdF車」と呼ばれた自動車はナチスの考案品ではなく，あらゆる点でモダンであった．F. ポルシェは，アメリカのフォード社の「T型車」と同じような万人

豪華と権力　　万人向けの自動車

クリスチアン・デル,「書き物机用ランプ」, 1930年. 20年代および30年代のザッハリッヒで機能主義的な形態は, 第三帝国におけるモダニズムの出自であるにもかかわらず, 地味で長持ちし得る. その隣:「ヘア・ドライヤー」, 1938年.

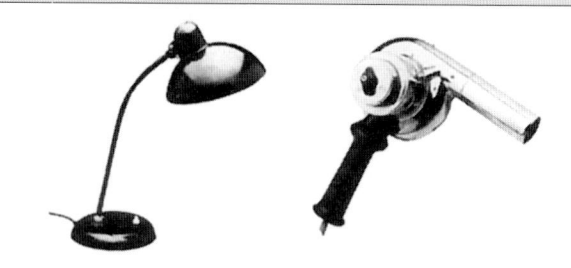

向けの安価な自動車の構想にすでに1920年から取り組んでいた. この車の形態は流線型に合わされており, 単純に構成されていた. しかしポルシェの原型は大自動車会社に拒絶された. なぜならばこの車は利益があがらないと見なされたからであり, あるいはオペル社のように自分たちが同じ計画に取り組んでいたからである. したがってポルシェは最終的に政権に頼った. ヒトラーは, 長時間ためらった後に1933年に宣伝的な労働振興手段と戦略的な戦争準備として完全自動車所有化と自動車道路建設を決めており, このポルシェの計画を支援した. この車の流線型はナチスによって受け入れられ, ドイツの「人種的」ならびに「技術的」な優越性を象徴する「生物形態」として解釈された.

　もともと利益があがらない車を生産するため1938年に設立されたフォルクスワーゲン工場は国によって援助

「フォルクスワーゲンとも後には甲虫とも呼ばれた, いわゆる〈KdF車〉の広告」, 1938年.

国民受信機　豪華と権力　97

された．誰もが思い切って車を購入できるようにするため，週ごとに5マルク支払うことが1939年には提案された．しかし約32万人の「フォルクスワーゲン預金者」は誇らしい自動車所有者にはならなかった．というのもその預金は戦争に役立つジープの生産に流用されていた．

●国民受信機

国民受信機はモダンな産業製品でもあった．W. M. ケルスティングがこれをすでに1928年にデザインしていた．このラジオの機能的で明確に構成された容器は，モダンな合成物質ベークライトからなり，その一方では丸くされた角と放送局目盛の弓形線は，明らかにアール・デコからの影響を受けていた．この機器は，技術と値段設定において広範な大衆需要向けに構想されていた．比較可能なフランスやアメリカのラジオとの明らかな差異は，この機器では外国の放送局を受信できず，その地方の放送局のみを受信できるところにあった．すなわち国民受信機は単一の機能のみを備えており，「ファシストのメディア政策の最も重要な手段」（ペッチ）であった．これを通して「国民同胞」は放送会社の情報を提供されることになり，その一方ではこの情報はことごとく「帝国国民啓蒙宣伝局」に監視されていた．同時に誰もが国民受信機を購入することができ，その購買には国の補助金が与えられ，分割払い購入も出来た．

ナチ政権の時代の製品，家具や技術器具や産業製品は，国有企業において製造されたのではなく，また何の統一的な様式も持ち合わせてはいなかった．これらの特徴はこの体制の完璧な機構におけるその機能から生じ，この体制は必要に応じて戦争兵器や絶滅収容所の超近代的なテクノロジーを生物学的，擬古典主義的，神秘的なイデオロギーで装った．建築，産業製品，ナチスの人種的優越妄想の産物であるアーリア人的人間像にいたるまでの日常の総体，これらのデザインをナチス様式にしたのは，これらの形式ではなくて，政略上の役割であった．

ヴァルター・マリーア・ケルスティング，「国民受信機」，1928年．容器はベークライトからなり，アール・デコを思わせるところがある．

「ドイツ全土が総統のいうことを聞いている」，国民受信機の宣伝ポスター．グラフィック・デザインにおいてもナチスはモダンな手法を用いた．ここではジョン・ハートフィールドのモンタージュ技法さえ取り入れ，これをナチスの宣伝に活用した．

1925-1945

| 98 | 奇跡の経済復興 | 第二次世界大戦後 |

1945年	第二次世界大戦の終了.
1946年	ニュルンベルク裁判； ベトナム戦争の始まり.
1947年	マーシャル・プランによるヨーロッパ復興援助.
1949年	毛沢東が中華人民共和国を宣言する.
1950年	朝鮮戦争の始まり.
1951年	アメリカ合衆国で最初のカラーテレビ.
1952年	アーネスト・ヘミングウェイ：『老人と海』.
1953年	東ベルリンと東ドイツでの労働者蜂起がソ連の戦車部隊によって鎮圧される.
1954年	フェデリコ・フェリーニ：『道』； ドイツがサッカー世界選手権大会優勝； 初のアメリカ原子力潜水艦「ノーティラス号」.
1955年	自動車事故でジェイムズ・ディーンが死去する.
1956年	ソ連軍がハンガリーの民衆蜂起を鎮圧する.
1957年	ローマ条約が欧州経済共同体の基礎を作る.
1958年	ロックンロールの波がドイツでその最盛期に達する.

1945-1960

「破壊された広島市の航空写真」，1947年．アメリカによる原子爆弾投下の2年後．

● 50 年 代

　戦後の時期と50年代は，今日ではたいてい郷愁的に美化されてスイングする50年代として思い起こされるが，政治のみならず国際的なデザインにおいても根本的な変動をもたらした．敗戦国のドイツ，イタリア，日本は，まず始めに再建に取り組み，この戦後の最初の時期にはともかく基本的必需品を充足せねばならなかった．食料，住宅，経済，国家，行政機関の再建である．多くの企業が解体され，素材と労働力が不足していた．20年代と30年代の社会的で造形的

「破壊されたドレスデン」，1945年．

アメリカの先導的役割　奇跡の経済復興

なユートピアを妨害したのは，ドイツでは，またフランスやオランダのような第三帝国に占有された国々ではナチ統治であり，ロシアではスターリン体制であった．

アメリカは，唯一の戦勝国としてほとんど損害を受けずに戦争を切り抜け，経済的な先導役を引き受けており，先導的なデザイン国としても50年代にいたるまでに地歩を固めた．バウハウスの著名な代表者たちはナチの支配の時にアメリカに亡命し，アメリカにおいて国際様式で建築とデザインのモダニズムをさらに発展させた．

亡命したモダニズムは，こうしてアメリカから西欧へと再輸入されており，またこれと同時に販売促進手段としてのデザインというアメリカ的な考え方が広まった．アメリカ的な生活方式が，特にイタリアとドイツで文化や生活のほとんどすべての領域に，音楽と美術，消費行動と日常生活に影響を及ぼした．ことに映画メディアと広告は，西欧においても美的理想像と流行の波に軽視できない影響を与えた．コカコーラとラッキー・ストライクが新しい生命感のシンボルとなった．

「ニューヨーク」，1949年．西欧や日本と違ってアメリカ合衆国では戦争破壊や供給不足に苦しんではいなかった．

「こんなにも豊富な食料品」は1949年の西欧ではどこにもほとんど見られなかった．

1948／49年における封鎖時の西ベルリンへの供給のための「アメリカの空中補給」．

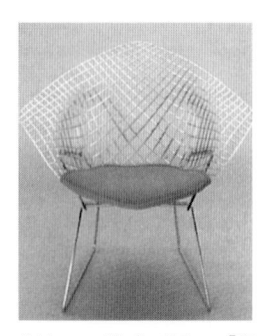

奇跡の経済復興　家庭用家具調度品における有機的デザイン

チャールズ・イームズ（1907–78年）は，建築家・デザイナーであり，合板と合成物質の加工における実験を通して20世紀の最も有名な椅子デザイナーのひとりとなった。彼は1924–26年にセントルイスのワシントン大学で，1936年からミシガンのブルームフィールド・ヒルズのクランブルック美術大学で学んだ。1942年にレイ・カイザーと結婚し，彼女とともに多くの椅子類，さらには玩具や宣伝をもデザインし，教育分野のための実験映画や短編映画を撮影した（『パワーズ・オブ・テン』，1968年）。1946年から家具会社「ハーマン・ミラー」と共同し，同社のためにクロムメッキ鋼管と曲げ合板（「合板グループ」）とポリエステルを用いて家具をデザインした（1956年「ラウンジチェア」，1958年「アルミニウム・グループ」）。

ハリー・ベルトイアー，「座部クッション付のクロムメッキ鋼鉄格子製の椅子〈421〉」。ベルトイアーは空間における軽やかさという着想を彼のデザインによって追求した。

エーロ・サーリネンの1本脚の有機的にかたどられた『チューリップ椅子』は，ポリエステルの座部を持っており，座部の下方に整然とした状態を生み出すことになっていた。

● 「家庭用家具調度品における有機的デザイン」

ドイツからのモダニズムの活動家が亡命するにつれて，芸術，建築，デザインにおける先導権をアメリカはすでに30年代から握っていた。確かにここでは社会的に見てモダン・デザインの問題がそれほど独断的に考えられてはいなかった。

今やニューヨーク近代美術館は，アヴァンギャルドが何であったかを特定した。当美術館はすでに1934年より包括的なデザイン・コレクションを所有しており，1941年にはブルーミングデールズ百貨店の後援で「家庭用家具調度品における有機的デザイン」という表題でコンテストを開催した。ここでは，当代に適った新しい家具調度品の形態や素材などが見出される予定であった。しかし強靭で幾何学的な機能主義の形態ではなくて，軽

チャールズ&レイ・イームズ，『ラ・シェーズ』，1948年。硬質ゴムを合成物質でおおった原型。ヘンリー・ムーアの彫刻との類似性が明らかである。

デザインにおける戦争テクノロジー　奇跡の経済復興

快でしなやかな人体との関係を有する線がそのコンテストの目標であった．E. サーリネンと C. イームズが，美と快適さを結びつけた有機的に波打つ木造のシエル椅子によって賞を得た．サーリネンとイームズはクランブルック・アカデミー出身であり，H. ベルトイアと並んで新しい有機的様式の抜きん出た代表者に数えられていた．彼らはポリエステル，アルミニウム，合板のような材料で制作した．しかし彼らの家具が製造されたのは 1945 年以後，すなわち戦争が引き起こした材料の欠乏が終結され，アメリカ海軍のためにイームズによって開発された木材や合成物質の新しい加工技術によってしなやかな波打つ形態が可能になったときであった．製造業者のハーマン・ミラー社やノル・インターナショナル社は，クランブルック美術大学の活動を支援し，工業的大量生産向けの多くのデザインに協力した．ミラー社とノル社は次の時代にはモダン家具の国際的に有名な製造業者になった．

　同時期にモダン・アートの形態も建築，広告，デザインに受け入れられた．H. アルプや H. ムーアや A. カルダーのような当代の芸術家が手本を提供し，あるいはその手本がブルーミングデールズやボンウィット・テラーの

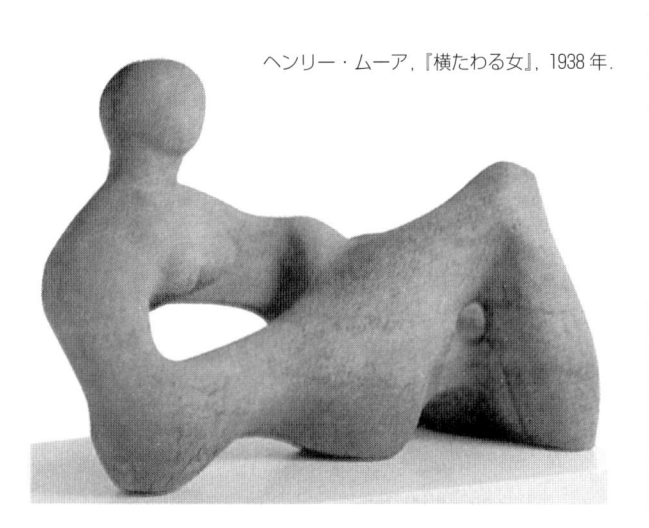

チャールズ・イームズ，『ラウンジ・チエア』，革クッション付の紫檀材製座部，1956 年．イームズは，彼の友人ビリー・ワイルダー監督のために，安楽さの象徴であるこの椅子をデザインした．ヴァイル・アン・ラインのヴィトラ社による今日の複製品．

建築にも見られる有機的でダイナミックな形態：フランク・ロイド・ライトによるニューヨークの「グッゲンハイム美術館」，1956-59 年．

ヘンリー・ムーア，『横たわる女』，1938 年．

「椅子においては優先的に機能的諸問題が解決されねばならないが……，しかしこのことを厳密に吟味すると，空間，形態，金属の研究もまた問題である」　ハリー・ベルトイアー．

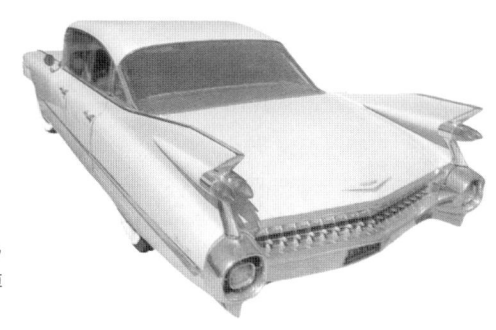

奇跡の経済復興　アメリカ的生活方法

「尾ビレと駆動装置風の後尾灯をもつキャデラック車」は，1957年にはアメリカ的な夢の車の化身であった．

「持ち運びできるテレビ」，1955年頃．アメリカ合衆国で1950年代に小型化の発達が始まり，これは日本産業によって完成された．

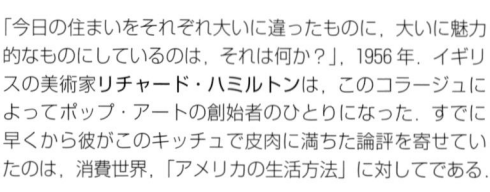

ような実験心に富んだ百貨店のショーウインドー装飾を経由してやってきた．

●アメリカ的生活方法

　すでに30年代にアメリカでは独自のデザイン理解が形成され，西欧でのその始まりとは対照的に，ことにスタイリングが売り上げ促進の手段として中心に据えられた．目指すところは，大量消費のためのデザインであった．西欧のモダニズムの代表者たちの多くはアメリカに亡命して活動しており，またアメリカでは国際様式がさらに発展していたにもかかわらず，戦前の美的理想像，流線型，新しい有機的形態がインダストリアル・デザインにおいて好まれた．さらにアメリカのインダストリアル・デザインにおいて決定的な役割を担い続けたのは，30年代の大家たち，W.D.ティーグ，H.ドレフュス，N.ベル・ゲデス，R.ローウィであった．

　アメリカは，確かに西欧諸国よりもはるかに軽微な損害で戦争を切り

「今日の住まいをそれぞれ大いに違ったものに，大いに魅力的なものにしているのは，それは何か？」，1956年．イギリスの美術家**リチャード・ハミルトン**は，このコラージュによってポップ・アートの創始者のひとりになった．すでに早くから彼がこのキッチュで皮肉に満ちた論評を寄せていたのは，消費世界，「アメリカの生活方法」に対してである．

消費と進歩

抜けたが，戦時経済から平時経済への転換においては問題があった．多くの企業は，戦時中には全面的に軍事的な目標に向けさせられ，民事的な研究を禁止されており，新しい生産技術へのなんのつながりも見出せなかった．

● 消費と進歩

まず遅れを取り戻すことの必要が消費の波を生み出した．しかし50年代の始まりから最も影響力の大きい買い入れが始まり，産業は絶えず新しいモデル，形式，技術的な改善によって需要にてこ入れをしなければならなかった．マーケティングと広告に援護されて，ますます短命なモデルが計画された．広告と並んでパッケージデザインが次第に重要になっていった．

最も重要な領域は自動車部門とスイートホームであった．アメリカの夢の自動車が「飛行機の機首」と堂々とした尾ヒレとを伴って現れた．家事仕事は電気的な台所機器であふれさせられ，それは主婦の家庭生活を楽にするはずであった．テレビやトランジスター技術の迅速な発達は定常的に成長する市場を約束し，日本の産業が50年代にすでにこの領域を引き受けるまでになり，いよいよ小型化する機器でアメリカの電子産業と競争した．50年代末まで裕福さへの兆しがあり，アメリカ経済はまったく楽天的に未来を見通した．

「50年代アメリカの居間」．フーバー社の電気掃除機をもつ主婦．前方右にちょうど見て取れるのは，ハーマン・ミラー社製の**イサム・ノグチ**による有機的に形作られた小型テーブル（1949年）である．

購入を刺激するものとしてのスタイリング：クリスマス・ツリーの下の主婦向けのウエスティングハウス社の「電気器具」．

レイモンド・ローウィ

「シェル社商標」の発展（右端がイームズのデザイン：©シェル国際石油会社，ロンドン）．

パリ出身のレイモンド・ローウィは，アメリカ的なデザイン解釈の化身となった．彼は自らのデザインによってアメリカ的な生活方式のイメージを造り出し，それで最も成功した20世紀のデザイナーになった．

ローウィは，生涯ずっと近代技術に魅せられ，製品の好ましい外観（スタイリング）によって人々と技術との「融和」を西欧の改革者の誰よりも願った．市場分析を自らの活動において頼りにし，莫大な広告費を用いて新製品を市場に提供した最初のデザイナーでも，ローウィはあった．彼は多くの製品にさらに手を入れ，それらに新しい魅力的な外皮を与えた．その新しい外貌は製品を「より美しく」し，それによって売り上げが促進された．というのも彼は「醜いものは売れない」という信条を主張した．その際に彼にとって重要なのは，「美しさは簡素ではあるが，あまりに無味乾燥なものではない」ということであった．その点で彼は，ウルム造形大学が主張したような見解とはまったく違っていた．

「ラッキー・ストライクの包装」，1942年．

●パリからニューヨークへ

ローウィは1919年にパリからアメリカへやって来ており，そこでまずマシーズ百貨店の陳列窓の装飾家として，さらにはハーパーズ・バザールのファッション・デザイナーとして活動した．

「最も信頼できる器具は……扱いやすく，質がよく，求められているものを適え，使って経済的であり，維持が容易で，修理もしやすい．幸いにもそれはその上もっとも良く売れ，外観も良い」 レイモンド・ローウィ，1951年．

●レイモンド・ローウィ・アソシエーツ

1929年にローウィはニューヨークのウエスティング・ハウス電気会社のアート・ディレクターになった．さらに同年に彼は自らの会社レイモンド・ローウィ・アソシエーツを設立した．その最初の注文はゲステットナー社の謄写機の手直しであり，これに多数の企業からの注文が続いた．冷蔵庫，自動車，機関車，給油所，企業全体の外観など極めて多様な実用品のデザインである．30年代にローウィは流線型の優れた代表者に数えられ，スタイリ

レイモンド・ローウィ

ングの創始者になった。彼は，宣伝手段を用いて彼独自のイメージで活動しており，スタイリングの非難とともに，そのことで機能主義者によってしばしば非難された．

● アメリカン・ドリーム

戦後ローウィは遂にアメリカのインダストリアルデザイナーのナンバー・ワンになった．コカコーラの飲料器具（1947年），スチューディベーカー・コマンダ（1950年），グレイハウンド・バス，ことにラッキー・ストライクの包装デザインと宣伝によって，ローウィはアメリカン・ドリームのアイコンを生み出した．1951年には著書『醜いものは売れない（Never Leave Well Enough Alone）』が現れて彼の成功の神話は遂に固められた．

「タイム」誌上のあるひとつの広告におけるレイモンド・ローウィ．

● 大口の注文

購買者が批判的な態度を取るようになった60年代と70年代においても，ローウィは自らの信条に忠実でありつづけた．彼は無数のパッケージデザインや企業のロゴマークなどをやってのけた．石油コンツェルンのBP社，エクソ社，シェル社に関する大口注文に加えて，例えばNASAへの彼の助言活動が起こり，彼はスペース・シャトルとスカイラブの計画にデザインを提供した．さらに彼は様々な総合大学や単科大学で教えた．

1974年には彼は，ロシアの自動車「マスクヴィチュ」をデザインし，西側で注文を受けた最初のデザイナーとなった．

ドールデラックス社のコカ・コーラ清涼飲料ディスペンサー，1947年．船外機のようにダイナミックである．

ローウィの最もよく知られたデザイン：ゲステットナー謄写機，ペンシルベニア鉄道会社の機関車"S1"，ラッキー・ストライクの包装，コカ・コーラのディスペンサー，シェル社の商標，スタッドベイカー社の「コマンダー」，グレーハウンド・バス，カナダ・ドライ・ソーダの瓶，スパール・ロゴ等々．

「グレイハウンド・バス〈シーニクルーザー〉」，1954年．

●イタリアの奇跡の経済復興

第二次世界大戦前にはデザイン史にさしたる刺激を与えてはいなかったイタリアは，戦後にまるで嵐のような発展を体験し，10年後にはデザイン先進国となった．人々は是が非でもモダンでありたがり，彼らの性癖の根幹には未来主義があった．

ドイツとは違ってイタリアでは工業化がきわめて遅れており，手仕事から工業製品への移行が多くの分野で戦後に完了した．さらに増したのが伝統的な北部一南部の格差であった．ミラノやトリノのような産業の発展した都市のすべては豊かな北部にあった．ところが戦後最初の10年から15年に輸出やデザインの重要な役割によって確かなものとなる躍進がここでは生じていた．その上さらに作用したのは，イタリア的なしなやかさ，低賃金，アメリカの復興援助であった．

アメリカの影響は経済的に目に付くようになるのみならず，夢を売る工場ハリウッドがイタリアの美意識と生

「ヴェスパ」，125 ccm，1951年．最初のモデルはピアジオ社のためにコラディーノ・ダスカーニオによって1946年にデザインされた．

すでに1953年頃にハリウッドは「イタリア様式」を熱心に引用した．右図は，「ローマの休日」からの場面で，ヴェスパに乗ったオードリー・ヘップバーンとグレゴリー・ペックが映されている．

活感情にも影響を及ぼした．だがそれでもアメリカの消費慣習は，特殊なイタリア的個性によって独自のデザインに，そして時間の経過とともに前代未聞の豊かなデザインに変えられた．「イタリアの路線」はすでに1955年頃には国際的にモダンで洗練され世界主義的な生活様式の典型であった．

まず鉄鋼産業が躍進し，それによって自動車，タイプライター，自動二輪車などのような機具が躍進した．最も有名なイタリアの戦後の製品はまがいもなくヴェスパ・スクーターとフィアット500であった．ほどなく家具やファッションもイタリアの輸出の大当たり商品になった．西欧やアメリカにおいて人々はイタリアの洋服やドレスを着て，ヴェスパやランブレッタに乗り，エスプレッソを飲んだ．イタリアの車体制作者のピニンファリーナは，アメリカで学び，その後イタリアにおいて柔らかくしなっているが力強い形態をアルファ・ロメオ，ランチア，フェラーリのために用意し，優雅なスポーツ車の新しい国際的な標準をもたらした．

ジオ・ポンティ，「パヴォーニ社のための〈コーヒーメーカー〉の原型」，1947年．クロム光沢で有機的でダイナミックなこのコーヒーメーカーの「彫刻品」は，50年代のエスプレッソ・バーの銘柄となった．

マルチェロ・ニッツォーリのオリベッティ社のためのタイプライター『レッテラ22』は「コンパッソ・ドーロ賞」を授けられて表彰された．

● **芸術とデザイン**

ドイツ（理論的）とアメリカ（マーケティング的）のデザイン把握とは対照的に，イタリアのデザインは，むしろ即興によって，ことに昔からの文化的伝統によって形作られてきており，ここでは芸術とデザインと経済——美と機能——が相互にそれほど厳格に分離されていなかった．特別なデザイン教育が存在せず，イタリアのデザイナーのほとんどは建築家であった．

ことに家具産業においては芸術的な創造力と小規模融通のきく家内工業の伝統との共同作業が目立ち，実験の喜びがダイナミックで独特な形態を導いた．デザインにおいては同時代の芸術の抽象的でダイナミックな形態

マルチェロ・ニッツォーリ (1887-1969年) は，グラフィック・デザイナーで産業デザイナーでもあった．グラフィック・デザイナーとして彼はカンパリ社のためにポスターや広告を制作した．1938年からオリベッティ社のために活動し，例えば計算機『ディヴィスンマ14』(1947年) やタイプライター『レッテラ22』(1950年) をデザインした．

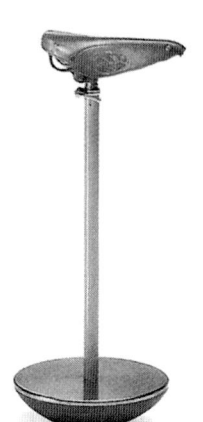

奇跡の経済復興　芸術とデザイン

が椅子や机の手本になった．ミラノの「トリエンナーレ」（1933年から）は，その後ヨーロッパの最も重要なデザイン展になっており，1951年には「諸芸術の統一」をモットーにした．芸術への接近の最も目立った例はC.モリーノである．彼は，表現的に曲げられた積層木材椅子によって，イタリアにおける有機的様式のきわめて風変わりな代表者になった．家具の他にも彼は自らが操縦した飛行機とレーシングカーを，さらには建築と色情的なファッションをデザインした．モリーノの有機的な家具は，A.ガウディをその優れた手本のひとつにする，アール・ヌーヴォーへの偏愛にその表現的な曲線形態を負っており，湾曲された積層材から作られていた．しかし極度に有機的な様式はイタリアでその価値が認められるのは極めて難しかった．

家具製造においては熱心に新しい材料も導入された．

カスティリオーニ兄弟，「腰掛『メッツアドーロ』（上図）と腰掛『セラ』（右図）」，1957年（ザノッタ社による複製品）．イタリアからの機知と実験の楽しみ．カスティリオーニ兄弟は家具をレディメイドにした．

アッキレ・カスティリオーニ(1918年-)はミラノで建築を学び，1947年から彼の兄たちピエル・ジャコモ(1913-68年)とリビオ(1911-54年)と共同建築事務所で活動した．彼はデザインに関する重要な理論的基礎研究を行った．ラジオ（ブリオンヴェガ），照明器具（フロス），家具（ザノッタ），家庭用品（アレッシ）のために無数のデザインを手がけた．彼はいくども「コンパッソ・ドーロ賞」を得ており，国際的な企業のデザイン顧問として今日活動している．

50年代の主要なイタリア家具会社（創設年）

- ザノッタ（1954）
- カッペリーニ（1946）
- アルフレックス（1951）
- カルテル（1949）
- ポルトロナ・フラウ（1912）
- カッシーナ（1927）
- テクノ（1953）
- モルテーニ（1933）

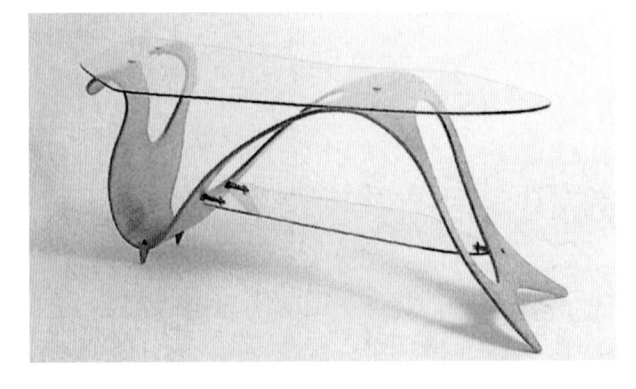

カルロ・モリーノ（1905-73年），「ガラス板をともなう曲げ合板からなる〈アラベスク机〉」，1949年．

1945-1960

経済的要因としてのデザイン　　奇跡の経済復興 | 109

カルロ・モリーノ,「カーサ・アグラのための椅子」, 1955年（ザノッタによる複製品）.

多くの家具会社は, フィアットやオリベッティのような大企業は別にして, ほとんどが小規模な家内企業であったが, まさにそれゆえに非常に柔軟性を備えていた. これらは新しい材料と技術に取り組んだ. 例えばミラノのノヴィーリオのカルテル社のような企業は, その成果をもっぱら新しい人工素材の首尾一貫した受け入れに負っていた. そのうえ家具会社は, 大企業とおなじようにすでに早くから著名な建築家やデザイナーと共同していた.

芸術的な個性のみならず技術革新への開放性——「実用性と美」——は, その後の時代のイタリア・デザインを非常に実り豊かなものにした. 展覧会, 設計競技会, 雑誌が重要な役割を果たした. トリエンナーレと並んで, 経済的に近代イタリア・デザインを支え, それに理論的な展望台を提供したのは, ミラノの百貨店ラ・リナシェンテが1954年から提供したコンパッソ・ドーロ賞であり, また（1928年に G. ポンティによって創刊された）

ジオ・ポンティ, カッシーナ社のための「椅子〈スーパーレジェーラ〉」, 1957年. この椅子はイタリアにおける50年代の最も有名な物品となった. ポンティ (1891-1979年) は, 建築家, デザイナー, 文筆家であったが, 彼のデザインによってむしろザッハリッヒな方向に影響を与えた. 彼は1928年に『ドムス』誌を創刊し, 1933年にはトリエンナーレの共同設立者となった. 彼はマイレンダー・スカラ社のために家具, 家庭用品, 照明器具, 舞台背景, 服飾に関する多数のデザインを制作した.

1945-1960

オスヴァルド・ボルサーニ,「調整可能な背もたれ付の肘掛け椅子〈P 40〉」. テクノ社のために1954年にデザインされた.

奇跡の経済復興　ドイツ

> 「なおわれわれは鉄条網の中で眠り、排水溝に地雷を埋めている。そして夢見るのは、東屋であり、ボウラーであり、コキジバトであり、冷蔵庫や姿の美しさや屋根の水落とし口である。われわれはビーダーマイヤーに近づいているのだ」グュンター・グラス、『ブリキ太鼓』、1959年.

雑誌『ドムス』と『カサベラ』(1929年) であった. これらの雑誌では最新のヨーロッパの展開が論じられ、著名なデザイナーがその後期までずっと編集を手がけた.

●ドイツ：再建から奇跡の経済復興へ

　ドイツはナチ支配の時代に国際的なデザイン発展から遮断され、偏狭な愚直さに落ち込んだ. バウハウスの代表者たちは諸外国に亡命し、産業は戦争で破壊されたり解体されたりした. 家具産業は、他の産業分野と同じように、当初は即席で作ることに頼った. まずなによりも基本的な必要性が充足されねばならなかった. 戦後、通貨改革後初めて開かれた1949年の家具見本市は、30年代の手本に従うことに努めた. 多くの家具製作者は、古い図面や見本を頼りにすることを喜びとした. しかし戦前の重々しい詰め物革張り家具や食器戸棚は、新しい事態にまったく不向きであった. 戦争は500万戸を超える住宅を破壊しており、いまや緊急のデザイン課題となったのは軽量で可変的で多機能な家具を備え、少ない素材と費用で建てられる最小限住宅の建造であった.

　さらに同年にはドイツ工作連盟によって計画的に準備

ドイツの居心地のよさ：「安楽椅子と応接用テーブルを伴う座席コーナー」、1953年.

「ゲルゼンキルヒナー・バロック」、カウンター引き出し付きのリビングキッチン向け食器棚、1956年. 30年代のこの重厚な食器棚は、住まいの大きさや装備を考慮しないで、戦後もなおさらに製造され、数えきれないほどの労働者向けリビングキッチンに置かれた.

復興と自助について　　奇跡の経済復興 | 111

ヨーゼフ・カスパー・エルンスト，「1949年のケルンでの工作連盟展『新しい住まい』のためのポスター」．

ラヴェンスブルクのオットー・マイアー出版社から出された自分で作る簡単な家具の手引き．

された展覧会が開催され，この新しい課題に取り組み，家具調度に関する値ごろで可変的で簡潔な解法を普及させた．一室住宅のための実用的な折りたたみ寝台やタンス式寝台，解体可能な収納家具，軽量な椅子である．

しかし，50年代中頃から，奇跡の経済復興中に再び増

「ブラインド扉付のタンス」（製造者：F. プフィツェンマイアー，シュトゥットガルト）．こうした，あるいはこれに似た組み立て家具は，ドイツ工作連盟によって戦後も宣伝された．

「市場は，擬古典主義の家具から全くモダンな流線型までの，すべてを売っている」ミア・ゼーゲル，1953年．

「産業と手仕事がアメリカ合衆国の新しい所帯道具を作る」展のカタログ．アメリカのデザイン品が戦後ドイツではじめて1951年にシュトゥットガルトで展示され，1ヵ月に6万人以上の入場者があり入場者記録を残した．

大する体面的需要が生じ，偽りの古風な家具で新たに充足されたときに，実用的で簡素なこれらの家具は少なくとも上流階級からは姿を消した．

● 矛盾した10年間

50年代のドイツは，「スイングする50年代」の時代であったのみならず，極めて矛盾した10年間でもあり，持続から再出発の間の，「ゲルゼンキルヒナー・バロック」やニーレンティッシュ（上板が腎臓形の小型サイドテーブル）から新機能主義の間の時代であった．

● ニーレンティッシュとレゾパール

マーシャルプランによるアメリカの援助のおかげで，奇跡のドイツ経済復興と呼ばれるところのものが大体1952年から53年にかけて始まった．アメリカ合衆国の有機的形態がドイツにおいても熱烈に受け入れられた．しかしこの新しい様式に多くの者が期待したのは，苦痛を伴う取り組みなしに過去をたやすく排除するところの新たな始まりであり，新たな美的方向づけであった．しばしば引用される「新しく始まる時」が設定された．生

「ドイツはガス室をしばらくのあいだ忘れ，如才ない優雅な顔で万博に現れ，技術の進歩が戦車と電気カミソリのあいだに横たわるすべてのことを正当化したかのように振舞った」．ブリュッセルの1958年万博でのドイツの出現についてのイタリア建築家ブルーノ・ゼーヴィの論評．

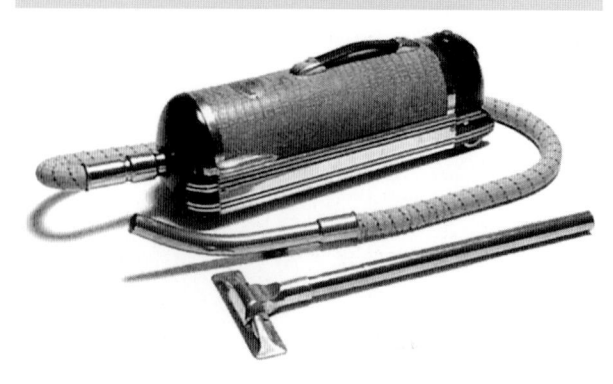

「エレクトロルクス社の〈電気掃除機〉」，1950年．

グーテ・フォルム　　奇跡の経済復興　113

> レゾパール：加工用材料で，ドイツの主要なメラミンの生産者であるレゾパール社（1867年創立）の名が付けられた．メラミンは，ほとんど合成物質から作られ，家具表面に重ねるために，多層に貼り付けられた素材からなる．ことに50年代と80年代に多色で模様付の表面に盛んに用いられた．

活は今や多彩で，楽天的で，まさに出発の雰囲気であった．すべてが実現可能に思われ，成長の多幸症が優勢であった．こうした状況では，需要に再度てこ入れするために，新しい様式もまた歓迎された．

　流線型は，ダイナミズムと進歩のしるしとして，乳母車から電気掃除機までの，あらゆる任意の物品に転用された．そして新素材とそれまでなじみのない多色性がドイツの多くの居室に入り込んだ．疑わしい模様の壁紙，カーテン生地，カクテルチェアと並んで，レゾパールでコーティングされた花台，その他の可動な個別家具が，これらの所有者の「モダンな」立場を指し示した．ニーレンティッシュが時代のシンボルになった．

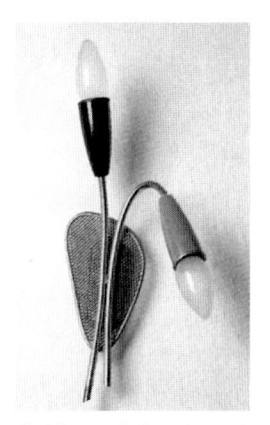

典型的な50年代の壁面照明器具．穴あきブリキ板，真鍮管，支え管のような見慣れない部材が有機的な軽快な形態で「モダンな」立場の兆候となった．

● グーテ・フォルム

　復古的な傾向やアメリカからの影響のほかにも起こったのが，戦前の自国独自の，歴史的重荷を負わされていない手本につながっていく企てであった．当時ソ連の占領地であったデッサウでは戦争終了後にバウハウスが新たに起こった．1947年にはドイツ工作連盟が再建された．1951年にはダルムシュタットにデザイン評議会が創設され，これは連邦経済省の一機関で，工作連盟と緊密であり，デザイン振興対策を支援することになっていた．これらのデザイン機関は，1945年以降も機能主義の信奉者であり，あらゆる歴史的なものの強調並びに有機的な形態を拒絶した．彼らは「グ

「50年代の〈乳母車〉」．流線型があらゆる可能な物品に転用された．

1945-1960

奇跡の経済復興　ウルム造形大学

ーテ・フォルム」の概念を支持した．すでに工作連盟の時代に「グーテ」によって指し示されていたのは，美的に簡潔で機能的で，むだな装飾を伴わないすべてのものであった．1949年に「グーテ・フォルム」の概念は，バーゼルとウルムでのM.ビルによる展覧会のタイトルになった．1957年に彼は同名の書を公刊しており，本書はこの概念を広い範囲の人びとに知らしめた．「グーテ・フォルム」は美的のみならず，同時に倫理的な評価でもあった．そしてこれは70年代に至るまでもドイツのデザインの教条であり続け，簡潔さ，ザッハリヒカイト，すぐれた耐久性，それと共に時流にとらわれない有効性を要求した．これに続く10年間の時期にドイツのデザインに持続的に最も影響を与えたのは，ウルム造形大学である．

「自由に揺れ，殻形をした，〈モイザー社の椅子〉」．ドイツにおいてもモダン・アートが壁紙や布地の模様に着想を与えた．しかしモダン・アートは装飾にすぎないという逆戻りの結論がしばしば示されないわけではなかった．

マックス・ビル（1908-94年），画家，建築家，デザイナー，理論家．彼はウルム造形大学の共同設立者であり，1956年まで初代の学長であった．ビルはウルム造形大学をバウハウスの継承者と見なした．彼は「校舎」（右図，1954年），ならびにH.ギュジョロとP.ヒルディンガーとともに有名な「ウルム腰掛」（1954年）をデザインしており，この腰掛は合理的なウルムの基本的考え方のシンボルとなった．1957年に教育的ならびに理論的な方向についての争いでこの造形大学をビルは去った．その後彼はフリーランスのデザイナーとしてとりわけ時計製造業のユングハンスとオメガのために活動した．

●ウルム造形大学

50年代における最も重要な企ては，ウルムの造形大学（HfG）であり，20年代と30年代の民主主義的なドイツのデザインの伝統と結びつけて，独自のモダンで包括的なデザイン概念を得ようとした．ウルム造形大学は，ナチスによって抵抗運動集団「白バラ」の一員として処刑されたハンスとゾフィー・ショルを偲んで，ショル兄妹財団によって設立された．これは意識して反ファシズム的で国際的な学校として構想された．学生と教員は世界中から集まった．

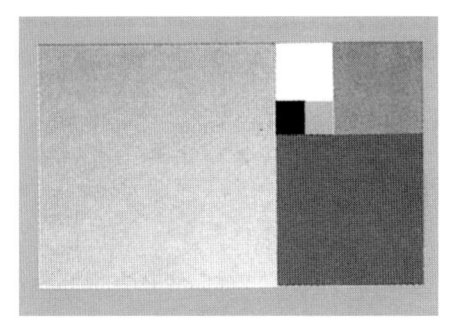

デザインと民主主義　奇跡の経済復興

基礎教育の作例：ヘルベルト・リンディンガー，6つの要素の合法測的な配列，1954／56年．

1953年にウルム造形大学は始まり，1955年には正式に開校した．この造形大学は教育的，内容的，政治的な点でバウハウスの後継者であると，最初の学長M.ビルは理解した．彼はデザインにおける芸術の役割になお重要性を認めた．最初の教員としてO.アイヒャー，H.ギュジョロ，T.マルドナードが招聘された．開校演説を行ったW.グロピウスは，次のように述べた，「幅の広い教育が，芸術家，科学者，実業家の共同の正しい方法に関して正しい方向を示さねばならない．共同によってのみ，人間を尺度とする，ひいては人間存在の不確定要因を心理的な必要性と同じように真剣に取り上げる，生産規格が発展させられうるのである．私が思うに，民主主義における生活水準の精神

トーマス・マルドナード（1922年− ）は，インダストリアル・デザイナーで理論家であり，ビルによってウルム造形大学に招聘され，1954-67年に教員，1964-67年に学長として活動した．マルドナードは技術的・実証的な試みの支持者であり，近代的デザイン教育のシステム化をもたらした．1868-70年にアメリカのプリンストンで建築の講座を，さらにはボローニア大学で講座を担当した．

「HfG腰掛」，1954年．**マックス・ビル**と**ハンス・ギュジョロ**は，この大学の学生のために多機能的な家具としてこれをデザインした．これは，脇机としても，演説台としても，書物の運搬具としても役立った．

グラフィック・アーティストでデザイナーの**オトル・アイヒャー**（1922-91年）は，1950年にウルム造形大学の創設に協力した．ウルム造形大学ではヴィジュアル・コミュニケーションを教え，1962-64年には学長であった．1972年にミュンヘン・オリンピックのヴィジュアル・デザインを担当した（ピクトグラム）．アイヒャーは有名な企業（ブラウン，エルコ，BMW）の「コーポレート・アイデンティティ」を手がけた．1988年には大いに論議された書体「ローティス」をデザインした．

プロダクト・デザインにおけるシステム思考：「ローゼンタール株式会社のための**ハンス・ロエリヒト**による〈ホテル用積み重ね食器 TC 100〉, 1958／59 年」.

ハンス・ギュジョロ（1920-65 年）は，建築家でインダストリアル・デザイナーであり，建築家としてはこことにマックス・ビルと共同しており，1954 年にウルム造形大学に招聘され，そこで彼は機能主義を熱心に主張した．ギュジョロは産業と，ことにブラウン社と緊密に共同活動した．

ハンス・ギュジョロ,「ボーフィンガー社の家具システム〈M 125〉」，シュトゥットガルト，1957 年．合成物質をコーティングしたパネル構造での家具プログラム．ウルム造形大学の啓蒙的な試みはシステム家具に明らかで，これは合理的に生産でき，個別要素の組み合わせの自由を使用者に提供した．

化にとってチーム活動の重要性がいよいよ大きくなっている……」.

ウルム造形大学の根源
哲学：啓蒙主義，合理主義，実証主義．
教授法：ペスタロッティ，モンテッソリ，ケルシェンシュタイナー実習学校．
芸術とデザイン：構成主義，デ・ステイル，バウハウス．

したがってウルム造形大学の構想は，バウハウスと同じように，次のような基礎理論をあらかじめ考慮に入れていた．すなわち，「管理における学生との共同」，グループ活動，行為しながら学ぶこと，理論的な「行為の論証と基礎づけ」，個々の専門に特有なものではなくて，個々の専門にまたがる教育である．ウルム造形大学は，プロダクト・デザイン，ヴィジュアル・コミュニケーション，建築，インフォメーションといった多くの領域に分けられた．映画デザイン研究所が併設された．勉学は 4 年間で組まれ，1 年間の基礎教育に続いて，各部門での教育が 3 年間あった．

プロダクト・デザインにおいてウルム造形大学は機能主義を支持し，この機能主義は直角の単純形態，控えめな色彩，とりわけシステム思考を普及させた．ここでデザインされた製品のすべては「自主的なユーザー」の役に立つことになっており，その専門教育はモダンな社会的責任意識のあるデザイナーを生み出すことになってい

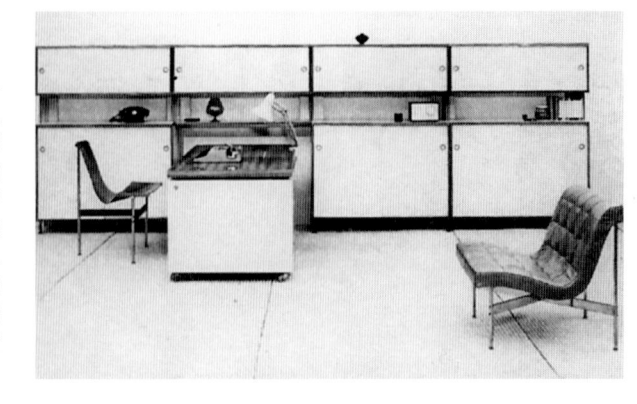

た．

　ウルム造形大学の発展は多くの段階で生じた．やがてウルム造形大学はバウハウスの手本と関係を断ち，教育の重点をデザインの科学的，テクノロジー的，方法論的な基盤に置いた．何人かの教員，ことにマルドナード，ギュジョロ，アイヒャーは，デザインでの芸術に徹底的に反論しており，彼らはビルと対決し終にはビルが辞職した．

　60年代初めには，T.マルドナードの指導下（1964-66年）に補強され，純粋にテクノロジー的な問題解決が中心に据えられた．熱心に取り組まれたのは，家具や照明器具などのデザインにのみならず，インフォメーション理論の問題であり，注目されたのはインフォメーションと交通のシステム・デザインであった．

　ウルム造形大学はその活動の末期には補強されて，例えばブラウンやコダックのような様々な企業との共同活動に移行した．産業プロジェクトが重要な実践的指導を新たに引き起こすことになっていた．ところがウルム造形大学の方針をめぐる絶えざる争いが重大な問題をもたらした．消費と，産業の「手先」としてのデザインへの68年運動による批判は，ウルム造形大学をも巻きこんだ．さらにはウルム造形大学が私的公共機関として常に頼らざるを得なかった連邦補助金が削除となった．州議会は国立工業大学への合併を求めたが，しかし「国営化」は学校の自律性を脅かすと考えるがために，学生と教員はこれを拒絶した．したがってウルム造形大学は1968年11月に州政府首相フィルビンガーの下でのバーデン＝ヴュルテンベルク州政府によって解体された．

　ウルム造形大学は「ウルム・モデル」として世界中の

建築におけるシステム思考の表現：「コンクリート製建材を伴うプレハブ・ユニットとスラブの構造」，ヘルベルト・オール指導下の学生作品，1961／62年．

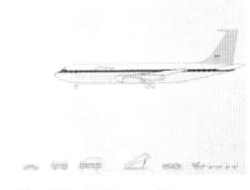

ヴィジュアル・コミュニケーション：「ルフトハンザ社の表現型」はルフトハンザ社とオトル・アイヒャーとハンス・ロエリヒトなどの共同活動で計画された（1962／63年）．ウルムのデザインは今日なおルフトハンザ社によってさらに発展させられている．

ハンス・フィルビンガー（1913年－　）は，第三帝国の海事判事で1966年から1978年までバーデン＝ヴュルテンベルク州政府首相であったが，1968年のウルム造形大学の閉鎖にあたって次のように言明した，「われわれは何か新しいことを行いたい．そのためには過去との清算が必要である．」（リンディンガーからの引用）と．

モダンなデザイン教育の手本となった．この学校の卒業生は，この学校の解散後も他の機関や有名な企業で活動し，70年代までにウルムの新機能主義をモダンなインダストリアル・デザインの模範に据えた．

しかし高度に知的で倫理的なウルム造形大学の要求は，一般消費者には理解されないままであった．もっとも産業はウルムのシステム思考を好んで受け入れた．なぜならばユニット式の製品は実際に合理的に生産され，その背後の社会批判的な問題の取り上げ方は当然見過ごされがちであったからである．

● スカンジナビアの住宅文化

実験好みのイタリア・デザイン，アメリカのスタイリング，ドイツの新機能主義と並んで，とりわけ50年代と60年代の住宅文化を特色づけたのはスカンジナビアのデザインであった．

スカンジナビアの多くの家具や日用品はすでに30年

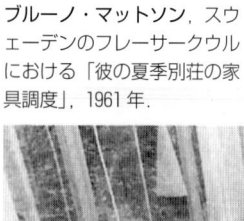

ブルーノ・マットソン，スウェーデンのフレーサークウルにおける「彼の夏季別荘の家具調度」，1961年．

代にデザインされていたが，国際的に有名になるのは戦後であった．コペンハーゲンの銀器，フィンランドの会社イッタラとアラビアのガラス製品と陶器は，今日では打ち解けた庶民的な住宅文化に関してはその品質で名が通っている．1951年のミラノ・トリエンナーレでフィンランド製品は多くの賞を授けられた．

　スカンジナビア諸国ではイギリスやアメリカやドイツよりも工業化が遅れてはじまったので，スウェーデンやフィンランドやデンマークの家具文化においては，第二次世界大戦後においても他に比して手仕事的な伝統が途切れることなく存続していた．木材はずっと前から北欧の建築材であった．人々はその土地特有のシラカバ材や松材を加工した．しかしその際に古い手仕事的な技術を用いるのみならず，積層材加工の新技法をもためし，有機的形態が生み出された．

　指導的な役割を戦後に演じたのはデンマークの家具デザイナーであった．もう年配のK.クリントはすでに戦前から人体の均整研究を通して有機的な形態を手に入れようとしており，多くの若いデザイナーの手本になった．H.ウェグナーは彼の椅子「JH 501」によってスカンジナビアの椅子類のシンボルを生み出した．それゆえこのモデルは後に平明に「椅子」とも呼ばれた．これはチーク材製で，簡潔な形態からなり，編まれた座部をもち，きわめて理想的な座り心地を背もたれから肘掛や脚にいたる有機的で流動的な変化と結びつけた．

アルネ・ヤコブセン，「椅子〈蟻〉」，1952年．フリッツ・ハンセン社のためにデザインされ，大量生産された最初のデンマークの椅子．今日まで多数の色彩で製造されている．

フリッツ・ハンセン社，デンマークの家具会社，1872年創設．この企業はすでに30年代にカーレ・クリントとの共同研究によって知られており，戦後はハンス・ウェグナーの家具を製造し，木材変形および鋼管構造との組み合わせの新しい技術を専門とした．1952年にはアルネ・ヤコブセンの椅子『蟻』を製造した．アルネ・ヤコブセン，ポール・ケアホルム，ヴァーナー・パントンのような有名なスカンジナビアのデザイナーとの共同研究で，ハンセン社は60年代と70年代に重要な家具製造者になった．今日までこの会社は，その一部が受賞した椅子や事務用調度品を生産している．

チーク材様式

アルヴァル・アールト,イッタラ社のために「有機的に形作られた花瓶」,1930年.この花瓶は戦後に国際的に知られ,今日まで多数のヴァリエーションと大きさで製造されている.

● デンマークのチーク材様式

インドシナ戦争後に世界市場に大量に現れたチーク材の西欧の輸入国であるデンマークでは,デンマーク・チーク材様式が発達した.チーク材の愛好はさらにドイツをも巻き込んだ.いよいよ狭苦しくなる住宅事情により良く適っていたのは,ドイツ市場に出回っていた家具類よりも,チーク材による軽量で実際的な家具であった.さらにスカンジナビアの住宅様式はその簡素で晴朗で喜ばしい雰囲気において,その背後にある民主主義的で人間的な理解の何がしかを伝えた.1945年以降スウェーデンは模範的な社会福祉国家になっていた.したがってスカンジナビアのデザインが偏見のない中流階層の住まいや家々のほとんどに見られた.ほんものチーク材流行は,その直後の時代にデンマークとスカンジナビアの家具のおびただしい安物の模倣品のもとになった.

ハンス・ウェグナー,「椅子〈JH 501〉」,網細工の座を伴うチーク材製の食堂用椅子.

● 伝統とモダニズム

戦後デンマークでも産業的生産方式と新素材が普及するにいたると,伝統と進歩とのあいだに注目に値する結びつきが現れた.これは家具をモダンであると同時に居心地良いものにしており,このことがスカンジナビア住

伝統とモダニズム　　奇跡の経済復興

宅文化の世界的な成功の主な理由であり，工業的生産においても国際的様式と堅実な職人文化とが結びついたのである．

　アメリカ人のイームズと同じようにA.ヤコブセンは，積層材からなる曲げた皿状のものを鋼管脚の上にのせた．彼の有名な椅子『蟻』はデンマークで最初に大量生産された椅子でる．

　ある意味でアウトサイダーのような人物がデンマーク人のV.パントンである．彼はアメリカやイタリアでの出来事に同調しており，ほとんど木材を用いないで鋼線と色鮮やかな合成物質を用いて活動した．当領域で彼は60年代と70年代に先駆者となった．

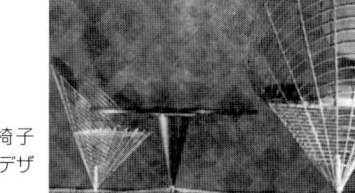

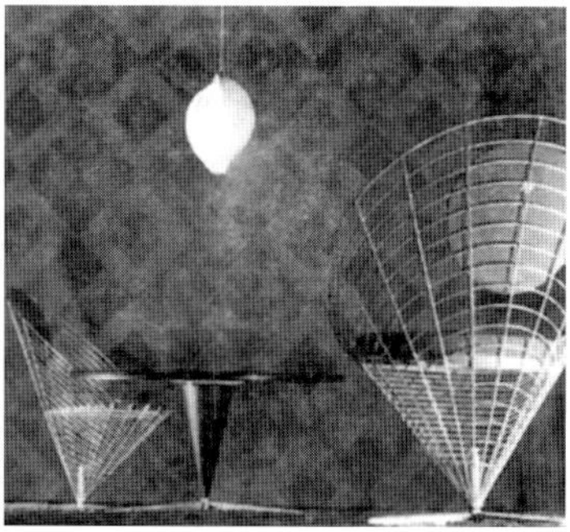

ヴァーナー・パントンの『コーンカップ椅子』（〈V椅子8800〉）は，50年代末期にフリッツ・ハンセン社のためにデザインされており，名作になった．

デンマークの建築家でデザイナーの**アルネ・ヤコブセン**（1902–71年）は30年代と50年代に機能主義の主要な代表者であった．彼はコペンハーゲンで都市計画家，フリーの建築家，デザイナーとして活動し，1943–45年にはスウェーデンに亡命した．1956–71年にはコペンハーゲンの王立美術大学の建築の教授となる．ヤコブセンはフリッツ・ハンセン社のために，1952年の椅子『蟻』，1955年のモデル〈3107〉，1957年の椅子『卵』のような，モダニズム家具の名作のいくつかをデザインした．

ポール・ヘニングセンの1957年の「吊りランプ」は，多くの簡潔で曲げられた皿状のものからなる単純な構造であり，機能的であるとともに，心地よい光を放ったり遮蔽したりする．このランプは多くの同様なデザインの原型になった．

1957年	ドイツ最初の原子炉運転開始.
1958年	ブリュッセル万国博覧会, アトーミウム.
1961年	ベルリンの壁の設置.
1962年	アメリカ合衆国が最初の有人宇宙飛行.
1963年	アメリカ首相ジョン・F.ケネディーの暗殺.
1965年	アメリカ合衆国がベトナム戦争に介入.
1966年	ミニマル・アートの最盛期.
1967年	ドイツにおける最初のカラー・テレビ；マーシャル・マクルーハン：『メディアはメッセージである』.
1968年	プラハの春. 西欧の大学での間断ない学生紛争；ウルム造形大学の閉鎖.
1969年	ニール・アームストロングとエドウィン・オールドリンが人類で最初に月に降り立つ；ウィリー・ブラントが西独首相となる.
1972年	ミュンヘンで第20回オリンピック大会.

ヴァーナー・パントン,「〈ヴィジオーナ〉での住まいの景観」, 1970年のケルン家具見本市の期間.

グーテ・フォルムとベル・デザイン　　ドイツ

●消費と技術

50年代は目覚めの時であり, 奇跡の経済復興は60年代にその頂点に達した. そうこうするうちに広い層が豊かな生活の分け前にあずかり, 技術は再興後に猛スピードで発達した. 60年代末には月に人類が初めて降り立った.

技術と豊かな生活は, アメリカ合衆国と西欧でのデザインと人々の消費習慣にも影響を与えた. 電気的な家庭用品, テレビ, ステレオ機器などの数がたえず増加し, いよいよ各家庭は自家用車を持ち, 個人住宅への傾向がさらに強まった.

芸術を目指すことが50年代におけるよりも弱まり, むしろ技術, 科学, 最新の生産方法にデザインは目を向けた.

●ドイツ

ウルム造形大学において特にはっきりと現れた機能主義, テクノロジーへの方向付け, システム思考に関する理論は大量生産にその効果を見せたが, 建築とデザインにおける直角的な形式主義を引き起こし, これはすでに60年代中頃に機能主義への激しい批判を一部においては呼び起こしていた.

イ タ リ ア　　　グーテ・フォルムとベル・デザイン

ディーター・ラムス，ウルム・システム・デザインの仕方でのブラウン社の「組み合わせプレーヤーとテレビ〈FS 600〉」，1962／63年．

● イ タ リ ア

　天下周知のイタリアの実験好みは，輸出への強い方向付けと組み合わされて，当国を一流のデザイン国にした．ことに合成物質加工の領分ではその時代の多くの新しい多色のプラスチック家具の手本がここに生じた．大企業が彼らのコーポレート・アイデンティティにとってのデザインの意義を次第に認識し，有名なデザイナーと協力した．

● デザイン・ユートピア

　運輸，宇宙技術，コミュニケーション，メディア，合成物質などにおける技術の進歩は，デザイナーを未来派的な住宅ユートピアへと鼓舞し，新しい見慣れない形態と色彩の製品を生み出した．

　60年代末の西欧では，凝固した社会構造と市民的で豊かな社会の消費行動とに反対する抗議運動という事態になった．デザインにおいても政治的な意識が生じ，大量消費と，産業の「手先」としてのデザイナーの役割とに反対する抗議運動が組織された．70年代への移行期のデザインの新たな推進力が，

「技術の勝利」：1969年にエドウィン・オールドリンとニール・アームストロングとが人類で最初に月に降り立つ．宇宙技術と科学小説映画が多くのデザイン構想に影響を与えた．

「シュトゥットガルトのアメリカ会館前でのデモ」，1969年．学生紛争，デモ，二者択一的な生活方式，若者的なサブカルチャー，市民的な消費習慣への批判は，60年代末期と70年代初めのデザインに影響を及ぼした．

グーテ・フォルムとベル・デザイン 「ドイツ・デザイン」

「グーテ・フォルム」：ガイスリンゲンのWMF社のためのヴィルヘルム・ヴァーゲンフェルトによる「時代を超越した」グラスのデザイン，1950年．

ヴィルヘルム・ヴァーゲンフェルト（1900–90年）は，ドイツにおける近代的インダストリアル・デザインの創始者のひとりであり，「グーテ・フォルム」の要求の主たる擁護者のひとりであった．彼はバウハウスでL.モホリ＝ナギの下で学び，1925年から助手になり，1929年からヴァイマル建築大学の指導者となった．彼の簡素で「時代を超越した」形態は，第三帝国の「久遠の要求」に抵触しなかった．1935年に彼は統一オーベルラウジッツァー・ガラス会社の指導者になり，そこで彼は幾何学的な立方体形態の積み重ねシステム食器や量産向けのガラス製品を当時すでにデザインしていた．戦後にはベルリン芸術大学の教員として活動し，新たな工作連盟の共同設立者でもあり，1957年には『フォルム』誌を共同で創刊した．ヴァーゲンフェルトは，戦争の前と間と後において，イエーナのガラス会社，WMF社，ローゼンタール社，トーマス社，ブラウン社，アードラー社などのために活動した．彼のデザインの多くは今日なお製造されており，あるいは「名品」として再生産されている．

とりわけ学生運動，ポップ・アート，音楽，映画から生じた．

● 「グーテ・フォルム」と新機能主義

ウルムは成り行きを指し示した．60年代のドイツのデザインにおいては機能主義と「グーテ・フォルム」が様式原理になり，さまざまな機関，デザイン・センター，デザイン評議会によってしばしば独断的に支持された．ウルム造形大学の教員はブラウン社やヴィトソエ社やローゼンタールのような企業のために活動し，これらの企業の製品は世界的に「グーテ・フォルム」，「ドイツ・デザイン」の典型となった．機能的でテクノロジー

「建築におけるシステム思考」：60年代における公営住宅建設は，曲解された機能主義によって特徴付けられた．都市周辺の衛星集合住宅は，高速道路で都市に結び付けられた単なるベッドタウンになった．

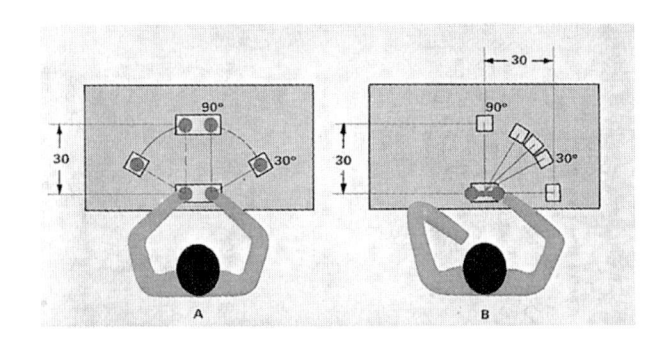

人間工学　　グーテ・フォルムとベル・デザイン ｜ 125

人間工学：仕事場における動作の流れの研究．

的な側面がデザインにおいて重要になり，ほとんどのデザイナーは自分を造形者であるよりもむしろ技術者であると思い，人間工学が新しい重要な職責領分になった．

ウルム造形大学の解放をめざした批判的な研究法は依然として知的な少数派の問題にとどまったが，その直角的形態とウルムのシステム思考は大量生産に受け入れられた．というのはユニット方式の製品は実際に割安に合理的に製造され，多くの生産者の製品言語は表面的には互いに一致したからである．

形態は，より堅固で，より角張り，よりザッハリヒであるが，陳腐であった．粗悪な模倣の機能主義は，表面的にのみ直角を引用しており，あまりにもしばしば退屈な量産品や，あるいは非情な衛星都市とパネル構造集合住宅へと行き着き，洗練された生活が感じられず，しばしば社会問題となったのである．

「統一化された事務所の職場」，1970年．仕事場は人間に順応するべきであるが，だが同時に作業能率も高めるべきである．

1954-1968

「グーテ・フォルム」：機能性，簡潔な形態，高い使用価値，長い耐用年数，「時代を超越した」効力，秩序，分かりやすいこと，良好な加工，材質の適切さ，完璧な細部，テクノロジー，人間工学的な適合，環境との調和．
人間工学：人間と労働条件との関係に関する科学．例えば，身体に適応した椅子類，仕事道具の重さと形態，人間の動作の流れへのそれらの適応を研究する．ことにインダストリアル・デザインにおいて人間工学は60年代と70年代にデザインの中心にすえられた．

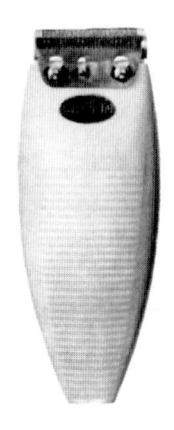

ブラウン社

「最初のブラウン社・電気カミソリ〈S 50〉」，1950 年．

ディーター・ラムス，「調整機器（チューナー）〈TS 45〉」，1965 年．直角で，他の機器と組み合わせ可能な形態であり，正面部と操作部は明瞭で図式的な構成となっている．

タウヌス山地のクローンベルクにあるハイファイ器具と家庭用器具の製造業者のブラウン社は，ウルム思想の産業における実現とみなされており，50 年代から H. ギュジョロ，H. ヒルヒェと，D. ラムス，W. ヴァーゲンフェルトなどの機能主義の主要な代表者と協同した．この企業体は，明確で機能的なデザインと模範的で首尾一貫した近代的なコーポレート・アイデンティティに関して他の多くの企業体の手本になった．

1921 年にブラウン社は M. ブラウンによってフランクフルトで創立され，当時まだ新興であったラジオ産業の部品製造に従事した．1929 年から自社のラジオ受信機とレコードプレーヤーを作り，1936 年には最初の電池式携帯ラジオのひとつを作った．戦時中ブラウン社は軍需注文に応じ，無線機や電子制御装置を製造した．

戦後には製造品数が拡大された．1950 年にはこの会社は電気カミソリ「S 50」を売り出し，M. ブラウンの息子たちは 1951 年から彼らの活動分野を台所用品の領分に拡げた．1954 年には F. アイヒラーが雇われ，デザインの責任者としてウルム造形大学との協同をはじめた．H. ギュジョロと H. ヒルヒェとによって便箋から製品を経て建築物に至るまでのこの企業体の首尾一貫したモダンな外見が今や形作られた．

D. ラムスは，1955 年にこの会社に参加し，最終的に機能主義的なイメージをその頂点にまで発展させた．彼の信条は，「より少ないデザインがより良いデザインである」であった．ブラウン社の機器はそのデザインにおいて簡潔で明解で「時代を超越して」現代的であることになっており，技術は細

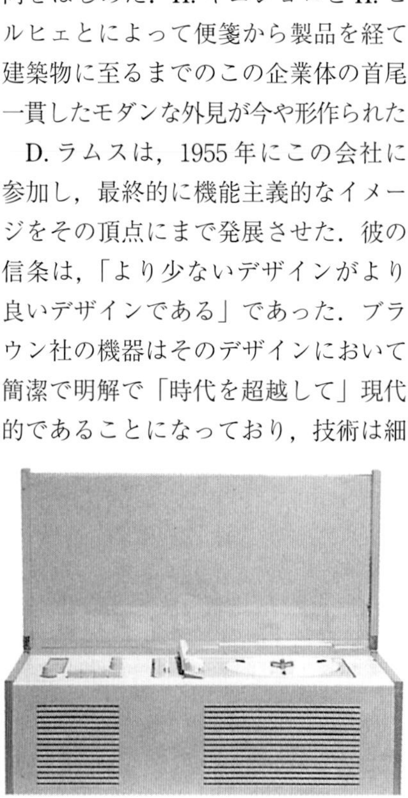

ハンス・ギュジョロとディーター・ラムス，「ラジオと蓄音機の組み合わせ〈SK 4〉」，1956 年．この「白雪姫の棺」とも呼ばれた機器はモダンなデザインの名品になっており，今日では高価な収集品である．

ブラウン社

時代趣味を反映するブラウン社：「コーヒーメーカー〈芳香マスター〉」(1985年)．その円柱形式と表面にギザギザが入った裏側とによって「ポスト・モダン的な過誤」として批評家によって批判された．

部にいたるまで完璧であった．

　ブラウン社の機器は多くの企業の模範であり，それをジーメンス，AEG，テレフンケン，クルプスあるいはロヴェンタのような他の会社が受け入れた．個別要素（蓄音機，レコードプレーヤー，増音機，テープレコーダー）の互換性の考え，幾何学的な基本形態，地味な色彩，簡潔な操作要素を伴う正面部のグラフィックなデザインである．

　ブラウン社の製品は国際的に注目され，1957年のミラノのトリエンナーレで受賞し，1957年と1962年には「コンパッソ・ドーロ賞」を獲得した．

　「時代を超越すること」へのモダンな要求にもかかわらず，ブラウン社はさらに自社の機器をたえず技術的に現下の発達に適応させており，詳しく見やると電気カミソリやコーヒー・メーカーの新型ごとに時代趣味の受け入れがわかる．

　製造品目はたえず拡げられた．理髪機器，アイロン，電気的な歯の手入れシステムなどである．80年代にはことに時計や目覚ましが加わった．ブラウン社は例えば声調や反響を制御する機能を考案した．

　ブラウン社は，日本のメーカーによって市場から追われ，1990年にハイファイ機器の生産を中止している．その最後の機器は限定版としてニューヨークの近代美術館に今日残っている．

ハンス・ギュジョロによる「ブラウン＝シックスタント」(1962年)は，電気カミソリの名品になった．

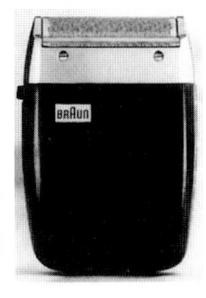

ディーター・ラムス（1932年- ），ブラウン株式会社の主任デザイナーで経営幹部の一員で，機能主義の卓越した代表者．1947-53年に建築を学び，1955年までフランクフルトで建築家として活動したが，その間に家具職人の年季奉公を修了している．1955年からブラウン株式会社に雇われ，1956年からプロダクト・デザイナー，1961年からデザイン部門の指導者となり，1980年からは経営幹部の一員となる．ラムスはウルム造形大学と精神的に近かった．ハンス・ギュジョロやヘルベルト・ヒルヒェとともに彼は，コーポレート・アイデンティティ並びに多数の製品をブラウン社のためにデザインした．

グーテ・フォルムとベル・デザイン　　イタリア：機能と美

リヒャルト・ザッパー（1932年- ）は，ミュンヘン生まれで，哲学，グラフィック，工学，国民経済学を学び，1956-58年にはメルセデス・ベンツ社で働き，その後イタリアに移りジオ・ポンティの下でリナセンテ百貨店のために，そして最終的にはマルコ・ザヌーゾの下でハイファイ製造業者のブリオンヴェガ社のために活動した．70年代，80年代に彼は，アルテミデ社のために有名なランプを，アレッシ社のために湯沸し『ボリトール』（1983）をデザインした．さらに彼は，フィアット社，ピレリ社，そしてさまざまな家具会社の顧問デザイナーとして活動した．1986年からシュトゥットガルトの美術大学の教授である．ザッパーも何度も「コンパッソ・ドーロ賞」を獲得している．

● **イタリア：ベル・デザイン**

　イタリアでも60年代には豊かな生活と大量消費の時代を迎えていた．ドイツで「グーテ・フォルム」であったものがイタリアでは「ベル・デザイン」であり，これはひとつのデザインであり，大製造業者の主流デザインを担っており，合理的で生産向けであったが，しかしデザインそれ自体に別の価値を認めていた．ブラウン社の器具は「TS 45」などのような味気ない技術的なモデル名称を携えていたが，これに対してE.ソットサスがオリベッティ社のために1969年にデザインした

マルコ・ザヌーゾとリヒャルト・ザッパー，「ブリオンヴェガ社のポータブル・テレビ〈アルゴリ〉」，1962年．

マルコ・ザヌーゾ，「ブリオンヴェガ社の折りたたみラジオ〈TS 502〉」，1965年．

ポータブルタイプライターは『バレンタイン』と、あるいは G. ピレッティの有名な折りたたみ椅子は『プリア』と、それぞれ称したのである。事物は、個別的な個性によって把握され、シンボルに、ほとんどの場合に社会的地位のシンボルに活用することができた。製品はデザイン・オブジェとなった。特に輸出に方向付けられていたイタリア経済にとって、これらのデザイン意識は重要であった。

これの次に重要な局面は、文化の一部としてのデザイン把握であった。オリベッティ社やフィアット社のような大企業は、意識的に有名なデザイナーと共同作業をした。顧問としてさまざまな企業のために自立して活動するコンサルタント・デザイナーの職分がイタリアには生じた。コーポレート・アイデンティティの考えは、イタリアでは特有のまさに文化的な広がりを得た。

最も有名な例はオリベッティ社の経営方針であり、例えば E. ソットサスや M. ザヌーゾや M. ベリーニのような若いデザイナーや建築家と共同作業をした。ソットサスは、1958-80 年に当時新設の電子部門の顧問デザイナーとして活動していたが、新しいコンピューターの著しく機能的なデザインの責任を引き受けていたのみならず、「文化関連」と

マリオ・ベリーニ(1935年-)は、最も影響力のあるイタリアのデザイナーに数えられる。彼はミラノの工業専門学校で建築を学び、引き続き建築とデザインの事務所を開設した。コンサルタント・デザイナーとして 1963 年からオリベッティ社のために、そして今日まで B & B イタリア社、カッシーナ社、レミー社、ブリオンヴェガ社、アルテミデ社などのために活動した。1962 年と 1971 年の間に彼は 2 度も「コンパッソ・ドーロ賞」を獲得しており、1987 年にはニューヨークの近代美術館で大きな個展を開いた。

ジャンカルロ・ピレッティによる折りたたみ椅子『プリア』(1969 年) は、今日まで様々な製造業者の無数の折りたたみ椅子の手本である。

エットーレ・ソットサスとペリー・A. キング、オリベッティ社のための「携帯用ケース付きのポータブルタイプライター〈バレンタイン〉」、1969 年。

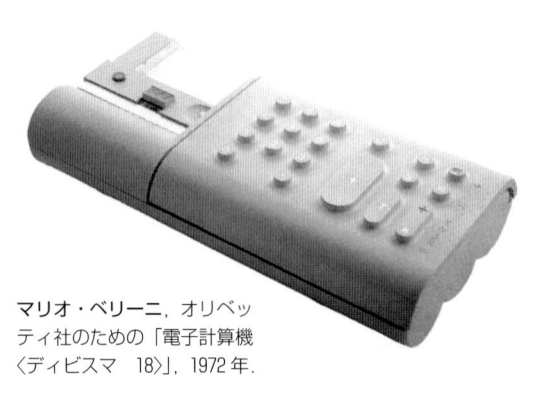

マリオ・ベリーニ，オリベッティ社のための「電子計算機〈ディビスマ 18〉」，1972年．

広報活動に関する自らの部門を指揮しており，業務管理とも直接に関係していた．この開放的な姿勢によって，すでに早くからデザインが経営政策の重要な要因になったのである．

その上にデザインは専門家や技術家の問題であったのみならず，同様に建築家，哲学者，文筆家の関心をも引いた．イタリアのG. ドルフレス，G. C. アルガン，V. グレゴッティそしてついにはU. エーコといった優れた理論家たちは，今日まで建築やデザインの雑誌においてデザインについての論議を広く公然と提供したし，提供してきている．こうしたデザイン論議がドイツで起こるのは，やっと80年代になってからであった．

イタリア・デザインの第3の特性である実験好みは，新合成物質が提供したほとんど無限の可能性によって，60年代中頃から助長された．イタリアはデザインにおける新しい展開の先駆者になった．この主導的な立場はニューヨーク近代美術館の1972年の展覧会『新しい住まいの景観』によって明らかにされた．このおりの展覧

リヒャルト・ザッパー，「アルテミデ社のための低電圧ハロゲン・ランプ〈テイジオ〉」，1972年．技術的に十分に練られている点では60年代，70年代のドイツ・デザインと同じように機能主義的であるが，イタリア的な優雅さに転化されている．このランプは80年代には世界的に最新のランプ・デザインのアイコンになった．

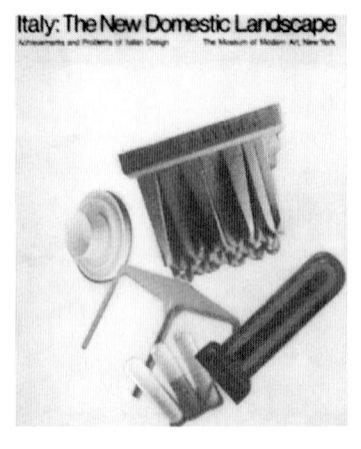

「展覧会図録『イタリア：新しい住まいの景観』」，ニューヨーク近代美術館　1972年．カバーの個々の切絵は模造羊皮紙の下にあり可動である．

会図録は，そうこうするうちにすでに書誌学的な収集品として数百マルクで取り扱われているが，世界におけるイタリアのデザインの主導的な立場をはっきりと示した．この展覧会では，主流デザインと反デザイン，優雅さと実験，古典的なものと挑発的なもの，それぞれを同時に見ることができた．この展覧会はイタリアのデザインを今日まで特色づけている寛容さと偏見のなさを具現化していた．

● **合成物質，プラスチック，ポリエステル**

すでにベークライトの時代に合成物質はモダンなデザインの徴として見なされ，イタリアではモダンへの，そしてまた合成物質への熱狂が特にはっきり現れた．

1952 年頃にイタリア人の N. ナッタは K. ツィーグラーと協力して合成物質ポリプロピレンを発明し，これによって彼は 1963 年にノーベル化学賞を与えられた．この発明は家具製作に大変革をもたらすことになった．今や一体からなるあらゆる形態で積載力のある椅子や机が可能となり，安価に機械生産することができた．

家具製作における新しい合成物質：ポリプロピレン，ポリウレタン，ポリエステル，ポリスチロール．
長所：あらゆる色彩の家具を完全に機械的に生産可能で，任意に形作ることができ，軽く，丈夫で，安価で，「モダン」．

その上に多数の企業は熱心にフォームプラスチック，ナイロン，ポリエステルのさらなる開発に努めた．この際には戦争テクノロジーの経験が日常的な生産に移しいれられ，化学産業においては改良された合成物質の新しい活用の可能性が絶えず探られた．この可能性はことに家庭用品の領分や家具製作に見出された．

● **カルテル社**

戦後にイタリアでは早くも一群の企業が設立され，まず家庭用品の製作に取り組み，色取り華やかな合成物質

ヴァーナー・パントン (1926 年–) は，デンマークの建築家でデザイナーであり，よく知られている 60 年代の完全プラスチック製の椅子をデザインした．コペンハーゲンでの研究後，まずアルネ・ヤコブセンのために活動し，1955 年にはスイスに向かった．50 年代末にはガラス繊維強化ポリエステルからなるフリースウィングの「サイド・チェア」をデザインし，これはやっと 1968 年にハーマン・ミラー社によって製作された．

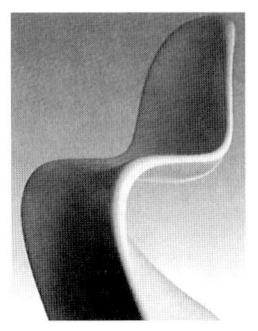

1954–1968

ヴァーナー・パントン，「サイド・チェア」（「パントン・チェア」），1968 年．パントンはすでに 1959／60 年にこの椅子をデザインした．しかしこの椅子は 1968 年になってやっと生産された．

グーテ・フォルムとベル・デザイン　　　カルテル社

ドイツにおいても60年代にデザイナーは合成物質製家具に取り組んでいた．ヘルムート・ベェツナーの積み重ね可能な椅子はすでに1966年から生まれていた．

ジョエ・コロンボ（1930-71年）は，60年代のすぐれたデザイナーのひとりで，「プラスチック・デザインの大家」であり，60年代末頃に宇宙旅行と科学小説に示唆をえて，合成物質での未来主義的な住宅のユートピアに取り組んだ．

の容器や食器などを市場に出した．これらの新会社のなかに1949年創立のミラノのノヴィーリオのカルテル社があった．この企業は，科学者のカステリによって設立され，当初は自動車の合成物質部品を製作したが，50年代中頃から優先的に家庭用品の開発と製作に従事した．当社は60年代には照明器具と家具に手をつけ，合成物質デザインの領分で指導的な企業になった．この会社の方針を特色づけたのは，実験好み，新技術への偏見のなさのほかに，とりわけ有名なデザイナーとの協同にあった．女流の建築家でデザイナーのA.カステリ・フェリエーリの顧問的で芸術的な指導下に，カルテル社は家具を形態が美しく丈夫なだけでなく，買得であるようにするために，1966年からたえず新しい合成素材の組み合わせを実験している．カルテル社の最も有名な製品に属するのは，M.ザヌーゾとR.ザッパーによる子供椅子〈1964年〉，J.コロンボによる積み重ね椅子「4867」，指導的な女流デザイナーの

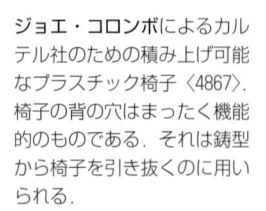

ジョエ・コロンボによるカルテル社のための積み上げ可能なプラスチック椅子〈4867〉．椅子の背の穴はまったく機能的なものである．それは鋳型から椅子を引き抜くのに用いられる．

A. カステリ・フェリエーリによる合成物質製コンテナーである．80年代にこの会社はP. スタルク，M. テュン，M. デ・ルッキなどによる合成物質椅子をも製作した．

● イメージの問題

　合成物質の流行は1973年のオイル・ショックと同時期に最盛期と転回点にいたった．やがてこの素材はしばしば「安物」で無趣味なものとして，——また広がる環境意識とともに——エコロジー的でないものと感じ取られ，家具としてはほとんどが戸外（庭園用家具）や営業用や公共用の領域に設置された．

　「安物」で「平凡」のイメージは，再び80年代はじめに結局次のことへと向かった．すなわち，日常的なものへの，プラスチック薄板とギラギラした色彩への彼らの特別の愛好によって「メンフィス」集団やニュー・デザインの他の代表者の多くは，それまでまったく嫌われていた素材である合成物質をいわば復権させ，私的な居住領域に連れ戻した．

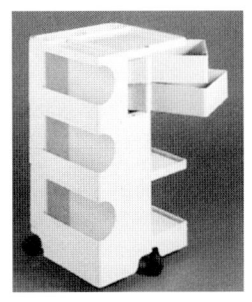

ジョエ・コロンボの合成物質製のローリング・カート「ボビー」は，1970年にベエッフェプラスト社のために新しく創り出されたが，今日でも建築家やグラフィック・アーチストに大好評を得ている．

「〈ギリシア敷物熱〉と70年代リバイバル」：今日では60年代70年代の色とりどりのプラスチック家具はすでに収集品として競売で扱われている．ロンドンのボナムス社はデザインの主導的な競売場として通っている．

| 134 | 実験的な試みと反デザイン　　消　費　批　判 |

1964年	スーザン・ソンタグ：「キャンプ」についての論評．
1965年	ローリング・ストーンの最初のドイツ演奏旅行．
1966年	アンディ・ウォーホル，『電気椅子』シリーズ．
1968年	ルーディ・ドゥチュケの暗殺計画；スタンリー・キューブリック：『2001年宇宙の旅』．
1969年	ウッドストックでのポピュラー音楽の祭典．
1970年	ジミー・ヘンドリックスの死去．
1972年	ウオーターゲート事件．
1975年	バーダー＝マインホフ訴訟の始まり．
1976年	「アルキミア」グループの設立；ジミー・カーターがアメリカ大統領になる．セベソで毒ガス・カタストローフ．
1977年	「ユートピア・デザイン」部門が設置されたカッセルでのドクメンタ6．
1978年	ジョン・トラボルタ出演の映画からディスコ・ミュージックが流行する．

1965-1976

「愛・平和・理解」：何日にもわたって屋外で開催されたロックとポップのフェスティヴァルは，60年代の若者文化に刺激を与えた．

● **実験的な試み，ユートピア，反デザイン**

　60年代は，消費社会と機能主義の最盛期とともに，その後半期になるとすでに危機の明らかな徴候を引き起こした．成長の限界に到達したように思われ，70年代にはさっそく1973年にオイル・ショックが始まった．

● **消費社会への批判**

　大量生産と近代デザインの純粋な機能主義との多幸感が高まる批判に直面し，資本主義社会におけるデザインの役割もまた疑問視された．多くのデザイナーはもはや自らを「企業の手先」であると思いたくはなく，自由に実験的に活動し，広がっていく社会構想に政治的にかかわりたいと考えた．アメリカのベトナム政策への反対，プラハの春，西欧の大都市での学生騒動はデザインにも波及した．70年代初期には批判的な理論がデザインに影響を与えた．社会におけるデザインの使命についての問題が新たに提起され，物品の機能についての問題が単に技術的な局面を越えて象徴的なものや社会的なものへ

機能主義批判　実験的な試みと反デザイン

と拡げられた．

●機能主義の危機

　機能主義の理論は何も新たに解決することができなかった．美的な理想像はもともと「デザインから離れた」領分に今や求められた．若者的なサブカルチャー，音楽界，ポップ・アート，映画から刺激がやってきた．まずイギリスで，それからイタリアとドイツで機能主義建築ならびに産業やデザイン機関によるデザインの主流への急進的な反対運動が起こった．アメリカでその最初の諸論考があらわれ，建築の文化的で心理的で象徴的な局面をモダニズムの批判的論議の中心にすえて，ポスト・モダン理論の口火が切られた．

背景の装飾にロイ・リキテンシュタインのモチーフを取り入れている「60年代のポップ・デザイン」．

「純粋実用形態は，その不十分さを露呈しており，単調で，貧弱で，かたくなに実用的である」 テオドール・W.アドルノ，1965年．

●ドイツにおける機能主義批判

　ドイツでは戦後も建築とデザインにおいて機能主義がまさに独断論的に支持されていた．郊外の大規模な新築集合住宅は望ましくない結果を露見させられていた．そこで60年代中頃には，ひたすら合理的な大量生産に合わせてきた純粋実用合理主義の情動的な欠陥についての論議がまず建築と都市計画において始まった．デザイン過程における芸術の役割は，それを機能主義者はデザインから厳格に分離しようとしたのだが，今や改めて論議された．

　この論議の最高潮は，ドイツ工作連盟の前でのT.アドルノの講演「今日の機能主義」であった．この中で彼は機能主義者の純粋主義的な中心思想をイデオロギー的であるとして一段と強く批判し，「実用に適応すると同時にシンボルでもあるというのではない形態は存在しない」と断言した．

　建築家のW.ネールスは「機能主義という聖牛は生贄として捧げられねばならない」と1968年に主張した．彼は60年代，70年代のコンクリート板建築物の非人間

実験的な試みと反デザイン　　非人間的な形式主義

オーリファ・モルク，「ケルン家具見本市へのレーヴァクーゼン・バイエルン株式会社の〈ヴィジオーナ〉での〈住宅モデル　1972〉」．反権威主義的な態度と未来派的ヴィジョンが開放的な「民主主義的な」住宅領域、いわゆるヴォーンラントシャフトへと導いた．

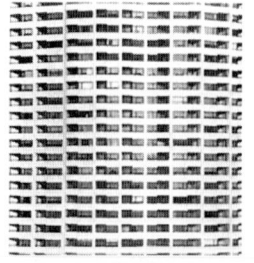

60年代の「高層住宅建築」の細部．

的な形式主義を厳しく批判した．すなわち，「平明さと厳格さの原則がわれわれをデザインの荒地に導いたということには犯罪的なものがある」と．A.ミットシェルリッヒは「今日の都市の住み心地の悪さ」を強調した．資本主義的経済組織におけるデザインの役割を政治的に批判したのは，W. H. ハウクの「商品美学の批判」であった．彼のデザイン批判によると，デザインは商品の実用価値を減じ，商品にマーケティングにもとづいて見せかけの表面的な美観を授け（スタイリング），これは長続きしない見せかけの約束で消費者をあざむいている．

交通に適合させられた都市という中心思想に従った「衛星集合住宅」，ブレーメン＝ファール，建築家アルヴァル・アールト，1959年頃．

●もうひとつのデザイン

さまざまな社会批判的な取り組みは理論にとどまり，「公認」のインダストリアル・デザインは少しも変わらなかった．しかし個別のデザイナーが従来とは違うもうひとつの考え方を展開し，70年代初めには産業社会の限界（原料不足，環境汚染など）への意識の高まりを反映することになった．

したがって1974年にはJ.グロスと「デス=イン」集団が，リサイクリング・デザインの可能性やデザイン，生産，販売のもうひとつの道を実践することを企てた．印刷板がランプの傘に，茶箱が戸棚に，自動車のタイヤが長椅子になった．

インゴ・マウラァ，『巨大な電球の形をしたランプ』，1966–68年：機能とシンボルとの戯れ．

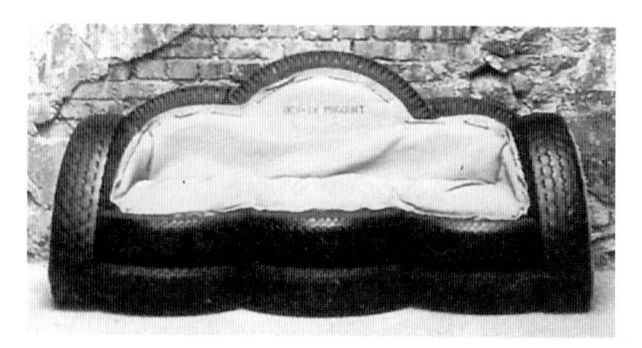

「デス=イン」，『タイヤの長椅子』，1974年．ここではリサイクル思想がもうひとつのデザインに移し入れられている．

ミュンヘン出身のI.マウラァは，例として電球の機能をさらによく考えて皮肉った．実験的なプロジェクトはその当時には経済的に生産力のあるものではなく，さらには大企業のインダストリアル・デザインに何の変化も引き起こさなかった．しかしすでに利用者の側での新しい理解に道を開いた．ドゥ・イッツ・ユアセルフのうねりは，その成り行きのひとつであり，建具市場やいわゆる家具集配市場は今日までこれで利益をえたのである．

1966年：イギリスのファッション・デザイナーのメアリー・クヴァントのミニスカートが西欧に広まった．「フラワー・パワー」様式の生地模様．

カーラ・スコラーリ，ドナト・ドゥルビーノ，パオロ・ロマッツィ，ジョナタン・デ・パス，「膨らませることのできる肘掛け椅子〈ブロウ〉」，1967年．ポリ塩化ビニール・フィルム製の家具は，60年代末には最高の若さと柔軟さとして流行した．

●ポップ文化とユートピア

　しばしば批判された機能主義に対する別の方法は，60年代に強められて若者文化から起こった．イギリスのポピュラー音楽とアメリカのヒッピー運動は「フラワー・パワー」造形言語を生み出し，ポップ・アートとともにグラフィック・デザイン，ファッション，多数のデザイナーの実験家具に影響を与えた．60年代の若者文化もポピュラー音楽も伝統的な行動方式への反抗であり，そしてポップ・アートも芸術の美的な手本や基準に反抗した．月並みな日常品，漫画，広告が，R.リキテンシュタイン，T.ヴェセルマン，あるいはA.ウォーホールの絵画において芸術になると同時に，消費社会のパロディーともなった．

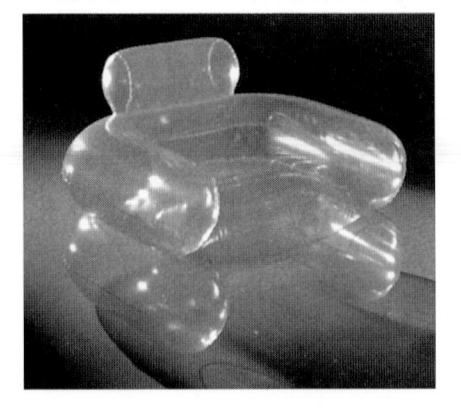

　この美学はデザインにも影響を与えた．新しい合成物質は，遊び心があり，しばしば皮肉で挑発的な形態を可能にし，そして伝統的な市民的居住形式への68年世代の反抗と関連して共同社会生活のもうひとつの別のモデルが実験された．キッチュと日常文化が，住宅，郷愁と異国風，粗大ゴミと手作り家具，「住まいの景観」と「日光浴用草原」に普及した．

　若者文化からの美的な影響力と並んで刺激を与えたのは，なかでも新しい技術的な可能性，宇宙旅行の体験，科学小説映画であった．S.キューブリックの1968年の文化的映画『2001年宇宙の旅』は，ケルンでの1968年から70年のバイエルン株式会社レーヴァクーゼンの展覧会「ヴィジオーナ」で見られたように，未来派的な居

ユートピア　　実験的な試みと反デザイン　| 139

住の世界へとデザイナーを鼓舞した．人がそれらを宇宙船で「知っていた」のと同じように，すべての技術的で心理的な機能を有する中央の住居区画は，住まいの理想を刷新することになった．住居範囲の輪郭は開放的であり，家具は合成物質で作られていた．直角的で合理的な機能主義とは違って，そうした住居の世界は，安心立命，気晴らし，コミュニケーション，ファンタジー，性欲といった人間の感情的で感覚的な欲求に呼びかけていた．

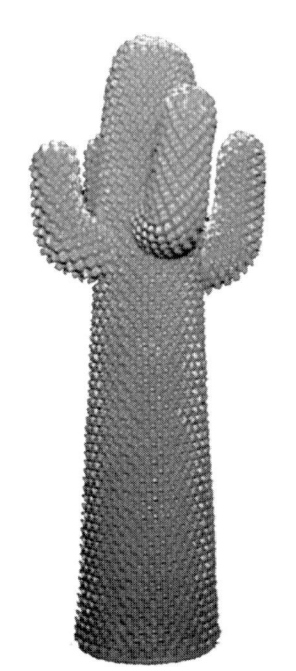

　肯定的でユートピア的な未来像は，エコロジー的で社会批判的なアプローチとは違って，1973年の石油危機とともに何よりも先に終わった．

ジョエ・コロンボ，「1969年の〈ヴィジオーナ〉展での〈「中央の住居区画〉」．宇宙ユートピアにインスピレーションを得た開放的な住居域で，身を横たえる平らな場所と食事をする場所があり，合成物質製の家具が装備されている．

グィド・ドゥロッコとフランコ・メッロ，「コートスタンド〈サボテン〉」，1971年．漫画に由来する形態は常温硬化ポリウレタン泡によって家具製作にも転用することができた．

1965-1976

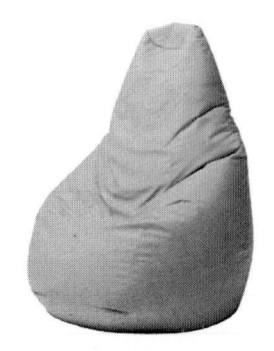

ピエロ・ガッティ，フランコ・テオドーロ，チェザーレ・パオリーニ，「座袋〈サッコ〉」，1968／1969 年．泡立たされたポリスティロールの小さな玉で満たされた袋は，どのような体形や座っているときの姿勢にも適合することになっており，自由で反権威主義的な居住方法の表現であった．その後 70 年代に普及したこの袋は，どちらかといえば座るには快適でないことが実証された．

集団「ストラム」が 1971 年に制作した座椅子ならびに寝椅子『大草原』は，反デザインの最も知られた作例のひとつであった．それは攻撃的で硬く見えるが，実際は柔らかく安楽であった．知覚を活用しての風刺と遊びは反デザインにおいて大いに好まれた．

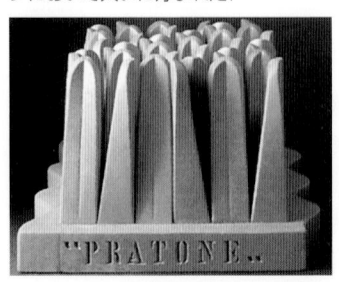

例えば L. コラーニのようなデザインのアウトサイダーは，合成物質での有機的な形態と未来像的なデザインでセンセーションと反発的反応とを引き起こしたのだが，デザインの公的な機関によっては異邦人として片付けられ，あるいは注意を払われなかった．ここでは依然として「グーテ・フォルム」と機能主義の言説が優勢であった．ポップ文化によって最も強い影響を与えられたのはイタリアのデザインであった．

● **イタリアの反対運動**

イタリアのデザインの特徴に数えられるのは，文化的な意識のみならず，哲学的，政治的，社会批判的な意識であった．そしてここでも建築家とデザイナーの新しい世代は，専門教育や労働条件に，そしてまた産業製品の消費に合わせた「ベル・デザイン」に不満であった．もはや優雅な逸品をデザインするのではなく，もっぱら創造的な着想で全世界的に思考し，デザイン・プロセスならびに消費社会における政治的前提条件をあらためて細かく吟味することが望まれた．

この「急進的デザイン」の重心は，ミラノ，フィレンツェ，トリノであり，そこでは，「人間存在の基盤の創出」に向けて急進的な新しい包括的な取り組みの手がかりを得るために，集団で協同した．既成のデザインへの，そしてまた消費崇拝や呪物崇拝への抗議は，ことにユートピア的な構想のスケッチやフォトモンタージュや映像に現れた．実際の物品はほとんど作られず，作られたとしても政治的，風刺的，あるいは挑発的な意味内容を有していた．というのはこの「反デザイン」の哲学はまったく反営利的であった．その形態はポップ・アートやミニマル・アートに由来し，ハップニングやパフォーマンスなどの行動方式は 60 年代のコンセプチュアル・アートから受け継がれた．

反対運動の創始者とみなされた E. ソットサス

| 反デザイン | 実験的な試みと反デザイン | 141 |

『ニューヨーク』，1969年．集団「スーパースタジオ」は，「中立的な」出発点から事物の新しい理解を得るために，都市と事物の上に幾何学的な枠組みを配置した．

イタリアの反デザインの中心人物**エットーレ・ソットサス**による「巨大な陶器」，1967年．これらの柱体はポップアートから着想を得ているが，文化的に根を下ろしているという理由から焼き物で作られた．

は，家具や陶磁器のオブジェにおいてすでに早くからポップ・アートを引用し，ユートピア的な対立世界をデザインした．彼のオブジェと理論は80年代までイタリアの反デザインの道標であり続けた．

その最初の反デザインのひとつとして1966年に集団「アルキズーム」が，A. ブランジとP. デガネッロを伴ってフィレンツェで設立された．彼らはことに地位の象徴としての優雅なデザインに反対し，建築と都市計画を理論的に熟考した．集団「ストラム」は建築とデザインを政治的な宣伝の手段として考えに入れようとし，ポップ・アートに着想を得て，彩り豊かな彫刻のように空間に立つ家具をデザインした．

反デザインの多くの主唱者の批判的な基本姿勢は増大する文化的な厭世観へと発展し，結果として原則的にすべての対象の徹底的な回避に至った．この厭世的な姿勢は70年代までつづき，多くのデザイナーは，例えばE. ソットサスも，彼らのデザイン活動を一時的に実際上は休止し，理論やスケッチだけを発表した．

70年代中頃にはほとんどの反対運動が解消し，イタリアのアヴァンギャルド・デザインは不安定のうちに停滞しており，それは80年代初めにE. ソットサスとメンフィス運動の活動によってイタリアのアヴァンギャルド・デザインがデザイン界の中心になるまで続いた．

ラディカル・デザインの代表：
- 『スーパースタジオ』，ミラノ，1966年
- 『アルキズーム・アソシエーツ』，フィレンツェ，1966年
- 『グルッポ 9999』，フィレンツェ，1967年
- 『グルッポ・ストラム』，フィレンツェ，1966年
- 『グローバル・ツールズ』，ミラノ，1973年
- 『アルキミア』，ミラノ，1976年

1965-1976

モダニズム以降 モダニズムからポスト・モダンへ

1978年	チャールズ・ジェンクス:『ポスト・モダンの建築言語』.ケルンのギャラリー・メンツで「ノイエ・ヴィルデン」展.
1979年	ソニー社のウォークマン誕生.
1981年	アメリカの放送局MTVが音楽ビデオをほぼ24時間中放映する.
1982年	ウンベルト・エーコ,『バラの名前』.
1983年	映画「ワイルド・スタイル」:ブレイクダンスとラップの出現.シュピーゲル紙が初めてエイズを報道する.
1984年	フリッチョフ・カプラの書物『転換期』が「ニュー・エイジ」の概念を一般に広める.
1986年	チェルノブイリ原子力発電所で大規模な事故.
1988年	ジョージ・ブッシュがアメリカの大統領になる.
1989年	ベルリンの壁の崩壊.
1990年	金星の最初の写真.
1991年	ソ連の消滅;湾岸戦争.
1992年	ビル・クリントンがアメリカ大統領になる;欧州連合創設条約.
1994年	英仏海峡トンネル開通;マックス・ビル没.

1968–現代

● モダニズムからポスト・モダンへ

　反デザインの急進的な運動は，60年代末にメディアに大きなセンセーションを巻き起こしたとはいえ，すぐにこのメディアのほとんどは彼らから離れ，比較的影響を及ぼさなかった．当初に社会批判的であったポップ家具は，単なる流行のアクセサリーになった．ドイツでは「ブンデスプライス・グーテ・フォルム」がさらに毎年授けられた．反対運動のユートピアは，産業社会組織よりも弱々しいものであることが判明した．

　もちろん消費者の側においても，70年代の多くの新しい美的な影響によって，広範な趣味や様式の多様性，多元主義が生じ，これは「グーテ・フォルム」と機能主義による独占代理要求に反対して多数の多様な生活様式を持ち出した．この多元主義は社会的な現象であった．下層，中層，上層という単純な区分は，いよいよ複雑化する近代産業社会の構造を記述するにはもはや十分ではなかった．

　産業国の住民のあらゆる階層における趣味と様式はきわめて多彩になったので，機能主義がそうしたようには，良いものと悪いものをそんなに簡単に区別することはもはやできなかった．

　趣味の世界の個人的な多様性や，機能主義の感情的貧

「70年代の居間」:「よき趣味」が今や自らが確定したさまざまな様式の組み合わせにおいても出現した.

ポスト・モダンの理論　モダニズム以降

「ノッチ・プロジェクト」，サクラメント，カリフォルニア，1976／1977年．意味と知覚とのポスト・モダン的な戯れ．アメリカの建築家集団**「サイト」**は，百貨店の入口領域に注釈を加えた．というのは入口領域が建物を「こじ開ける」からである．

困や，事物の多様な機能に関する自覚から，70年代にまず建築においてモダニズムへの反論が起こった．これは急進的な運動よりも政治的ではなかったがより成果の豊かなものであり，モダニズムを疑問視した．ポスト・モダンは，いささか不明確な概念ではあるが，80年代に過熱した論争においてインフレーション的に，さらにしばしば限定され攻撃的に始められた．ポスト・モダンの顕著な特徴である歴史的な様式引用の参照と組み合わせは，その際に擁護と反論の間での論争点を提供した．

●ポスト・モダンの理論

　60年代末頃にはことにポップ・カルチャーに刺激されて，「良いもの」と「悪いもの」，「グーテ・フォルム」と「キッチュ」，「高級文化」と「日常文化」，これらの間に厳格な区分を設けることをもはや甘受しない兆しが文化のさまざまな領域において生じた．モダニズムが支持するような形態と機能との間の単純な関係はもはや受け入れられなかった．歴史的引用，キッチュと豪奢，個性と多色によってポスト・モダンは，教条的に硬直したモダニズムの無色の合理的な形態に反乱を起こした．

　ポスト・モダンの概念はすでに19世紀に現れており，その制限された意味においては60年代初期の文芸批評

フィリップ・ジョンソンによるニューヨークの「AT＆T電話会社の社屋」は，1978年から80年に建てられたが，建築家と理論家のあいだにしばしば論議を呼んだ．

ポスト・モダンへの貢献者：レスリー・フィードラー，チャールズ・ジェンクス，ロバート・ヴェンチューリ，ウンベルト・エーコ，ハインリッヒ・クロッツ，ユルゲン・ハーバマス，ジャン・ボードリヤール，ジャン＝フランソア・リオタール，ジャック・デリダ，ペーター・スロータダイク，アキーレ・ボニート・オリーヴァ，ヴォルフガンク・ヴェルシュ等々．

モダニズム以降　ポスト・モダンの建築

> **ポスト・モダンの建築家**：マイケル・グレイヴス，ハンス・ホライン，ロブ・クリエ，アルド・ロッシ，ロバート・ヴェンチューリ，チャールズ・ムーア，ジェームズ・スターリング，フィリップ・ジョンソン，ヘルムート・ヤーン，リカルド・ボフィール，ゴットフリート・ベーム 等々．

チャールズ・ムーアによるニューオーリンズの「ピアッツア・デイタリア」は，1975年から80年に建てられたが，ポスト・モダン建築の典型となった．

に現れた．続いてこの概念は建築において，そして社会科学と精神科学において用いられた．哲学においてはこの概念は1979年頃にはじめて現れた．ポスト・モダンをめぐる論議は80年代にその頂点に達した．

●ポスト・モダンの建築

　アメリカにおいてR・ヴェンチューリは，彼の著作『建築における複雑さと矛盾』(1966年)，『ラス・ベガスから学ぶ』(1971年)において，反機能主義の理論を的確に述べた．ラス・ベガスにおける商業建築や広告建造物の象徴的な意味が，建物の機能の新しい評価の出発点になった．さらにポスト・モダンの概念をC・ジェンクスは建築に移しいれた．歴史的引用，装飾的で符号的・象徴的で風刺的な要素がポスト・モダンの建築の重要な特徴になり，これらは建物の機能を新しい方法で視覚化し，それを疑問視あるいはそれとは全く無関係に観者に訴え

> 「すべての物品は記号でもある」ロラン・バルト．

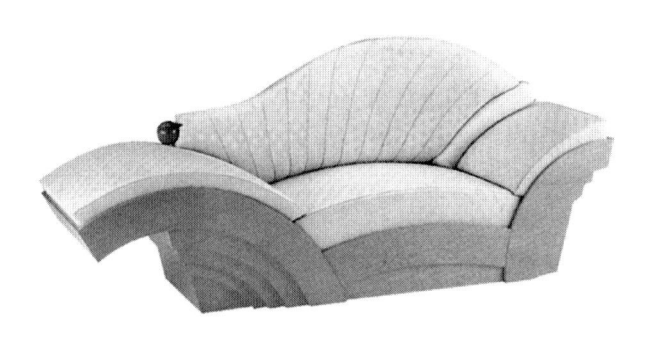

ポスト・モダンのデザイン　モダニズム以降 | 145

ハンス・ホライン，長椅子『マリリン』，1981年．高価な木材や張り布が多くのポスト・モダンの家具の特色となっている．

た．

● **ポスト・モダンのデザイン**

　ポスト・モダンの概念は，建築からデザインへと転用され，しかもしばしば狭められて，歴史的な建築様式を引用している家具や製品に転用された．しかし実際には多数のさまざまな要素がポスト・モダンのデザインを構成した．これらの主要な要素としては，やがて機能とはまったく無関係になる色鮮やかで記号的な表面デザイン，実用連関の新しい解釈，そしてまた歴史的要素の引用と組み合わせであり，そこでは機能主義的な信条にまったく反して，華やかな装飾やミニマリズム的な形態や高価な素材やキッチュがあわせて用いられた．70年代，80年代のポスト・モダンは形式的にはことにモダニズムの押し付けに反対する解放の一撃であり，構造的にはマイクロ電子工学の非常に早い進歩と，それと関連した産業と社会の構造の変化とに影響された．

マイケル・グレイヴス，「メンフィス」のための「化粧箪笥〈プラザ〉」，1981年．多くのポスト・モダンの家具は，建築形態（例えば摩天楼）を模倣した．

● **「スタジオ・アルキミア」**

　狭い意味での最初のポスト・モダンのデザイン製品とみなされているのは，イタリアの集団の「アルキミア」と「メンフィス」による家具である．1976年にアレッサンドロ・グリエーロによってミラノに「スタジオ・アルキミア」集団が設立され，その理論的な指導者になったのがアレッサンドロ・メンディーニであった．大企業の

マイケル・グレイヴスによるアレッシ社の「湯沸し」（1958年）は，ポスト・モダンの最も一般受けするデザイン製品のひとつに数えられた．

1968–現代

モダニズム以降　「スタジオ・アルキミア」

「アルキミア」のメンバー：アレッサンドロ・グリエーロ, アレッサンドロ・メンディーニ, アンドレア・ブランジ, エットーレ・ソットサス, ミケーレ・デ・ルッキ, ウーゴ・ラ・ピエトラ, トリッキー&ロバート・ハウスマン, リカルド・ダリージ 等々。

『偉大な作品の改悪』, 1978年：モダンの名品, ここでは **ヘリット・リートフェルトの『ジグ・ザグ』椅子のメンディーニによるリーデザイン**は, 因習的なデザイン概念に疑問を投げかけた。

アレッサンドロ・メンディーニ（1931年 - ）は, ミラノで建築を学び, 続いてニッツォーリのもとでデザイナーとして活動した。メンディーニは, イタリアの反デザインの理論家のひとりであり, 1973年の「グローバル・ツールズ」集団の共同設立者, 1970-75年に『カサベラ』誌の編集長, 1979-85年に『ドムス』の編集者であった。1976年に彼はアレッサンドロ・グリエーロと「スタジオ・アルキミア」を創設し, そこで彼はリーデザインとバナール・デザインの考えを展開した。「アルキミア」の解散後に彼は, アレッシ社, スウォッチ社, ラッシュ社, ヴィトラ社およびその他多くの会社のためにデザインした。

ザッハリヒな生産技術的な方向を目指す機能主義に対して, この集団の考え方は全面的に対立した。これの根源は60年代のラジカルな運動にあったが, しかし政治的な立場には無関係であったので, 自分たちを「ポスト・ラジカルの論争のフォーラム」と解した。モダンな大量生産品の冷やかな機能性に逆らって, 使用者と物品との間の新しい感情的で感性的な関係を生み出すことが目標であった。したがって製品の大量生産を得ようと努めることはなく, 物品の実用性は何の役割もはたさず, そうではなくてなによりもまず重視されるのは, 物品の表現的な, 機知に富んだ空想的な, 詩的な, 風刺的な影響力であった。

「アルキミア」という名称は, 平凡な材料から黄金を作ろうとした中世の錬金術を暗示している。「アルキミア」は「安物の」日常品をかん高い色彩とアプリケされた装飾でデザイン・オブジェに作り変えた。

また別の方向はいわゆるリーデザインであり, モダン・デザインの名作の形態的な改作であった。ここでもマッキントッシュ

スタジオ・アルキミア,「磁石のアップリケを伴う〈未完の家具〉」, 1981年：コラージュとしての家具。

1968-現代

ュからバウハウス椅子までの有名作品が，小さな旗や色とりどりのアップリケや球などで「装飾され」，そうすることで風刺的な方法で疑問視された．

　アルキミアの主要な表現手段は，スケッチや展覧会やパフォーマンスであった．その際に提示されたのは，詩的な建築や衣装やビデオや舞台装飾であった．1979年には最初の『バウハウス・コレクション』が発表された．そして1981年には企画『未完の家具』が発表された．約30人のデザイナー，芸術家，建築家が，柄や脚や小さな車輪など個々の部分をデザインし，それらは任意に互いに組み合わすことができた．彩り豊かな装飾が磁石で取り付けられた．きわめて多様な形態や色彩や材料の組み合わせが信条とされ，家具はコラージュとして解釈された．これらのオブジェの重点も機能的な問題の解決ではなくて，感性的な現れ方の演出に全面的に置かれた．企画『未完の家具』に参加した芸術家の中には，とりわけF. クレメンテ，M. パラディーノ，S. キアがいた．

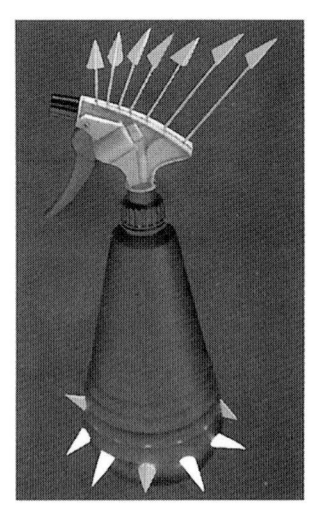

　「スタジオ・アルキミア」は80年代初めには国際的に最も有名なデザイン集団であり，多数の展覧会，ことに1980年のリンツでの先駆的な催し『フォーラム・デザイン』に参加した．1981年にはE. ソットサスが「アルキミア」を去り，他の人々とともに集団「メンフィス」を設立した．

スタジオ・アルキミア，「色とりどりの矢や旗などによる平凡な物品のリーデザイン」，1980年．

● 「メンフィス」

　「スタジオ・アルキミア」が1981年に分裂して集団「メンフィス」が生じた．E. ソットサス，A. ブランジ，M. デ・ルッキなどが，「スタジオ・アルキミア」を去った．メンディーニの知的なアプローチとオブジェの芸術作品性が，彼らにはあまりに悲観主義的であると思われたからである．物品と利用者のあいだの感性的な関係に「メンフィス」も力点を置いたが，しかし急進的に機能主義との関係を絶つような，声明やユートピアや挑発的

「〈メンフィス：新しい国際様式〉のためのカバー」，エレクタ・フェルラーク，1981年．

モダニズム以降　「メンフィス」

エットーレ・ソットサス Jr. (1917年－) は，現代の最も注目すべき影響力のあるデザイナーのひとりである．彼はトリノで建築を学び，1947年にミラノで建築とデザインのスタジオを設立し，1956年にはニューヨークのジョージ・ネルソンのもとで活動した．1958年にはオリベッティに移り，1980年まで顧問デザイナーとして活動した．プロフェッショナルな活動とともにソットサスはイタリアの反デザインの指導者になった．彼は「グローバル・ツールズ」，「アルキミア」，「メンフィス」の共同設立者であった．1980年に彼は「ソットサス・アソシエーツ」を設立し，これは今日まで様々な領域でことにカッシーナ，三菱，アレッシ，コカ・コーラ，オリベッティのような企業のために活動している．「メンフィス」の終了後にソットサスは建築への取り組みを強めた．

な逸品のみを産出する気はなかった．それを越えて「メンフィス」のデザイナーは——「アルキミア」とは違って——消費，産業，宣伝，日常性を肯定した．ポスト・モダンの社会における急速な変化が彼らのインスピレーションの源になり，「メンフィス」の家具は明らかに量産のために企てられた．

> メンフィス集団においてはエットーレ・ソットサス，アンドレア・ブランジ，ミケーレ・デ・ルッキの他に，マッテーオ・テュン，マイケル・グレイヴス，磯崎新，倉俣史朗，ハビエル・マリスカル，ナタリ・デュ・パスキエ，ハンス・ホラインその他の多数の建築家とデザイナーが活動した．この集団の理論家と記録筆記者はバルバラ・ラディーチェであった．

「メンフィス」にとってはとりわけ日常の事柄が現代生活に属していた．したがって50年代と60年代の酒場とアイス・カフェに由来する多色のプラスチック合板製品が住居設備の私的な領分に「移植」された．これらの材料は，「卑俗性，貧困，悪趣味の隠喩」であり，日常神話として様式化され，新しい意味の担い手として解釈された．装飾でさえ日常に手本を有した．それらは，漫画，映画，パンク運動あるいはキッチュに由来し，けばけばしい色付あるいは甘ったるいパステルカラーで，遊び好きで，身振り的で，機知にあふれていた．それらは物品と使用者との自発的なコミュニケーションを刺激するためのものであった．実際的な実用価値はその際なんの役割をも果たさなかった．

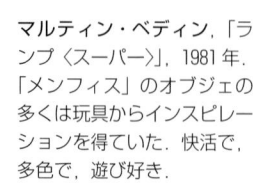

マルティン・ベディン，「ランプ〈スーパー〉」，1981年．「メンフィス」のオブジェの多くは玩具からインスピレーションを得ていた．快活で，多色で，遊び好き．

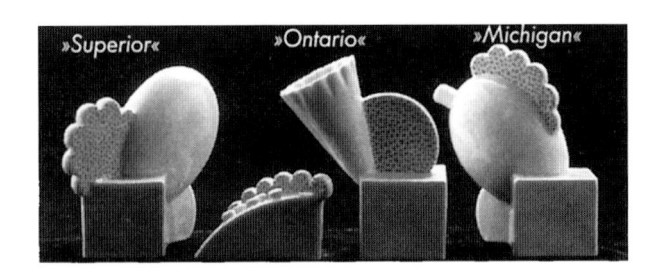

日常神話　モダニズム以降 | 149

「今日製造されているものはすべて消費される. それは永遠にではなくて生活に捧げられる」エットーレ・ソットサス.

マッテーオ・テュン,「メンフィスのための〈塩入れと胡椒入れ〉」, 1982年.

　表面の模様と同じように, ガラス, 鋼, 産業用ブリキあるいはアルミニウムのような材料が新たに意味連関された. 物品の多くは玩具のように見えたし, あるいは異国文化からの刺激を取り入れた. それは, 装飾を中心にすえ, 混沌を信条とするコラージュであった. そこにはポスト・モダン社会の分裂, 無拘束性, 流動性との類似が見られた.

　「メンフィス」は社会学とマーケティングの新しい知見をも利用した. 大市場に供給しようとするのではなくて,「さまざまな言語, 伝統, 行動方式によって文化的な目標集団の特定部分と連絡をつけよう」としたのである. この運動は美的ならびに概念的な点でデザインの根本的に新しい理解の手引きをしたので, 今日すでに「メンフィス」以前と以後の時代が語られている. この集団は80年代における「ニュー・デザイン」の新しい発展を鼓舞したが, 無数の粗悪な模倣の雛形としても使われた. かん高い斜めの形態や色彩が80年代末頃に飽きられ始めると,「メンフィス」の影響は著しく弱まった.

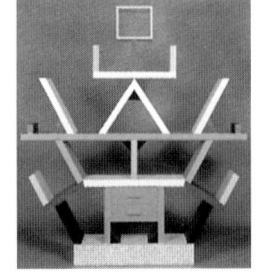

エットーレ・ソットサス,「書棚〈カールトン〉」, 1981年. 神話的な記号と多色のプラスチック薄板が家具をコミュニケーション・オブジェに変える.

● 「奔放な80年代」

　80年代には技術的, 社会的, エコロジー的, 文化的, 様式的な展開がかなり急激に速まり, 80年代を

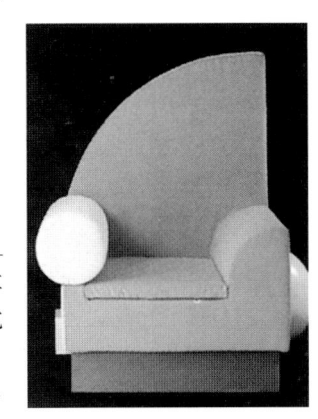

ピータ・シャイア, 椅子『ベル・エア』,「メンフィス」のために1982年.

1968-現代

モダニズム以降　「奔放な80年代」

「パンク，奢侈，民族，マイクロ電子工学，エコロジー，新しい簡素さ，黙示的不安，快楽主義——これらすべて，いやこれ以上のものが，その添加物の一部を成しており，そこから沸騰するデザイン鍋が，表面的な流行の無駄話から如才なく熟考され想像力豊かに実行される革新まで，物品の果てしない洪水を吐き出した」アルブレヒト・バンゲルト，1991年．

それ以前の時代からはっきりと分けた．60年代，70年代に芸術がコンセプチュアル・アートから離反し，やがて表現的で比喩的な「荒々しい絵画」へと向かうにも似て，建築とデザインはモダニズムと機能主義の教条に決定的に別れを告げた．

この際に「メンフィス」からの影響を過大に評価することはできない．しかし1980年にはリンツ（オーストリア）で指針となる催し「フォールム・デザイン」がすでに開催されており，そこではデザイン史の全体，デザインの意味，その多様な機能が論議され，さらにはデザイナーの役割が物品と使用者の関係に劣らず同じように論議された．この催しはデザイン理論にとって計り知れない意義があった．

機能主義の概念から離れることと同じくらいに，様式と影響力の多元主義は今や全ヨーロッパのデザインの展開を決定づけた．その際デザイン自体の価値が増した．80年代は「デザインの10年」に昇格した．デザインは，マーケティングや広告においてのみならず，個人的な生活様式の形成において，消費習慣において，社会的な行動方式において，鍵となる役割を引き受けた．デザインは展覧会やメディアの出し物になり，新世代のデザイナ

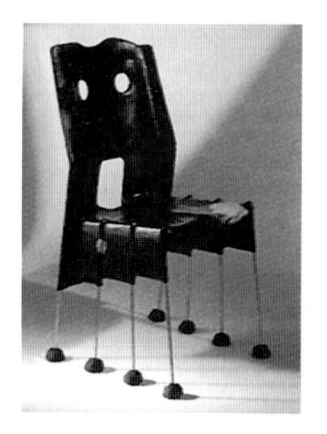

ガエターノ・ペッシェの家具はほとんどが実験的な一品制作作品である．『グリーン・ストリート・チェア』，1984／86／87年（ヴィトラ）．

メンフィス以後の新しいイタリア・デザイン：パオロ・デガネッロの『ドクメンタ椅子』，1987年（ヴィトラ）．デガネッロは，一匹狼と見なされており，80年代のデザインをめぐるメディアの見せ物となることを避けた．

「デザイン現象が問題である．最高に厳格な理論家でさえもが理解しなければならないのは，社会的存在である人間の必要を論理，理性，技術的効率性，欠点のない美学のみによってかたづけることはできないからである」ヘルムート・クゼルポインター，アンジェラ・アレイティエ，ラウリス・オルトナー，「〈フォールム・デザイン〉に向けて」，1980年．

ーはもはや特定の企業に縛り付けられるのではなくて，例えば自らを商品化しメディアの花形になった．

> ニュー・デザイン
> ・イデオロギー的な機能主義からの離反 ・実験的な活動 ・自家生産と自家販売 ・少量生産と一品物 ・混合様式 ・見慣れない材料 ・大都市的生活感 ・サブカルチャーからの影響 ・皮肉，機知，挑発 ・芸術への越境 ・集団の結成

「疑いもなくこの10年間にデザインは新しいものであるかのように爆発的に増加した」エットーレ・ソットサス

● ニュー・デザイン

「メンフィス」は，今日「ニュー・デザイン」という概念で要約されているヨーロッパ・デザインの反機能主義的な傾向を刺激するものとなった．同時にスペイン，ドイツ，フランス，あるいはイギリスにおいて，全く独自の形態と行動方式が出現した．これらすべてに共通していたのは，産業や機能主義の合理性に左右されない考え方であり，また大都市的な生活感，モードの変化，サブカルチャーと日常からの影響をデザインやプロジェクトや言説に反映したことである．その上に今までとは違って，これまで知られていなかった方法でメディアがこれらの活動の舞台として活用され，これらのデザインが美術館での展覧会に展示され，こうした展覧会は入場者数では大美術展と肩を並べるものであった．

倉俣史朗，80年代におけるデザインのミニマル主義者的な方向の主要人物．彼の針金格子椅子『ハウ・ハイ・ザ・ムーン』，1986／87年（ヴィトラ）は，彼の家具で最も有名なものに数えられる．

チェコのスター・デザイナーでニュー・デザインにおけるネオバロック的方向の主要人物ボレック・シペックの寝椅子『夢見てください』．ネオバロック的家具は，曲線装飾的で左右非対称なバロック形態を引用し，しばしば豪華でキッチュな素材を用いた．

モダニズム以降　　ドイツのニュー・デザイン

ドイツのニュー・デザインにおける集団
- 「メーベル・ペルディー」(クラウディア・シュナイダー=エスレーベン，ミヒェル・ファイト) ハンブルグ，1983 年
- 「ペンタゴン」(ヴォルフガング・ロイバシャイマー，ゲルト・アーレンス，ラルフ・ゾマァ，ラインハルト・ミュラー，デートレフ・マイヤー=フォーゲンライター) ケルン，1985 年
- 「コクテー」(レナーテ・フォン・ブレーフェルン，ハイケ・ミールハウス) ベルリン，1981 年
- 「ジンバンデ」(クラウス=アヒム・ハイネ，ウーヴェ・フィッシャー) フランクフルト／マイン，1985 年
- 「クンストフルーク」(ハイコ・バルテルス，ハーラルト・ヒュルマン，ハルディ・フィッシャー) デュッセルドルフ，1982 年
- 「ベルリネッタ」(インゲ・ゾマァ，ヨーン・ヒルシュベルク，ズザネ・ノイボーン) ベルリン，1984 年
- 「ベレファスト」(ヨアヒム・B・シュタニツェク，アンドレーアス・ブランドリーニ) ベルリン，1981 年

●ドイツのニュー・デザイン

　「グーテ・フォルム」の優先的地位が産業，公的機関，大学によってますます顕著に教条的に擁護されていたドイツにおいて，機能主義との対決が特に目立ち，しかもさまざまな形をとった．すでに 70 年代末からいろいろな都市で，建築，美術，デザインといった領域出身の若手の大学卒業者が，家具や製品デザインにおいて実験的な活動を行っていた．彼らは，デザイン分野と事務所における「堅苦しい」インダストリアル・デザイン，訓練，活動条件に不満であり，手仕事で原型や一品物を制作した．これらの物品の美学はコラージュと破壊の美学であった．見慣れない素材が——未加工の鉄，光沢のある鋼や石，コンクリートが，木，ゴム，毛長ビロードあるいはガラスと——組み合された．建築資材市場の半製品が家具のためのレディ=メイドとして新たに解釈された．その物品

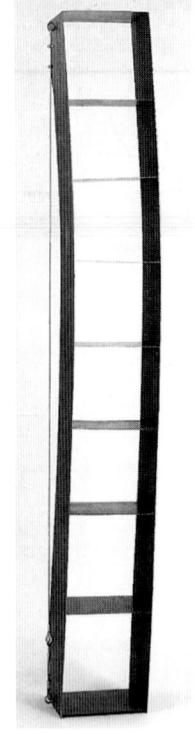

ヴォルフガング・ロイバシャイマーの『固定された書棚』(1984) は，ドイツのニュー・デザインの最も成功した物品のひとつになった．

はショックを与え，慣習的なデザイン概念を疑問視した．

1982年には初めて新しい傾向をまとまりのあるものとして提示する展覧会がハンブルグ芸術・産業美術館で開かれた．風刺的なタイトル『失せた家具──より美しい住まい』のもとに39のデザイナーと集団が5つの西欧の国からの代表として出た．展示と共同実験的プロジェクトは，後にドイツにとどまらずニュー・デザインの重要な頂点にもなった．

ドイツのニュー・デザインの始まりは多様であり，風刺的装い，ネオバロック，C. シュナイダー＝エスレーベン（「メーベル・ペルディー」）のようなキッチュ好みから，「ジンバンデ」や「クンストフルーク」のミニマル主義的デザインやコンセプショナルな活動にまで及んだ．街頭や日常の言葉がV. アルブスのオブジェならびにベルリンの「シュティレット」のレディ＝メイド＝オブジェに現れた．A. ブランドリニが風刺的に小市民的な生活形式に取り組んでいたその一方では，より早く手仕事的に活動していたベルリンの集団「コクテー」は民族美術館からインスピレーションを得ていた．

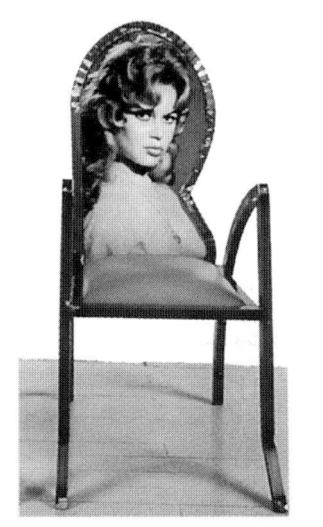

この運動の頂点と転回点はデュセルドルフでの1986年の展覧会『感情コラージュ──分別を失った住まい』であった．1988年にC. ボルングレーバによって発足された「デザイン工房ベルリン」のプロジェクトは，事務所や会議室の家具調度品，公共空間ならびに停留所や待合区域の家具備え付

『シュティレット』（フランク・シュライナー），「肱掛椅子〈コンシューマーズ・レスト〉」．この肱掛椅子へと改造された買い物車は，1983年に原型が作られており，挑発的なレディ＝メイド＝オブジェと見なされている．これは同様に居住習慣や消費習慣を皮肉っていた．これは1990年から量産されている．

ジークフリート・ミヒャエル・ジニウガ，「背もたれのアイドル〈芸術家椅子〉」，1987年．クッション付きの四角鋼管．

モダニズム以降　「感情コラージュ」

ロン・アラッド（1951年 – ）は、イスラエルの彫刻家、建築家、デザイナーであり、まずイェルサレムで、続いてロンドンのアーキテクチャル・アソシエーションで学び、1981年にロンドンで集団「ワン・オフ・リミティッド」を創設した。

けに従事することで産業の方へ向かい始めた。

80年代末のドイツのニュー・デザインは、多くの人が初期にそれを非難したような、そんなにも挑発的なものではもうなかった。デザインから販売までのすべてを引き受けるという、多くの集団によって支持された考え方は、不経済であることが判明した。美術館への道のりも多くのデザイナーにとっては袋小路であった。しかし実験的な活動、新しい美学のショック療法、プロジェクト活動体験によって、インダストリアル・デザインと家具デザインの重要な推進力を導き出すことができた。「ニュー・デザイナー」の多くは今日では大学教員として活動している。

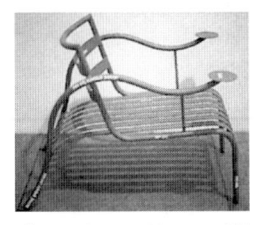

ジャスパー・モリソン、『考える人の椅子』、1988年。さび止め塗装の鋼管。

イエルク・フンデルトプントとジルヴィア・ローベク、『『書類檻』と『レーナー』』、〈デザイン工房ベルリン〉——事務領域における通常のデザイン課題のための新たな解決策〉のために1988年。

「ジンバンデ」、「引き伸ばし式テーブル〈タブラ・ラサ〉」、1987年（ヴィトラ社）。「ジンバンデ」は1985年から1995年までコンセプショナルな領分で活動し、実験的な家具によって機能概念に疑問をはさんだ。その際に例えばこの〈タブラ・ラサ〉は、集合場所としての机の社会的機能をもテーマとして扱った。

イギリス　　モダニズム以降 | 155

ジャスパー・モリソン，『家庭の新しいアイテム，パート1』，「デザイン工房ベルリン」のためのインスタレーション，1988年．要素的な基本形態と簡潔な合板家具を伴う新しい質素．

ジャスパー・モリソン（1959年- ）は，デザインをキングストン・アート・アンド・デザイン学校とロンドンのロイヤル・カレッジ・オブ・デザインで学んだ．1984年以来彼は客員大学講師としてベルリンで教えており，ドイツのニュー・デザインと緊密な結びつきを保っている．1987年には「ドクメンタ8」に参加し，それ以来多くの国際的な展覧会に代表として参加した．彼は，ヴィトラ社，カッペリーニ社，アルテミデ社，FSB社，リッテンホーフ社のためにデザインしている．

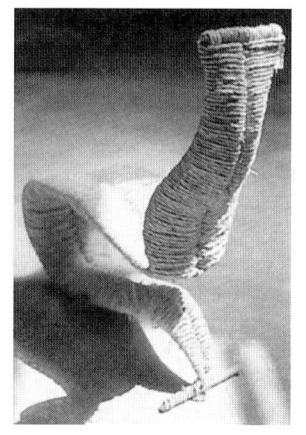

トム・ディクソンの「有機的な反った藤製安楽椅子」．

● イギリス——ニュー・シンプリシティー

　イギリスのアヴァンギャルド・デザインの形態と素材は，多くの点でドイツのデザインに似ていた．イタリアの「メンフィス」運動や優雅なフランス人とは違って，「新しい」イギリスのデザイナーもまたむしろ手触りの粗い素材，未処理の鉄やコンクリートを加工した．彼らは最も質素な形態言語や材料言語によって，ネオバロック的な「新しい豪華さ」にふけったニュー・デザインの他の流れから区別された．イギリスのニュー・デザインの代表的人物はR.アラッド，J.モリソン，T.ディクソンであった．

　1981年にイスラエルの建築家・デザイナーのR.アラッドはロンドンにスタジオ「ワン・オフ・リミティッド」を創設したが，その名称は綱領的に一品物（珍品）の制作と販売とにつながりがあった．アラッドは多様な材

ロン・アラッド，『ウエル・テンパード・チェア』，1986／87年，クロムメッキの薄鋼板（ヴィトラ社）．

1968-現代

モダニズム以降　　スペイン

オスカー・タスケット・ブランカ（1941－年）は、建築家でデザイナーであり、ポスト・モダンの先駆者のひとりであった。バルセロナで建築を学び、**アルフォンソ・ミラ**の事務所で働いた。1965年に建築家集団「ストゥーディオ・ペル」の設立に参加した。バルセロナでの多くの建築物とともに彼は、デザイン分野でとりわけ装飾，家具，実用品を制作した。タスケットは80年代のスペインでのニュー・デザインの共同主導者に属した。

料で実験し、既製品をも用いて制作した。屋外走行車の座部を改造したアラッドの椅子『放浪者の椅子』は有名になっている。彼のロンドン事務所はイギリスのニュー・デザインの中心になった。

J.モリソンはニュー・シンプリシティーの最も重要な代表的人物である。未処理の表面層を伴うミニマリズム的な積層材家具は彼の活動を特色付けている。彼は，豪華デザインのネオバロック的な変種と興奮したメディア騒動への抗議から、「ノー・デザイン」の概念をつくりだした。

T.ディクソンはイギリスのニュー・デザインのむしろ表現的な方向を結局のところは支持した。彼は、鉄，硬質ゴム、種々の編み細工で実験し、これらを用いてしなやかな、有機的な形態を生み出した。

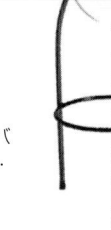

ハビエル・マリスカル、「バレンシアのデュプレックス・バーのための〈バー腰掛〉」、1980年。

● **スペインの　　ニュー・デザイン**

スペインことにガウディの都市バルセロナは，60年代と70年代にドイツの「グーテ・フォルム」の影響下にあった。しかし80年代にはここでも増大するイタリアの

オスカー・タスケットによる椅子（ドリアデ社）。アール・ヌーヴォーの面影が明らかである。

影響によって機能主義からの創造的な離反が生じた．このカタロニアの首都は，もうずっと芸術家や作家の集合地であったが，今や「突如現れる」デザインの都市にもなった．

　この発展を助勢したのは，スペインのヨーロッパ共同体への参加であり，これに伴いスペイン産業は新しい販路を開拓し，デザインが重要な輸出要因になった．これに加えて1992年のオリンピック競技大会の準備が到来し，そのために1988年にはデザイン仮決定の処置が既にとられた．バルセロナにおいても今やニュー・デザインの多彩な様式が生じた．「新しい」スペインのデザイナーにとりわけ数えられるのは，すでにリンツの「フォールム・デザイン」に代表として参加していたO.タスケットとL.クロテット，P.コルテス，建築家A.アリバス，論議を呼んだオリンピック・マスコットを制作したグラフィック・デザイナーのJ.マリスカルである．

ハビエル・マリスカル（1950年- ）は，バルセロナでグラフィック・デザインを学び，1972年から最初の独自の漫画を出版した．70年代末に彼は家具デザインを始めた．1980年に彼は最初のニューウェーブ・バー，バレンシアの「デュプレックス」を手がけ，その他のバーやレストランの家具調度がこれに続いた．彼の漫画の登場人物「コビー」は1992年オリンピック大会のマスコットになった．

ハビエル・マリスカルの漫画『ファミリエ・ガリリ』の登場人物はオリンピック大会のマスコット「コビー」に類似しており，留め針付きの記章としてそうこうするうちにマリスカル・ファンの目印ともなった．

● フランス──デザインの楽園の大スター

　フランスも80年代初めに「メンフィス」運動の影響を受けた．しかし80年代末からすでに哲学においてポ

フランスのニュー・デザインの代表的人物
フィリップ・スタルク，オリヴィエ・ガニエル，エリザベート・ガルースト，マシア・ボネッティ，ジャン＝ポール・ゴルティエ，ティエリー・レクゥト，アンドル・ピュトマン，クリスティアン・ガボワレ，アンドレ・デュヴリュイ，マリー＝クリスティーヌ・ドルネル

モダニズム以降　ジャン＝ポール・ゴルティエ

ジャン＝ポール・ゴルティエによる衣装を身に付けたマドンナ，パリ，1990年．

フィリップ・スタルク（1949－年）はフランスのニュー・デザインの最も有名な代表的人物である．彼はパリのエコール・ニサン・ド・カモンドで教育を受けた．1968年に（吹いて膨らませることのできる製品を扱う）彼の最初の会社を設立し，1969年にはピエール・カルダンのもとでアート・ディレクターになった．1975年以降彼はインテリアデザインと製品デザインの領域で独立して活動している．

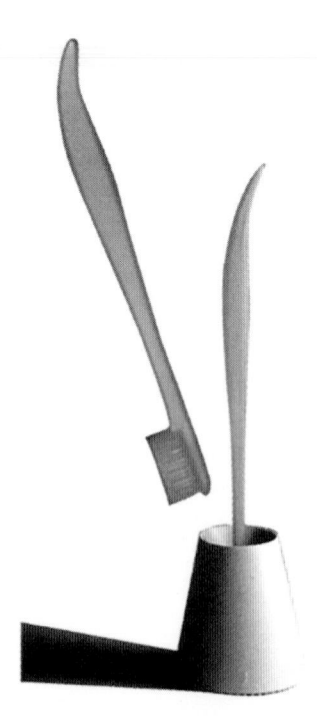

フィリップ・スタルク，「歯ブラシ」，1989年．

スト・モダンの活発な論議もあり，これはデザインに影響を及ぼした．モダニズムからの離反においてはフランスでも突飛な色や形の組み合わせが，ニュー・デザインの一部を成しており，それはパリでも他のヨーロッパの首都でもまずバーや喫茶店や商店やレストランに現れた．ここでも「ネモ」や「トテム」のようなデザイナー集団が生じたが，しかしアヴァンギャルドの発展を促進したのは依然としてたいてい有名人であった．

フランスの専門分野のモードにおいてはJ.‐P.ゴルティエがポルノ的な領分の素材——ゴム，エナメル，革——を用いて世間を挑発した．それによって彼は美的なタブーのみならず倫理的なタブーをも破ったのである．常軌を逸したデザインで彼はとりわけニナ・ハーゲンやマドンナのようなポップスターに衣装を提供した．

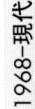

フィリップ・スタルク, 「カフェ・コステス」, パリ, 2階, 1984年. このカフェのインテリアとこれに用いられた椅子は世界的に有名となった.

　家具や製品のデザインにおいて，この活動領域の新しいスターと言われたのはP.スタルクである．彼は創造的な偏屈者であると同時に，彼個人の自己表現を彼のデザインの宣伝にうまく用いる巧みなマーケティング戦略家であるとみなされた．というのはニュー・デザインの多くの代表的人物とは違って，スタルクは反抗の身振りや挑発的な一品物に関心をもたなかった．他のデザイナーとは異なり，むしろよく売れる，比較的徳用な産業的量産のための物品をデザインした．その際に彼は歴史的デザイン様式の要素を借用した．流線型のダイナミックな線，有機的に形作られた握り，アール・ヌーヴォー風に弓なりに曲がる椅子の脚などである．またアルミニュウムとプラスチック，フラシ天の織物とクロム，石とガラスのような見慣れない素材の組み合わせが，彼のデザインに特色を与えた．

　スタルクの対極に位置するのがM.ボネッティとE.ガルーストである．スタルクの滑らかでむしろ冷たいデザインと正反対に，彼らの物品はきわめて暖かく，しばし

フィリップ・スタルク, 「レモン搾り器〈ジューシー・サリフ〉」, 1990年. これは, そうこうするうちに入手しうる儀式物品になった.

ば「猛烈にロマンチック」である．彼らはネオバロックの抜きんでた代表的人物とみなされており，ビロードやバックスキンやゴールドブロンズのような素材を好み，これらを加工して豪華品を作る．フランスのデザイン領域の新しいスターは若いデザイナーの M.-C. ドルネルであり，横浜のバーの大いに注目されたインテリア・デザインで最初の成功を収めた．アール・デコの時代にそうであったように，フランスのニュー・デザインは，高級な優雅さによってドイツのニュー・デザインやイギリスでのその始まりとは違っていた．しかも P. スタルクのような商業的な成功は類まれなものであった．

マリー＝クリスティーヌ・ドルネル（1960年-　）

● **ニュー・デザイン以降**

　90年代への過渡期のニュー・デザインは，その80年代はじめの興奮したメディア騒動に比べて著しく静かであった．かつての挑発的なデザインの多くは，今や美術館でモダニズムの第一級品と調和して並んで見られる．「奔放な80年代」のように，そんなにも迅速に歴史的になっていった時代は，これまでなかった．10年前には「浅薄な素人細工」あるいは「贅沢な手工芸品」として嘲笑された多数のデザインが，今では家具会社によって量産され，あるいは大規模な家具市場で安価な模倣品として売られている．パンク運動のようにニュー・デザインの反抗の身振りも，消費財産業によって同化され，モード化された．

　それゆえかなりの批評家が早くもこの運動の挫折を断定した．しかし全世代の感性的な感覚への看過できない影響とともに，ニュー・デザインは解放的に作用した挑発とその実験的な

ノーマン・フォスター，香港＆上海銀行，香港，1981-85年．

今日のデザイン　**モダニズム以降**

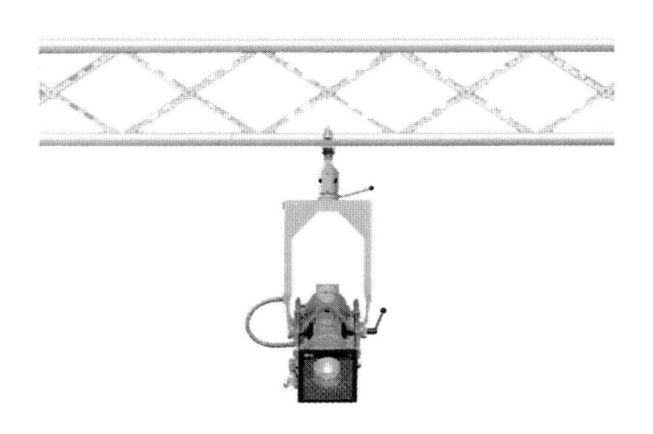

ロイ・フリートウッド，「投光器〈エマノン150〉」，1990年．照明技術の領域で指導的企業と見なされているエルコ社が製造する．電力は投光部が固定されている格子状軌条を経由して供給される．

行動によって，90年代のインダストリアル・デザインの専門教育と活動に大きな刺激を与えた．

● デザインとテクノロジー

デザインが意味の担い手として理解されるように変わり，また文化の促進においてデザインが新しい役割を担うようになるのと同時に，最近の急速な技術発展が多くのよく知られた器具の機能をも変質させ，全く新しい利用領域や使用法に反応せねばならないというデザイン課題を生み出した．しばしば美学は技術発展から引き続き影響を受けた．

● ハイ・テク

技術の魅力は，高揚した唯美的見方からの評価に表れた．ハイ・テク概念はS.スレジンとJ.クローンによる同名の書の出版以降，建築とデザインの様式概念として認められた．ハイ・テク様式は，示威的に外部に敷設された取り付け導管，エレベーター，T型梁や鋼鉄支柱などのような可視的構造要素によって，建物のテクノロジー的外観を強調する．有名な作例はR.ピアノとR.ロジャーズによるパリのポンピドー・センター（1977年），N.フォスターによる香港＆上海銀行（1981-85年），R.ロジャーズによるロイド・オブ・ロンドン・ビル（1986年）

ノーマン・フォスター，「事務用家具システム〈ノモス〉」．ケーブル・ハウジングと，そこにコンテナやコンピューターや他の機器を置くことの出来る作業パネルとを伴った高度に技術化された作業場．

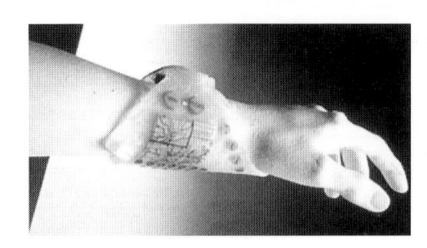

162　モダニズム以降　　　マイクロ電子工学

である．

デザインにおいては，例えば産業的な資材と完成部品が家具その他の製作物において新たに関連付けられ，あるいは軍事的領域や科学的領域の技術的細目が娯楽用電気機器に利用される．フォスターの事務用家具システム「ノモス」やM.テュンのコンテナー棚（1985年）は有名な作例である．

リーザ・クルーン，「リスト・コンピューター」，1988年：コンパス，腕時計，電話，都市案内が，軽くて透明で手首につけられる．固形の解体にむけての新しい傾向．

● 小 型 化

最も重要な技術発展はマイクロ電子工学の領域で起こった．よく知られた機器の多くはマイクロチップ技術に基づいていよいよ小さくなり，他方では新しい機器がまったく初めて可能となった．コンピューターは数トンの重さの大計算機から性能のよい膝置き型へと発達した．

● 例証：ソニー

非常に陳腐なことに思われるかもしれないが，日本の大都市では以前から場所がごくわずかしかなく，住まいは小さく，それゆえ例えば上下に組み立てられた構成要素をもつハイファイの塔はここからは現れなかった．その必然的な結果として日本の産業は，小さな機器での技術的完璧さをもっとも促進した．この発展の先駆者はソニー社であった．ソニー社はすでに1955年に最初のトランジスター・ラジオを作り，それは1958年までにはポケットサイズに縮小された．1959年には最初のトランジスター・テレビが現れ，1966年には個人使用向けのカラービデオ・レコーダーが開発され，絶え間なく技術的な進歩が続いた．

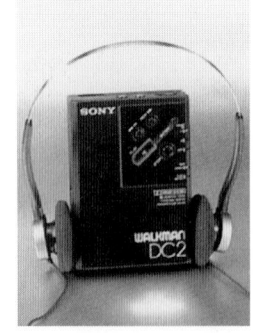

ソニーのウォークマン「DC2」は，移動性，娯楽性，私的領分への引きこもりを求めるポストモダン的需要に完璧に応えた．

● ウォークマン

1979年にソニーの社長の盛田昭夫は販売マネージャーの反対を抑えて音楽カセットテープ再生用のポケット機器，ウォークマンの製造を決意した．この機器は80

1968–現代

コンピューターとデザイン　モダニズム以降

「デュッセルドルフの集団〈クンストフルーク〉による〈乗車券とサービス券の自動販売機〉」，1987年．当該のソフトウェアでこの自動販売機は乗車券を販売し，一揃いの旅行を予約し，座席予約をとることができ，しかもなお演劇切符を販売し，市街地図や官庁申し込み用紙を打ち出すことができる．見通せる形態で機能の多様性を利用者にわかりやすくするために，そのつどにしなければならないインプット要求によってのみ，それぞれの機能に則して利用者画面が形成される．不慣れな利用者向けにはビデオで接続されたオペレーターが用意されており，必要な手助けを提供する．

年代に若者文化の生活感と音楽消費を引き続いて変えた．今でも地下鉄の車中で，あるいはジョギングや買い物の際に，音楽を聴くことができる．ウォークマンは今日まで無数のモデル・ヴァリエーションで生産されている．その原理はそうこうするうちにさらにCD機器やテレビ機器に（ウォッチマン　1988年），ビデオレコーダー（カムコーダー　1983年）に，ならびにCD-ROM技術（データー＝ディスクマン　1991年）に移し入れられた．

●「見えなくなる対象」

マイクロ電子工学の徹底した発達は見えなくなる対象にほとんど通じており，かつてデザインの最重要因子であった機能は目に見えなくなる．機械的なタイプライターの機能ははっきりとわかり，エレクトロニクス的なタイプライターの機能もどうにか追跡できるが，フロッピー・ディスクの機能はもはや全く見て取ることができない．同一のハードウェアで今やさまざまな機能が充足されうる．このことを観察者にはっきりと伝えることと，利用を容易にすることがマイクロ電子工学の時代におけ

機能を象徴する：〈RIA〉．ドイツ鉄道の旅行情報自動販売機は，多数の言語で簡便で使用者に親切な旅行計画情報を1994年から提供している．スクリーンは旅行者に向かって上向きに反りをつけられている．

るデザイナーの課題であり，以前にはスタイリングとして忌み嫌われた表面デザインが，利用者の表層では，コンピューターと人間との間のインタフェースとして，中心的なデザイン課題となる．そうこうするうちにデザインは，具体的な形態のみならず，非物質的なプロセスと情報の組織化にも関与する．

● コンピューターとデザイン

80年代からはコンピューターのためにデザインされるのみならず，コンピューターを用いてデザインされる．CAD／CAM(コンピューター・エイディド・デザイン／コンピューター・エイディド・マニュファクチャーリング)が，ことに高度テクノロジー製品の計画・製造の新しい可能性に関する呪文になった．新しいグラフィック・プログラムがスクリーン上でシミュレートされた製品の作図を可能にし，その際にデザイン自体の他にすべての重要な技術的で経済的なデーターを同時に呼び出し変化させることができる．その長所は，作図の具体性と，展開における同時的な柔軟性にある．

● デザインとマーケティング

80年代のデザイン・ブームによって，企業戦略におけるデザインの役割が明確に際立たされた．ほとんどの消費物品は80年代はじめには技術的に成熟し，相応の価格の程度では品質的に価値が等しいのと同然であった．競争相手との争いにおいて，識別の最後の手段として生産者に残されていたのは，デザインだけであった．

いよいよ多くの企業においてデザインはコーポレート・アイデンティティの自明の構成要素となり，製品デザインは企業ならびに消費者にとってイメージの担い手になった．その際におおくの会社は特定のデザイン戦略に期待するのではなくて，そうしたものとしての概念を

「コンピューターを用いたデザイン」．メルセデス・ベンツでのコンピューターによる視覚化を用いた人間工学的研究（上図）と，**フロックデザイン**による1985年のヤマハモデル「フロッグ750」のための電子工学的デザイン研究（下図）．

デザインとマーケティング　モダニズム以降

利用した．通常のものよりもカラフルあるいは「風変わり」に見えるものがすべて「デザイナー品」に指定され，有名な（疑わしい場合には仕立て上げられて）デザイナーの名前が付けられ，購買意欲を高めるために必要な場合は「限定版」でさえ出された．無数の多様な趣味的世界に応じるために，同じような技術的な中身で模様，外面，細部に関する個別性が際立たされた．

●例証：スウォッチ

　スウォッチ社の腕時計はこれらの発展の人気のある先駆者となり，したがって今日ではこの関連において「スウォッチ化」が語られている．この会社は，大規模なスイス時計市場の共同事業として，スイスのビールで1983年に設立された．

　スウォッチの時計は，徳用品で修繕するほどの値打ちがなく，つかの間の流行，時代精神，生活様式を意識的にとり上げ，細部のヴァリエーションによって多様な視覚的外観を提供している．これの最初のコレクションは，無地の腕輪と4つの様式傾向「クラシック」，「ハイ・テク」，「ファッション」，「スポーツ」に甘んじられた．そうこうするうちに多種多様な腕輪，文字盤，いろいろな色彩や模様がほとんど見渡せないほどに増えた．これらの時計はM.テュンやA.メンディーニのような有名なデザイナーによって，あるいはK.ハーリングやM.パラディーノその他のような有名な芸術家によるモチーフを用いて，デザインされたのであり，またデザインされている．80年代にスウォッチ社は，様々な分野の多数の企業にとって，マーケティング戦略として個別化に向かう際のモデルになった．

個別化：腕時計は，かつては生活のための調達であったものが，変わりやすい流行的なアクセサリーになる．スウォッチは毎年2種類の新しいコレクションを売り出し，趣味的世界の広範な多様性に応じている．ここでは，1987年秋・冬コレクションからの「フルモーション」（左）と，1990年春・夏コレクションの「アフリカン・カン」（右）．

●デザイン・マネージメントとサービス・デザイン

デザインの企業経営戦略上の手段としての重要性は，新しく生じた概念「デザイン・マネージメント」を反映している．製品デザインは，その形態の他にますます組織的，経営学的，法律的，マーケティング指向的な問題を含んでいる．

デザインの課題領域は拡大している．今日ではコーポレート・デザインという言葉が使われるときには，これによって広告スポット，電話案内，ソフトウェアのデザインのことをも指しており，その際には是が非でも統一性が求められるのみならず，個別性を際立たせることも企業の自己表示に一定の役割を果たしている．多くの独立したデザイン事務所はすべてが整ったサービスを提供しており，それはとりわけ勤務と余暇の領域において製品の他に組織外観と礼儀作法とのデザインにまで及んでいる．

●デザインと文化

ニュー・デザインの芸術への接近でニュー・デザインを見知ったこと，工芸と美術と産業とを越境する仕事のやり方，美術館での多数の展覧会，スター・デザインの新たな自己認識は，デザインが他と同等な文化部門であるという意識を多くの人々に目覚めさせた．デザイン美術館や美術館のデザイン部門が生まれた．世界で最も影

バトラーズ埠頭にある「デザイン美術館」は，1989年にテレンス・コンラン財団の援助で設立された．

デザインと文化　**モダニズム以降**　167

響力の大きい美術展である1987年の「ドクメンタ　8」では，デザインがはじめて独自の部門でもって代表として参加した．回顧展，おびただしい数の出版物，過ぎ去った時代の無頓着なリバイバルによって，80年代はデザイン史の「速成コース」となった．

　音楽や演劇や映画や美術のように，デザインも企業の文化支援の対象になった．今ではヴァイル・アン・ラインのヴィトラ社のような家具会社でさえ——品物や最少生産量品の販売をあえてやっており，またタバコ製造業者のフィリップ・モリス社は若いデザイナー向けの助成賞を発表し，イメージ転移のためにデザインの人気および文化的な認知を活用している．

ヴァイル・アン・ラインの「ヴィトラ・デザイン美術館」（建築家：**フランク・O. ゲーリー**），1989年．家具会社のヴィトラ社にとってデザインはコーポレート・アイデンティティの不可欠な要素になる．古典的なコレクションの他にアヴァンギャルド的なデザインのエディションが一品物や少量生産品として基盤を与えられており，このデザイン美術館は家具デザインの歴史の展望を示しており，今日では世界的な最大級のデザイン・コレクションのひとつになっている．この会社の敷地はイラクの女流建築家ザハ・M. ハディドの工場消防署によって補完され，1993年には安藤忠雄の会館がさらに加わった．この会社のデザイン，建築，美的な表現型はコーポレート・アイデンティティを形作っており，それはペーター・ベーレンスがAEG社のために生み出した企業文化と比較することができる．

●例証：ヴィトラ社

　ヴァイル・アン・ラインの家具製造会社ヴィトラは，その会社の方策に不可欠な要素としてデザインの文化的了解を取り入れた．1934年にW. フェールバウムによって設立されたヴィトラ社は，すでに1957／58年からC. イームズとG. ネルソンの家具のライセンス・プロダクションを始めることによって，とくにデザインを重要視した．今ではヴィトラ社は公的ならびに私的な領域での事務用家具の生産者である．その製品はM. ベリーニ，A. チッテリオ，J. モリソン，P. スタルクのような有名デ

ザイナーとの共同作業で生み出されている．現在の所有者 R. フェールバウムは，建築家 F. O. ゲーリーがデザインした建物である美術館を，それまでの間に集まっていたデザイン収集品のため 1989 年に設立した．包括的な建築構想とデザイン構想を含めてその模範的な外見全体のゆえに，この企業は 1994 年にユーロッパ・デザイン賞を獲得した．

●デザインとエコロジー

デザインの全体的視野が広げられてはいるが，今日なおエコロジーを避けては通れない．「優良な」製品は環境と資源をいたわっている．消費者は絶えず環境問題に敏感に反応している．山のような塩素漂白の用紙，有毒のテクスト・マーカー，事務所から出るその他の特殊ゴミは，デザイナーに新製品の材料と生産方法をさらに意識してよく考えさせている．「マーケティングの装飾業者」のような自らのイメージに逆らって社会的参加と環境意識を表明するデザイナーの努力も明らかに感じられる．

エコロジー・デザインは，今やその間もはや「プラスチックの代わりにジュート麻」といった慣習的な二者択一的美学に甘んずることなく，長持ちしリサイクル可能であり，しかも求めるところの多い個別的な美的水準を備えた複合製品をハイ・テク領域においても作り出している．新しい着想の段階は，澱粉やワッフル練粉からなる食べられる包装から余分な組み合わせ材料のない完全にリサイクル可能なコンピューターにまで達している．

しかも多くの「エコ製品」が全面的に企業イメージに役立つにつれて，エコロジーを意識する全体的風潮も現れている．倫理や美の観点のみならず強力な経済的な利害関係が，廃棄物処理費の急激な上昇に伴って背後にひそんでいるので，なおさらそうである．

女流デザイナーの**カッチャー・ホルスト**（ライズンテル，ブクハイム）によるバッグ「ウムブラ」(1994 年) は，砕かれ圧縮された残り革，天然ゴム，天然油，油脂からなる．その表面は型押し模様が付けられている．エコ・デザインの美学はもうすでに二者択一の世界を超えて伸びてきている．

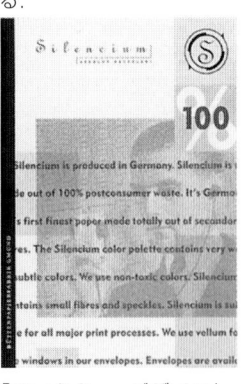

「ファクター・デザイン」，「手漉き紙会社のグムントのリサイクル用紙の広告」．用紙と宣伝は 1994 年に「デザイン・プラス」賞を授けられた．

●デザインと意識

意識の変化は消費者の側でも起っている．多数の購買者は，今やかん高いもの，堂々としたものをもはや求めず，実用価値のほかに個別性や信頼性や生活感覚を求めている．古典や原型が，挑発に満ちた10年間のあげくに，手本となり信頼されるものとなりそうである．

●展　　望

デザインの課題は，時代の変遷とともに絶えず変化し，広がっており，そうこうするうちに製品の造形以上のものを抱え込んでいる．たとえデザイン概念のインフレ的な使用を度外視するとしても，増大する課題領域によって今後デザインの重要性がさらに増大するであろう．しばしば嘆かれる市場の破綻にもかかわらず，恐らく製品と形態の多様性はさらに増大するであろう．というのは，いよいよ狭まる市場での個別性への努力と競争相手との判別はこの展開を刺激するであろう．

概観するに目下のデザイン情勢はいよいよ複雑になっており，デザインの理論家，批評家さらには創作家は，既成の諸芸術 (絵画，建築など) における情況と同じように，いよいよ専門の領域と個別の問題に没頭するであろう．

意識の変化：フィリップ・スタルクによる「浴室」(アクサー社，デュラビット社，ヘッシュ社のために1994年) は，洗濯桶，ポンプ，手桶がそうであるように，簡潔な原型的形態と関連しており，またその機能的で質素で調和のとれた環境には最新の衛生技術が持ち込まれる．そのスローガンは「新たな質素さ」あるいは「基本への回帰」であり，これは消費者のための「意識の変化」と生産者のための市場での成功の他に，ある意味では，また変化した兆候のもとでは，合理性への回帰を暗示している．

付　　録

用　語　集

反機能主義：機能主義の一方的な優位に反対する運動．特に60年代後半から，多くのデザイナーと理論家が，もっぱら対象の純粋に技術的な機能を規範とするあまりにも狭量で教訓めいたデザインの主張に反対した．

ブリーフィング：製造業者からのデザイナーへの情報であり，例えば色彩，材料，製品説明，日程表などについての，すべての主要な準則が含まれている．

CAD／CAM（コンピューター・エイディド・デザイン／コンピューター・エイディド・マニュファクチャリング）：コンピューター支援のデザインもしくは生産ことに技術製品．

コンサルタント・デザイナー：企業や公的な機関のために独立して活動するデザイン顧問．

コーポレート・デザイン：コーポレート・アイデンティティの一部であり，製品及びある企業の全体的外見の統一的なデザイン．

コーポレート・アイデンティティ：企業の個性，哲学，アイデンティティ．

コーポレート・イメージ：ある企業に関して世間が抱く印象．

ドクメンタ：1955年以来カッセルで開かれる国際的な現代芸術の重要な展覧会．

エクレティツィスムス（折衷主義）（「選択する」を意味するギリシア語のeklegeinに由来する）：独自の創造的な行為なしに歴史的時代の様式要素を恣意的に混合する芸術に関して，それを低く評価した呼び名．

人間工学：人間と労働条件との関係についての学説であり，60年代以降に事務家具のデザインにおいて中心となる．

機能主義：建築とデザインにおける様式的傾向であり，技術的機能が唯一の判断基準に格上げされ，装飾と多色性は拒絶された．そのほとんどは「形態は機能に従う」というサリヴァンの主張に立ち戻る．

使用価値：その目的への適応によって，すなわち実用的ならびに美的あるいは象徴的な機能に則して判断され，しばしば狭義に解釈される製品の価値．

総合芸術作品：音楽では例えばヴァーグナーにおいて，デザインではユーゲントシュティールやバウハウスにおいてそうであるような，諸芸術の個々の感銘をひとつの全体像に総合しようという理想．

ハイ・テク：70年代後期および80年代以降の様式傾向であり，建築とデザインにおける技術を美化するデザイン方法を示している．これを特色づけているのは，管，導管，補強材のような可視的な構造要素や，鋼，ブリキ，ガラスなどの素材であり，住宅領域においてもそうである．

キッチュ：1880年頃にミュンヘンで動詞「フェルキッチェン」から成立した概念であり，この動詞はシュヴァーベンの画家が旅行者向けに描いた低級な粗末な絵の安売りを意味していた．それ以後この用語は，過剰な美意識でいつわり感傷的に感情に訴える悪趣味な事物に関して，これを見下した表示として用いられている．

限定製品：少数の生産個数で――しばしば手工作的に――作られる，製品やデザイン物品．とくに家具の分野で広まった．80年代からはコンピューター制御の工作機械を用いてインダスト

リアル・デザインにおいてもよく見られる.

産業美術(手工作芸術):芸術的にデザインされた有用品の生産.そのほとんどが,一方では芸術的に自律し革新的である物品を創造しないがゆえに美術と区別され,他方ではそのほとんどが手作り製品であるがゆえにインダストリアル・デザインと区別される.したがってこの概念は,美術においてもデザインにおいても立案を低く評価するためにしばしば攻撃的に用いられる.

ロゴ:ブランドや社名のシンボル・マークであり,できるだけそれと見分けられる値打ちをもっている.

ネオバロック:80年代と90年代のニュー・デザインにおける様式傾向であり,きわめて華美で装飾に富んだデザインを指しており,軽く反語的なキッチュの性向をしばしば有する.19世紀後半に取り上げられたバロック的な要素に由来する.

エコ・デザイン:エコロジーの視点を生産計画に取り込むデザイン.

ポップ・アート:60年代の芸術傾向であり,漫画,雑誌,映画などのような大衆文化や下位文化の所産を,皮肉と賛美とをないまぜて主題とした.デザインにも大きな影響を与えた.

ポスト・モダン:70年代以後の試みに関する概念であり,美術,建築,デザインにおいて,進歩を奉じるモダニズムと硬直した機能主義とを反語的な歴史的様式引用と突飛な形や色彩の組み合わせによって克服しようとした.70年代末期と80年代からしきりに論議され,一部は過剰で攻撃的であった.

原型:新製品に関する初めての試作品であり,これに基づいてその後の大量生産のために材料,形態,機能が吟味される.

レディ=メイド:日用品に関する概念であり,この日用品はもともとの脈絡から取り出され,新しい脈絡において芸術作品に変えられる.「レディ=メイドの元祖」と見なされているのがM.デュシャンである.デザインにおいてこのやり方は,80年代における実験的な活動において活用された.

リサイクリング・デザイン:プラスチック,ブリキ,紙,皮などの廃材を再利用したデザイン.

リーデザイン:既にある製品を形態的・機能的に改善するために手を加えることであり,例えば「アルキミア」によって,デザイン史上の時代様式や物品と反語的に根本的に取り組むために,活用された.

リーエディション:よく知られている製品(あるいはデザイン)で,長いあいだ製造されていないものやデザインのみが存在するものの再製造.とくにバウハウスの椅子やその他の初期モダニズムの物品が,60年代末以降に盛んに再製造された.

様式:ある時代や地域に典型的な造形方法.

ウニカート:一つしかないものであり,そのほとんどが手工芸的な領域に由来し,ニュー・デザインにおいてはしばしば越境的な実験的活動の方式である.

デザイン史年表

1765 年	ジェイムズ・ワットが蒸気機関を改良する
1774 年	アメリカで最初のシェーカー教団の設立
1835 年	S. コルトの回転式拳銃
1844 年	サミュエル・モースが最初の電信を送る
1847-48 年	共産党宣言
1851 年	ロンドン万国博覧会，J. パクストンによる水晶宮，ロンドン
1854 年	トネットが最初の曲げ木椅子を公開する
1859 年	トネット：椅子第 14 番
1870 年	泡沫会社乱立時代の始まり
1873 年	レミントン・タイプライターの製造開始
1875 年	エジソン白熱電球
1876 年	フィラデルフィア万国博覧会，グレアム・ベルによる電話
1889 年	パリ万国博覧会，エッフェル塔
1893 年	シカゴ万国博覧会；ヴィクトル・オルタ：ブリュッセルのタッセル邸
1896 年	雑誌『ユーゲント』
1897 年	ウィーン分離派
1898 年	ドレスデン手工作芸術工房
1899 年	ルイス・サリヴァン：カーソン・ビリー・スコット百貨店，シカゴ
1900 年	エクトール・ギマール：パリ地下鉄入口
1904 年	イギリスに最初の田園都市
1904-06 年	オットー・ヴァーグナー：郵便貯金局，ウィーン
1905 年	ヨーゼフ・ホフマン：ストックレー邸，ブリュッセル
1907 年	リーオ・ヘンリー・ベイクランドがベークライトを発明する；ドイツ工作連盟の設立；ペーター・ベーレンスと AEG の共同作業の開始
1908 年	フォード「T 型車」；アドルフ・ロース：『装飾と犯罪』
1909 年	フィリッポ・トンマーゾ・マリネッティ：『第 1 回未来派宣言』
1913 年	フォード社で最初の流れ作業列；ウールウォース・ビュルディング，ニューヨーク；ヴァルター・グロピウスによるファグス工場
1914 年	工作連盟国際展，ケルン；工作連盟論争
1917 年	「デ・ステイル」集団の創設；ヘリット・トーマス・リートフェルト：『赤と青の椅子』
1919 年	レイモンド・ローウィがパリからニューヨークへ；バウハウス設立宣言
1920 年	ウラジーミル・タートリン，『第 3 国際労働者同盟の塔』
1921 年	シャネル第 5 番
1923 年	ラースロー・モホリ=ナギがバウハウスに加わる；ル・コルビュジェ：『新しい建築に向けて』
1924 年	ヘリット・トーマス・リートフェルト，シュレーダー邸，ユトレヒト；『ヴァーゲンフェルト・ランプ』（バウハウス）
1925 年	工作連盟の雑誌『ディ・フォル

ム』；
マルセル・ブロイヤー：『ヴァシリー・チェア』；
『現代・装飾美術・産業美術・国際展覧会』，パリ；
バウハウスのデッサウへの移転
1926 年　アドルフ・ロース，『ツアラ邸』，パリ；
J. J. P. アウト，『カフェ・デ・ユニ』，ロッテルダム
1927 年　工作連盟展『住宅』；
ヴァイセンホーフ集合住宅，シュトゥットガルト
1928 年　ジオ・ポンティが雑誌『ドムス』創刊；
ル・コルビュジェ，P. ジャンヌレ，C. ペリアン：寝椅子〈LC4〉，肘掛椅子〈LC3〉
1928-1929 年　ハンネス・マイアーがバウハウスの学長
1929 年　ミース・ファン・デル・ローエ：バルセロナの万国博覧会で展示館と『バルセロナ椅子』；
レイモンド・ローウィ：ゲスナー謄写機；
世界経済恐慌
1930 年　パリで工作連盟展；クライスラー・ビル，ニューヨーク；
エッカルト・ムテジウス：インドーレの宮殿の家具調度；
ミース・ファン・デル・ローエがバウハウスの最後の学長
1932 年　ベル・ゲディス，H. ドレフュス，R. ローウィによる空気力学的機関車；
クランブルック・アカデミーの創設；
エンパイア・ステイト・ビル，ニューヨーク
1933 年　ナチスの政権掌握；
国民受信機の普及，バウハウス閉鎖
1934 年　ヘリット・リートフェルト：『ジグザグ・チェア』；
F. ポルシェ：フォルクスワーゲン（KdF 車）の原型
1935 年　ピエール＝ジュール・ブーランジェとアンドレ・ルフェーブル：『シトロエン 2CV』の原型
1935-39 年　アルヴァル・アールト：椅子『406』（合板からなる浮遊椅子）
1937 年　ヴァルター・グロピウスがハーバード建築学校で教える；
ウォレス・ヒューム・カラザーズがナイロンの特許権をとる；
万国博覧会，パリ
ラースロー・モホリ＝ナギがシカゴに「ニュー・バウハウス」を創設
1938 年　ミース・ファン・デル・ローエがシカゴのイリノイ工科大学の学長；
ヴォルフスブルクにフォルクスワーゲン工場を設置；
レイモンド・ローウィ：ペンシルバニア鉄道会社の機関車〈S1〉
1939 年　万国博覧会，ニューヨーク：「明日の世界の建設」
1940 年　チャールズ・イームズとエーロ・サーリネンがニューヨーク・近代美術館の設計競技「家庭用家具調度品における有機的デザイン」で賞を得る；
レイモンド・ローウィ：ラッキー・ストライクの包装
1946 年　伝説的な「ベスパ」の最初の試作車
1947 年　ドイツ工作連盟の新設
1949 年　ケルンでの工作連盟展『新しい住宅』
1951 年　アメリカで最初のカラーテレビ；
アメリカで展覧会『産業と手仕事

	が新しい所帯道具を生み出す』；ダルムシュタットにデザイン評議会の創設		ジャンカルロ・ピレッティ：折りたたみ椅子「プリア」
1952年	アルネ・ヤコブセン：椅子『蟻』；合成物質ポリプロピレンの発明	1970年	ベルリン国際デザイン・センター；ヴァーナー・パントン：ケルン家具見本市の期間に「ヴィジオーナ」展で「住まいの景観」
1953年	ウルム造形大学で授業開始		
1954年	最初の「コンパッソ・ドーロ賞」がイタリアの百貨店ラ・リナシェンテに授与された；M.ビルとH.ギュジョロによる「ウルム腰掛」	1972年	展覧会『イタリア：新しい住まいの景観』、近代美術館、ニューヨーク；リヒャルト・ザッパー：ランプ『テイジオ』
1956-59年	フランク・ロイド・ライト：ニューヨークのグッゲンハイム美術館	1973年	マリオ・ベリーニ：オリベッティ社の電子計算機『ディビスマ18』；石油危機；『グローバル・ツールズ』、ミラノ
1958年	ブリュッセル万国博覧会；チャールズ・イームズ：「ラウンジ・チエア」	1974年	「デス＝イン」によるタイヤの長椅子；コンピューター・データーを記憶装置に蓄える最初のカードをロラン・モレノが開発する
1959年	VDID（ドイツ・インダストリアル・デザイナー協会）		
1965年	マルコ・ザヌーゾ：ブリオンヴェガ社の折りたたみラジオ「TS 502」；テオドール・W.アドルノ：『今日の機能主義』；ミニスカートの流行	1975年	C.ジェンクスがポスト・モダンの概念を造りだす；IKEA
		1976年	『スタジオ・アルキミア』の創設
1966年	ミラノに「スーパースタジオ」創立	1977年	「ユートピア・デザイン」部門が設置されたカッセルでのドクメンタ6；パリにポンピドー・センターが開館
1968年	ウルム造形大学の閉鎖；ヴァーナー・パントン：「サイド・チェア」；ヴェルナー・ネーロース：「機能主義という聖牛は生贄として捧げられねばならない」		
		1978-82年	フィリップ・ジョンソン：ニューヨークにAT＆T電話会社の社屋；チャールズ・ジェンクス：『ポスト・モダンの建築言語』
1969年	エットーレ・ソットサス：オリベッティ社のポータブルタイプライター「バレンタイン」；ジョエ・コロンボ：ケルンでの「ヴィジオーナ」展の「中央の住居区画」；最初の月着陸；	1979年	ソニー社のウォークマン；フィリップスとソニーがCDを開発；IBMによる最初のレーザー・プリンター

1980年	アレッシ社が同時代の建築家と共同して家庭用品をデザインする；『メンフィス』の創設；アップル・マッキントッシュのパソコン；「フォールム・デザイン」，リンツ
1981年	E. ソットサス：『カールトン』
1982年	ハンブルク芸術・産業美術館での『失せた家具——より美しい住まい』展；J.-F. リオタール：『ポスト・モダンの智』
1983年	スウォッチ社の創設；ハンブルクに『メーベル・ペルディー』の設立
1985年	『ペンタゴン』の設立
1986年	デュセルドルフで『分別を失った住まい』展；R. ロジャーズ：ロイド・ビル，ロンドン；ロン・アラッド：『ウエル・テンパード・チェア』
1987年	「ニュー・デザイン」がカッセルでのドクメンタ 8 で専用部門を提供される．
1988年	ベルリン・デザイン工房
1989年	ロンドンにデザイン・ミュージアム；ヴァイル・アン・ラインの家具製造業者ヴィトラ社のデザイン・ミュージアム
1990年	フィリップ・スタルク：フルゥカリ社製歯ブラシ
1991年	N. フォスター：オリンピック・テレビ塔，バルセロナ
1992年	万国博覧会「エクスポ '92」，セビリヤ
1993年	グラン・パレでの「デザイン，世紀の鏡」展，パリ

デザイン美術館

ドイツのデザイン美術館（精選）

ベルリン
Bauhaus-Archiv-Museum für Gestaltung
Klingelhöfer Straße 14
10785 Berlin
☎ 0 30/2 54 00 20
Bröhan-Museum
Schloßstr. 1a
14059 Berlin
☎ 0 30/3 21 40 29
Kunstgewerbemuseum
Tiergartenstraße 6
10785 Berlin
☎ 030/26 66
ベフェルンゲン
Stuhlmuseum Burg Beverungen (Firma Tecta)
An der Weserbrücke
37688 Beverungen
☎ 0 52 73/70 06
ダルムシュタット
Hessisches Landesmuseum
Friedensplatz 1
64283 Darmstadt
☎ 0 61 51/16 57 03
Institut Mathildenhöhe
Olbrichweg 13
64287 Darmstadt
☎ 0 61 51/13 27 28
デュッセルドルフ
Kunstmuseum
Ehrenhof 5
40479 Düsseldorf
☎ 02 11/8 99 24 60
フランケンベルク／タウヌス
Museum Thonet
Michael-Thonet-Str. 1
35059 Frankenberg
☎ 0 64 51/50 80

フランクフルト／マイン
Deutsches Architektur-Museum
Schaumainkai 43
60594 Frankfurt/Main
☎ 0 69/2 12- 3 84 71
Museum für Kunsthandwerk
Schaumainkai 17
60594 Frankfurt/Main
☎ 069/2 12-3 40 37
ハーゲン
Hohenhof
Stirnband 19
58093 Hagen
☎ 0 23 31/20 75 76
Karl Ernst Osthaus-Museum
Hochstraße 73
58095 Hagen
☎ 0 23 31/2 07 31 31
ハンブルク
Museum f. Kunst u. Gewergbe
Steintorplatz 1
20099 Hamburg
☎ 0 40/24 86-26 30
ハノーファー
Kestner-Museum
Trammplatz 3
30159 Hannover
☎ 0 30/2 54 00 20
カールスルーエ
Badisches Landesmuseum
Schloß
76131 Karlsruhe
☎ 07 21/9 26 65 14
ケルン
Museum für Angewandte Kunst
An der Rechtschule
50667 Köln
☎ 02 21/2 21-38 60
ミュンヘン
Die Neue Sammlung

Prinzregentenstraße 3
80538 München
☎ 0 89/22 78 44
ニュルンベルク
Centrum Industriekultur
Äußere Sulzbacher Str. 60
90491 Nürnberg
☎ 0 30/2 54 00 20
シュトゥットガルト
Stadtmuseum Bad Canstatt
Klösterle-Marktstraße
70372 Stuttgart
☎ 07 11/2 16 63 27
ヴァイル・アム・ライン
Charles-Eames-Straße 1
79576 Weil am Rhein
☎ 0 76 21/70 23 51

ドイツにおけるデザインの公的な機関

Internationales Design Zentrum Berlin e. V.
IDZ Berlin
Kurfürstendamm 66
10707 Berlin
☎ 0 30/8 82 30 51
Design Zentrum Bremen
Fahrenheitstraße 1
28359 Bremen
☎ 04 21/2 20 81 58
Design Zentrum Hessen
Eugen-Bracht-Weg 6
64287 Darmstadt
☎ 0 61 51/42 48 81
Institut fün Neue Technische Form e. V. INTEF
Alfred-Messel-Haus
Eugen-Bracht-Weg 6
64287 Darmstadt
☎ 0 61 51/4 80 08
Design Zentrum Dresden

Semperstraße 15
01069 Dresden
☎ 03 51/4 71 50 61
Designzentrum NRW
Gelsenkirchener Str. 181
45309 Essen
☎ 02 01/30 10 40
Deutscher Werkbund e. V.
Weißadlergasse 4
60311 Frankfurt/Main
☎ 0 69/29 06 58
Rat für Formgebung
Ludwig-Erhard-Anlage 1
60327 Frankfurt/Main
☎ 0 69/74 79 19
iF-Industrie Forum Design Hannover
Messegelände
30521 Hannover
☎ 05 11/8 93 24 00
Design-Initiative Nord e. V.
Eggerstedtstraße 1
24103 Kiel
☎ 04 31/90 60 70
Design Zentrum Mecklenburg-Vorpommern
Werderstraße 69–71
19055 Schwerin
☎ 03 85/56 52 75
Design Zentrum München
Kaiserstraße 15
80801 München
☎ 0 89/39 30 69
Designforum Nürnberg

Karolinenstraße 45
90402 Nürnberg
☎ 09 11/2 32 05 30
Design Center Stuttgart des Landesgewerbeamtes Baden-Württemberg
Willi-Bleicher-Straße 19
70174 Stuttgart
☎ 07 11/1 23 26 85–86

国際的なデザイン美術館（精選）

アムステルダム
Stedelijk Museum
Paulus Potterstr. 13
Postbus 5082
NL-1070 AB Amsterdam
グラスゴー
Hunterian Art Gallery
University of Glasgow
GB-Glasgow G 12 8QQ
コペンハーゲン
Kunstindustrimuseet
Bredgade 68
DJ-1260 Kopenhagen
ロンドン
Design Museum
Butler's Wharf
Shad Thames
GB-London SE1 2YD
Victoria & Albert Museum
Cromwell Road, South Kensington
GB-London SW7 2RL
ニューヨーク
Museum of Modern Art
11, West 53rd Street, New York, N. Y. 10019 USA
パリ
Musée des Arts Décoratifs
107 rue de Rivoli
F-75001 Paris
Musée d'Orsay
62 rue de Lille
F-75007 Paris
ストックホルム
Nationalumseum
S. Blasieholmshamnen
Box 1 61 76
S-10324 Stockholm
ウィーン
Österreichisches Museum für Angewandte Kunst
Stubenring 5
A-1010 Wien
チューリヒ
Museum für Gestaltung Zürich
Ausstellungsstraße 60
CH-8005 Zürich
Centre Le Corbusier
Heidi-Weber-Haus
Höschgasse 8
CH-8008 Zürich

書　誌

　この推薦参考文献リストは，デザインというテーマについての完璧な文献目録ではなくて，手始めの理解の助けとなるためのものである．列挙されているのは，何度も読むための書目ならびに精選された国際的なデザイン雑誌である．

参考書類

Bertsch, G. C.; Dietz, M. u. Friendrich, B.: Euro-Design-Guide. Ein Führer durch die Designszene von A-Z. Hrsg. v. *Ambiente*. München 1991
Byars, Mel: Design Encyclopedia. 1880 to the Present. London 1994
Heider, Thomas; Stegmann, Markus u. Zey, René : Lexikon Internationales Design. Reinbek bei Hamburg 1994

デザイン史一般

Gsöllpointner, Helmuth; Hareiter, Angela u. Ortner, Laurids (Hrsg.): Design ist unsichtbar. Wien 1980
Guidot, R.: Design. Die Entwicklung der modernen Gestaltung. Stuttgart 1994
Mang, Karl: Geschichte des modernen Möbels. Von der handwerklichen Fertigung zur industriellen Produktion. Erw. Neuaufl. Stuttgart 1989
Moderne Klassiker. Möbel, die Geschichte machen. Hrsg. v. d. ZS *Schöner Wohnen*. Hamburg 1984
Petsch, Joachim: Eigenheim und gute Stube. Zur Geschichte des bürgerli-chen Wohnens. Köln 1989
Selle, Gert: Geschichte des Designs in Deutschland. Neuaufl. Frankfurt/M. 1994
Sembach, Klaus-Jürgen; Leuthäuser, Gabriele u. Gössel, Peter: Möbeldesign des 20. Jahrhunderts. Köln 1989
Sparke, Penny: An Introduction to Design and Culture in the 20th Century. New York 1986
Wichmann, Hans: Industrial Design. Unikate, Serienerzeugnisse. München 1985

デザインとデザイン史の理論

Adorno, Theodor W.: Ohne Leitbild. Parva Aesthetica. Frankfurt/M. 1967
Barthes, Roland: Mythen des Alltags. Frankfurt/M. 1964
Benjamin, Walter: Das Kunstwerk im Zeitalter seiner technischen Reproduzierbarkeit. Frankfurt/M. 1963
Bourdieu, Pierre: Die feinen Unterschiede. Kritik der gesellschaftlichen Urteilskraft. Frankfurt/M. 1982
Bürdek, Bernhard E.: Design. Geschichte, Theorie und Praxis der Produktgestaltung. Köln ²1994
ders.: Design-Theorie. Methodische und systematische Verfahren im Industrial Dedign. Ulm 1971
ders.: Einführung in die Designmethodologie. Hamburg 1975
Gros, Jochen: Grundlagen einer Theorie der Produktgestaltung .Einführung. Hrsg. v. d. HfG. Offenbach 1983
Hang, Wolfgang Fritz: Kritik der Warenästhetik. Frankfurt /M. 1971
Norman, Donald A.: Die Dinge des Alltags. Frankfurt/M. – New York 1989
Pross, Harry: Kitsch. Soziale und politische Aspekte einer Geschmacksfrage. München 1985
Selle, Gert: Ideologie und Utopie des Design. Zur gesellschaftl. Theorie der industriellen Formgebung. Köln 1973
Walker, John A.: Designgeschichte. Perspektiven einer wissenschaftlichen Disziplin. München 1992

前史

Bernhard, Marianne: Das Biedermeier. Kultur zwischen Wiener Kongreß und März-revolution. Düsseldorf 1983

Mang, Karl u. Fischer, Wend: Die Shaker. Leben und Produktion einer Commune in der Pionierzeit Amerikas. München 1974
Ottomeyer, Hans; Schlapka, Axel: Biedermeier. Interieurs und Möbel. München ²1993
Sprigg, June; Larkin, David: Shaker. Kunst, Handwerk, Alltag. Ravensburg 1991
Wilkie, Angus: Biedermeier. Eleganz und Anmut einer neuen Wohnkultur am Anfang des 19. Jh. Köln 1987

産業革命と歴史主義

Bahns, Jörn: Zwischen Biedermeier und Jugendstil. Möbel i. Historismus. München 1987
Bangert, Albrecht u. Ellenberg, Peter: Thonet-Möbel. Bugholz-Klassiker 1830–1930. Ein Handbuck für Liebhaber und Sammler. München 1993
Fischer, Wend: Die verborgene Vernunft. Funktionale Gestaltung im 19. Jh. München 1971
Giedion, Siegfried: Die Herrschaft der Mechanisierung. Ein Beitrag zur anonymen Geschichte. Hrsg. v. H. Ritter. Hamburg ²1994
Die Industrielle Revolution 1800–1850. (Time Life) München 1990.
Mundt, Barbara: Historismus. Kunstgewerbe zwischen Biedermeier und Jugendstil. München 1981
Pierre, Michel: Die Industrialisierung. Fellbach 1992

改革運動とユーゲントシュティール

Bangert, Albrecht u. Fahr-Becker, Gabriele: Jugendstil. München 1992
Eschmann, Karl: Jugendstil. Ursprünge, Parallelen, Folgen. Göttingen 1990
Haslam, Malcolm: Jugendstil. Seine Kontinuität in den Künsten. Stuttgart 1990
Morris, William: Kunde von Nirgendwo. Eine Utopie der vollendeten kommunistischen Gesellschaft und Kultur aus d. Jahre 1890. Hrsg. v. G. Selle. Köln 1974
Packeis und Pressglas. Warenästhetik und Kulturreform im deutschen Kaiserreich. Von der Kunstgewerbe-bewegung zum Deutschen Werkbund. Hrsg. v. E. Siepmann. Gießen 1987
Sembach, Klaus-Jürgen: Jugendstil. Die Utopie der Versöhnung. Köln 1993

モダニズムへの道

Frei, Hans: Louis Henry Sullivan. München 1992
Loos, Adolf: 》Ornament und Verbrechen《, in: Sämtliche Schriften. Bd. 1 Hrsg. v. F. Glück. Wien/München 1962
Müller, Dorothee: Klassiker des modernen Möbeldesigns. Otto Wagner-Adolf Loos-Josef Hoffmann-Koloman Moser. München 1984
Opel, A. (Hrsg.): Kontroversen-Adolf Loos im Spiegel der Zeitgenossen. Wien 1985
Sullivan, Louis Henry: Ornament und Architektur/A System of Architectural Ornament. Tübingen 1990
Pevsner, Nikolaus: Der Beginn d. modernen Architektur und des Designs. Köln 1978
Varnedoe, Kirk: Wien 1990. Kunst, Architektur & Design. Köln 1987
Der Werkbund in Deutschland, Österreich und der Schweiz. Form ohne Ornament. Hrsg. v. L. Burckhardt. Stuttgart 1978
Zevi, B.: Frank Lloyd Wright. Zürich/München 1980

革命とアヴァンギャルド

Droste, Magdalena: Bauhaus. 1919–1933. Köln 1990
Gray, Camilla: Das große Experiment. Die russische Kunst 1863–1922. Köln 1964
Kirsch, Karin: Die Weißenhof-Siedlung. Werkbund-Ausstellung 》Die Wohnung《. Stuttgart 1927. Stuttgart 1987
El Lissitzky 1890–1941. Retrospektive. Ausstellungskatalog. Frankfurt/M./Berlin 1988
Neumann, Eckhard (Hrsg.): Bauhaus und Bauhäusler. Bekenntnisse und Erinnerungen. Köln ⁴1994
Tatlin. Hrsg. v. L. A. Shadowa. Weingarten 1987
Vladimir Tatlin: Retrospektive. Ausstellungskatalog. Köln 1993
Tendenzen der zwanziger

Jaher. Ausstellungskatalog. Berlin 1977
Tolstoj, Vladimir: Kunst und Kunsthandwerk in der Sowjetunion 1917-1937. München 1990
Warncke, Carsten-Peter: De Stijl. 1917-1931. Köln 1990
Wick, Rainer: Bauhaus-Pädagogik. Neuaufl. Köln 1994
Wingler, Hans M.: Das Bauhaus. 1919-1933. Weimar, Dessau, Berlin und die Nachfolge in Chicago 1937. Bramsche ⁴1975
Wolfe, Tom: Mir dem Bauhaus leben. München 1993

豪華と権力

McClelland, N. u. Haslam, M.: Art Déco. Stuttgart 1991
Maenz, Paul: Art Déco. Formen zwischen zwei Kriegen. 1920-1940. Köln 1974
Merker, R.: Die bildenden Künste im Nationalsozialismus. Kulturideologie, Kulturpolitik, Kulturproduktion. Köln 1983
Petsch, Joachim: Kunst im Dritten Reich. Architektur, Plastik, Malerei, Alltagsästhetik. Köln ²1987
Stromlinienform: Ausstellungskatalog. Zürich/Hagen 1992
Wichmann, H.: Design contra Art Déco. 1927-32. Jahrfünft d. Wende. München 1993
Wulf, J.: Die Bildenden Künste im Dritten Reich. Eine Dokumentation.

Gütersloh 1963

奇跡の経済復興

Brongräber, Christian: Stil Novo. Design in den 50er Jahren. Phantasie und Phantastik. Frankfurt/M. 1979
Günther, Sonja: Die 50er Jahre. Innenarchitektur und Wohndesign. Stuttgart 1994
Halter, Regine(Hrsg.): Vom Bauhaus bis Bitterfeld. 41 Jahre DDR-Design. Gießen 1991
Maenz, Paul: Die 50er Jahre. Formen eines Jahrzehnts. Köln ⁴1990
Schönberger, Angela: Raymond Loewy-Pionier des amerikanischen Industrie-designs. München 1990
Siepmann, E.(Hrsg.): Bikini. Die 50er Jahre. Politik, Alltag, Opposition. Kalter Krieg und Capri-Sonne. Reinbek bei Hamburg 1983

グーテ・フォルムとベル・デザイン／実験的な試みと反デザイン
ドイツ

Designed in Germany: Die Anschaulichkeit des Unsichtbaren. Hrsg. v. Rat für Formgebung. Ausstellungskatalog. Frankfurt 1988
Hirdina, Heinz: Gestalten für die Serie. Design in der DDR 1949-1985. Dresden 1988
Lindinger, Herbert(Hrsg.): Ulm...Hochschule für Gestaltung. Die Moral der Gegen-stände. Berlin 1987
Seckendorf, Eva von: Die Hochschule für Gestaltung in Ulm. Marburg 1989

イタリア

Ambasz, Emilio(Hrsg.): Italy. The New Domestic Landscape. New York 1972
Bangert, Albrecht: Italienisches Möbeldesign. Klassiker von 1945 bis 1985. München 1985
Design als Postulat am Beispiel Italiens. Hrsg. v. Internationalen Design Zentrum Berlin. Berlin 1973
Radice, Barbara: Ettore Sottsass. München 1993
Schummer, Constanze: Das andere Buch über italienisches Design. Stuttgart 1994
Sparke, P.: Italienisches Design. Von 1870 bis heute. Braunschweig 1989
Wichmann, Hans: Italien: Design 1945 bis heute. München 1988

モダニズム以降

Albus, Volker u. Borngräber, Christian: Designbilanz. Neues deutsches Design der 80er Jahre in Objekten, Bildern, Daten und Texten. Köln 1992
Baacke, Rolf-Peter; Brandes, Uta u. Erlhoff, Michael: Design

als Gegenstand. Der neue Glanz der Dinge. Berlin 1983
Bachinger, Richard: Unternehmenskultur. Ein Weg zum Erfolg. Frankfurt/M. 1990
Balkhausen, Dieter: Die elektronische Revolution. Düsseldorf 1985
Bangert, Albrecht und Armer, Karl M.: Design der 80er Jahre. München 1991
Birkigt, K.: Marinus, M. u. Funck, H. J. (Hrsg.): Corporate Identity. Grundlagen, Funktionen, Fallbeispiele. Landsberg ⁵1992
Claus, Jürgen: Das elektronische Bauhaus. Zürich/Osnabrück 1987
Collins, Michael: Design und Postmoderne. München 1990
Design-Management in der Industrie. Hrsg. v. B. Wolf. Gießen 1994
Fischer, Volker (Hrsg.): Design heute. Maßstäbe: Fromgebung zwischen Industrie u. Kunst-Stück. München 1988
Gefühlscollagen. Wohnen von Sinnen. Hrsg. v. V. Albus, M. Feith, R. Lecatsa, W. Schepers und C. Schneider-Esleben. Köln 1986
Habermas, Jürgen: Die neue Unübersichtlichkeit. Kleine politische Schriften V. Frankfurt/M. 1985
Hauffe, Thomas: Fantasie und Härte. Das 》Neue deutsche Design《 der 80er Jahre. Gießen 1994
Jencks, Charles: Die Sprache der Postmodernen

Architektur. 2. erw. Aufl. Stuttgart 1980
Klotz, Heinrich: Moderne u. Postmoderne. Architektur der Gegenwart 1960-80. Braunschweig/Wiesbaden ³1987
Lyotard, Jean-François: Immaterialität und Postmoderne. Berlin 1985
ders.: Das postmoderne Wissen. Ein Bericht. Hrsg. v. P. Engelmann. Bremen 1982
Neues Europäisches Design. Barcelona, Berlin, Mailand, Budapest, Paris, Wien, Neapel, London, Düsseldorf, Köln, M. Beitr. v. V. Albus, C. Borngräber, A. Branzi. Berlin 1991
Papanek, V.: Das Papanek-Konzept. München 1972
Radice, Barbara: Memphis. Gesicht und Geschichte eines neuen Stils. München 1988
Sato, Kazuko: Alchimia. Italienisches Design der Gegenwart. Berlin 1988
Venturi, Robert: Komplexität und Widerspruch in der Architektur. Braunschweig 1978
Venturi, Robert; Scott Brown, Denise u. Izenour, Steven: Lernen von Las Vegas. Zur Ikonographie und Architektursymbolik der Geschäftsstadt. Braunschweig 1979
Welsch, Wolfgang: Unsere postmoderne Moderne. Weinheim ³1991
ders. (Hrsg.): Wege aus der Moderne. Schlüsseltexte der Postmoderne-

Diskussion. Weinheim 1988
Zec, Peter: Informationsdesign. Die organisierte Information. Zürich/Osnabrück 1988

雑誌

AIT-Architektur Innenarchitektur Technischer Ausbau
Verlag: Verlagsanstalt A. Koch, Leinfelden-Echterdingen
Beiträge zu Architektur, Innenarchitektur und Design
Art Aurea
Verlag: Ebner Verlag, Ulm
Beitr. zu Möbeldesign, Glas, Keramik, Mode und zeitgenössischem Kunsthandwerk
Axis
Verlag: Axis, Tokio
Beiträge (meist japan.) zu Neuheiten der internationalen Designszene
Blueprint
Verlag: Blueprint, London
Ein führendes Designmagazin in Europa, internationale Beiträge zu Architektur, Design und Grafikdesign, Buch- und Ausstellungsrezensionen
Das Internationale Design Jahrbuch
Herausgeber: namh. Designer d. Gegenwart, wechselnd
Verlag: Bangert Vlg. München Aufwendig bebilderte Dokumentation, stellt jährlich über 400 internation. Entwürfe für Möbel, Lampen, Tischdekor,

Textilien und Produkte vor.
Design
Verlag: The Design Council, London
Beiträge zum internationalen Design und visueller Kommunikation
Design from Scandinavia
Verlag: World Pictures, Frederiksberg
Beiträge zur Entwicklung des skandinavischen Designs
Design Issues
Verlag: MIT Press, Chicago
Wissenschaftliche Beiträge zum Design
design report
Herausgeber: Rat für Formgebung, Frankfurt
Verlag: MACup Verlag GmbH, Humburg
Aktuelle Beitr. zu Architektur und Design, Buch- und Ausstellungsrezensionen
Design Week
Verlag: Design Week, London
Aktuelle und internationale Beiträge zum Design
form
Herausgeber: Alex Buck, Frankfurt/M.
Verlag: Verlag form GmbH, Frankfurt/M.
Aktuelle Informationen über alle Bereiche des Designs, grundlegende und auch wissenschaftliche Beiträge zu Design und Designtheorie
Hochparterre
Verlag: Verlag Curti Medien AG, Glattburg
Infomationen u. Beire. z. Schweizer u. internat. Design
ID International Design
Verlag: Design Publications Inc., New York
Bedeutendste amerikan. Designzeitschrift mit umfangreichen internationalen Beitr. zu allen Themen im Design
Journal of Design History
Verlag: Oxford University Press, London
Wissenschaftliche Beiträge zur Designgeschichte
md moebel interior design
Verlag: Konradin Verlag, Leinfelden-Echterdingen
Dreisprach. Beitr.(dt./engl./franz.) zu Schwerpunktthemen aus Möbeldesign und Inneneinrichtung
MODO
Verlag: Ricerche Design Editrice s. r. l., Mailand
Eine der zahlreichen bedeutenden italienischen Design-zeitschriften, Beiträge z. T. zweisprachig (ital./engl.)
Temes de Disseny
Verlag: Elisava, Barcelona
Ausführliche theoretische Beiträge über Design und Architektur, dreisprachig (span./katalan./engl.)
TERRAZZO
Herausgeber: Barbara Radice, Mailand
Verlag: Bangert Vlg, München
Design-Magazin m. Beitr. berühmter Designer, z. B. E. Sottsass, A. Rossi, F. Gehry u. a.
werk und zeit
Herausgeber: Deutscher Werkbund, Frankfurt/M.
Publizistisches Organ des Deutschen Werkbunds

図 版 出 典

図版番号の数字は頁番号を指している. : o は上 : u は下 : r は右 : l は左 : m は中央.

AEG, Frankfurt 56-7
Alchimia Studio, Milano 146o+u, 147o
Alessi(Kessel mit vogelförmiger Pfeife aus 18/10 rostfreiem Stahl von Alessi s. p. a., Crusinallo, Italien. Design Michael Graves 1985) 145u
Angelo Hornak Library, London 36u, 88u, 89or+ur+ul
Aram Designs Ltd., London 85o+m
Architectural Ass., London 89ol
Archiv f. Kunst und Geschichte. Berlin 36u, 41or, 81ur, 98, 99u, 123m
Artek Oy, Helsinki 59u
Artemide Deutschland, Düsseldorf 130m
Asenbaum, Paul, Wien 51
Ballo, Aldo, Mailand 140ou
Bangert Vlg., München 114o
Bauhausarchiv, Berlin 8, 68ol+or+ul, 69o+u, 70, 72, 73, 75u
Bayer AG , Leverkusen 122, 139o
Biblioteca Ambrosiana, Milano 5
Bibliothek der Landesgewerbeanstalt Bayern, Nürnberg 34o
Bildarchiv Foto Marburg 37u, 38u, 43, 74o, 75o
Bonham's Knightsbridge, London 133u
Braun AG, Kronberg 123o, 126-7
Bridgeman Art Library, London 52u, 53m
Brionvega s. p. a., Milano 128
Büttenpapierfabrik, Gmund 168u
Capellini, Milano 154mo, 155ul
Cassina, Meda 48, 49u, 50o, 53o, 64ul, 78o+u, 109m
Castelli, Ahlen 129m
Christie's, New York 83o+u
ClassiCon, München 85u
Design Council, London 87u, 107o
Design Museum, London 112u, 166
Deutsche Bahn, Köln 163u
Deutscher Werkbund, Frankfurt 55o, 111o
Deutsches Museum, München 22, 23u, 26u
Dorner, Marie-Christine, Paris 160o
DPA, Köln 122u
Driade, Milano 156u
Driade-Stefan Müller GmbH, München 151u
Duravit, Hornberg 169
Ellenberg, Peter W., Freiburg 30u
(Foto: Kai Mewes, München), 31u
Erco Leuchten, Lüdenscheid 161o
Eta Lazi Studios, Stuttgart 111
Feldman, Ronald, New York 143o
Finster, Hans, Zürich 77u
Foster, Noman, London 160u
Foto Ulrich, Völklingen 94u
frogdesign, Altensteig 10u, 164u
Fruitlands Museum, Harvard
Galerie B. Bischofberger, Zürich 108u
Gamma, Vanves 158o
Gastinger, Mario, München 41u
Gebr. Thonet GmbH, Frankenberg 6u, 71u, 77o
General Motors, Detroit 92u
Gil Amiaga 143u
Gnamm, Sophie-Renate, Buch am Erlbach 39u, 41ol, 55u
Grumdmann, Jürgen, München 76m
Gufram/Fr. Timpanaro, Köln 139m
Guggenheim Museum, New York 101m
H. Armstrong Roberts Inc., Philadelphia 102m, 103o
Hancock Shaker Village, Pittsfield 17o, 17u
Haus der Geschichte der Bundesrepublik Deutschland, Bonn 113u
HfG, Offenbach 137u
International Licensing Partners, Amsterdam

図 版 出 典

(©1994 ABC/ Mondrian Estate/ Holtzman Trust. Licensed by ILP) 64o
Karl Ernst Osthaus-Museum, Hagen 45o
Kartell, Noviglio 132
Klein, Don, London 83m, 84o, 88o
Knoll International, Murr 76, 100
Kolodziej, Idris, Berlin 153, 154, 155
Krohn, Lisa, New York 162
Kunstflug, Düsseldorf 12, 163
Kunsthalle Tübingen 102
Kunstmuseum Düsseldorf 133
Küthe, Erich, Remscheid 13
Lesieutre, Alain, Paris 47u
Loewy, Viola, L'Annonciade, Monte Carlo 90, 91, 105
Lufthansa, Köln 11, 80
M. A. S., Barcelona 45u, 46o
Mariscal, Javier, Barcelona 157
Maurer, Ingo, München 137
Memphis, Milano 145m, 147u, 148u, 149o+u
Mercedes Benz AG, Stuttgart 164
Moholy, Lucia 71o
Moore, Charles W., Los Angeles 144o
Morrison, Jasper, London 155
Münchner Stadtmuseum 19o, 42o
Musée de la Publicité, Paris 81o
Musée des Arts Décoratifs (Nissim de Camondo), Paris 40, 81ul, 82u

Museum für Kunsthandwerk, Frankfurt 44u
Museum of Modern Art, New York, 42m, 61ur (Alfred H. Barr Jr. Papers), Tecno, Milano 161u
Nationalmuseum, Warschau 19u
Niederecker, Ursula, Galerie am Herzogplatz, München 15u
Nordenfeldske Kunstindustrimuseum, Trondheim 39o
Olivetti Synthesis, Milano 107m
(Marcello Nizzoli, 1950), 129ur
(Werbung Ettore Sottsass u. Roberto Pieraccini, 1969) (Ettore Sottsass, 1969), 130o (Mario Bellini, 1973)
Österr. Nationalbibliothek, Wien 50
Oudsten, Frank den, Amsterdam 65m+u, 72o+u, 73m+u
Pelikan Kunstarchiv, Hannover 61o
Petersen, Knut Peter, Berlin 104u
Piaggio, Mailand 106o
Poltronova, Montale 145o
Reisenthel, Katja Horst, Puchheim 168
Rijksdienst Beeldende Kunst, Amsterdam 59ur, 67o
Ron Arad Associates, London 154o (Foto: Christoph Kicherer)
Ross Feltus, Harlan, Düsseldorf 10o
Sammlung Jäger, Düsseldorf 113o

Selle, Gert 97o
Shell International Petroleum Company Ltd., London 104o
SIDI, Barcelona (©B. D. Ediciones de Diseño) 150m
Singer 23m
Sonnabend Gallery, New York 84ul
Sony Europa, Köln 162u
Sotheby's, London 86o
Sottsass, Ettore, Milano 141o, 148o, 149m
Stadt Gelsenkirchen 110
Stadtmuseum Köln 94
Stahlmach, Adelbert, Berlin 18u, 21
Starck, Philippe 2, 158m+u, 159o+u
Stiftung Weimarer Klassik 160
Strobel, Peter, Köln 152l
Suomen Rakennustaiteen Museo, Helsinki 79o
Swatch, Biel 165
Syniuga, Siegfried Michael 3
Photoarchiv C. Raman Schlemmer, Oggebbio 68ur
Tecta, Lauenförde 84ur
The Henry Moore Foundation, Hertfordshire 101u
Transglobe Agency, Hamburg 138o
Ullstein Bilderdienst, Berlin 28m
University of Texas, Austin 90ol+or
Verlag Gerd Hatje, Ostfildern /Mang, Karl, Wien 136o, 142
Victria & Albert Museum, London 28u
Vitra, Weil am Rhein 100u,

101o, 129o, 131, 146ul, 150o+u, 151o, 154um+u, 167
Voiello 9
Volkswagen, Wolfsburg 95, 96u
WMF, Geislingen 124o
Zanotta, Nuova Milanese 138u

(Mauro Masera), 140o
(Marino Ramazzotti), 108o+m, 109o
(alledrei Fotos Masera, Milan)
© VG Bild-kunst, Bonn 1995 33o, 59o, 61m, 66m, 78m, 81or, 102u, 152/3u

上記以外の図版の版権は，著者か出版社にあるか，もしくは見つけ出すことができなかった．

人名索引

〈ア〉

アイヒャー，O. 115, 117
アイヒラー，F. 126
アインシュタイン，アルベルト 58
アウト，J. J. P. 64, 66, 75, 85
アステア，F. 81
アダモヴィッチ，ミハイル 62
アドルノ，T. 135
アーノルド，カール 54
アームストロング，ニール 122, 123
アラッド，ロン 154, 155, 156
アリバス，A. 157
アルガン，G. C. 130
アルキズーム，アソシエーティ 141
アルキミア 134, 141, 146, 147, 148
アールト，アルヴァル 79, 120, 136
アルバース 72, 73
アルプ，H. 65, 101
アルフォンソ＆レナート，ビアレッテイ 86
アルブケ，オットー 80
アルプス，V. 153
アルフレート＆エーミール，ロート 77
アレイティエ，アンジェラ 150
アレン，ウィリアム・ヴァン 88
アーレンス，ゲルト 152
磯崎新 148
イッテン，J. 69
イームズ，チャールズ 100, 101, 121
イームズ，レイ 100
インドーレ 86
ヴァーグナー，オットー 44, 49, 50, 51
ヴァーグナー，リヒャルト 32
ヴァーゲンフェルト，ヴィルヘルム 70, 124, 126
ヴァラン，E. 40
ヴィクトリア 22
ウィルス，J. 64
ウェグナー，ハンス 119
ヴェセルマン，T. 138
ウエップ，フィリップ 36
ヴェルシュ，ヴォルフガンク 143

ヴェルド，ハンリ・ヴァン・ド 38, 39, 40, 44, 53
ヴェンチューリ，ロバート 143, 144
ウォーホル，アンディ 134, 138
ヴュルンドルファー，フリッツ 51
エーコ，U. 130, 142, 143
エジソン 24, 25
エーステレン，コルネーリス・ファン 59, 65, 67
エッフェル，アレクサンドル・ギュスターヴ 29
エルンスト，ヨーゼフ・カスパー 111
エンゲルス，フリートリッヒ 14, 17
エンデル，アウグスト 42, 43
オストハウス，カール・エルンスト 45, 54
オブリスト，ヘルマン 42, 43
オリーヴァ，アキーレ・ボニート 143
オール，ヘルベルト 117
オルタ，V. 38, 39
オルトナー，ラウリス 150
オールドリン，エドウィン 122, 123
オルブリッヒ，ヨーゼフ・マリーア 33, 43, 44

〈カ〉

ガウディ，アントニ 46, 47, 108, 156
ガーシュウィン，ジョージ 80
カスティリオーニ，アッキレ 108
カーター，ジミー 134
カッサンドル 81
ガッティ，ピエロ 140
カーニ，アルベルト 92
ガニエル，オリヴィエ 157
カプラ，フリッチョフ 142
ガボ，N. 60
ガルースト，エリザベート 157, 159
カルダー，A. 101
カルダン，ピエール 158
ガレ，E. 40, 41
カンディンスキー，W. 60, 62, 72
カント，イマニュエル 14
キア，S. 147
ギーディオン，ジークフリート 25

人名索引 | 189

ギマール, エクトール　40, 41
ギュジョロ, H.　114, 115, 116, 117, 126, 127
キューブリック, スタンリー　134, 138
キュリー, マリー　22
キング, ペリー・A.　129
クヴァント, メアリー　138
クゼルポインター, ヘルムート　150
クラーマ, フェルディナント　74
倉俣史朗　148, 151
クリエ, ロブ　144
グリエーロ, アレッサンドロ　145, 146
クリムト, G.　49, 51
クリント, カーレ　119
クリントン, ビル　142
グルッポ 9999　141
クールベ, ギュスターヴ　32
クルーン, リーザ　162
クレー, P.　69
グレイ, アイリーン　84, 85
グレイヴス, マイケル　144, 145, 148
クレイン, ウォルター　36
グレゴッティ, V.　130
クレメンテ, F.　147
グロス, J.　137
クロッツ, ハインリッヒ　143
グローバル, ツールズ　141, 146
グロピウス, ヴァルター　48, 53, 54, 68, 69, 70, 71, 72, 73, 75, 115
クンストフルーク　12, 152, 153, 163
ケアホルム, ポール　119
ケスラー, H. グラーフ　44
ゲーテ　16
ゲディス・ノーマン・ベル　90, 92
ケネディー, ジョン・F.　122
ゲーリー, フランク・O.　167
ケルスティング, ヴァルター・マリーア　97
ケルスティング, ゲオルグ・フリートリッヒ　19
コクテー　152, 153
コラーニ, L.　140
コール, H.　34
ゴルティエ, ジャン=ポール　157, 158
コルト, S.　24
コロンボ, J.　132, 133, 139

〈サ〉

サイト　143
ザッパー, リヒャルト　128, 130, 132
ザヌーゾ, マルコ　128, 129, 132
サリヴァン　17
サーリネン, E.　88, 100, 101
シェラトン, トマス　14, 15
ジェンクス, チャールズ　143, 144
シテ=リホツキー, マルガレーテ　74
ジニウガ, ジークフリート・ミヒャエル　3, 153
シペック, ボレック　151
シャイア, ピータ　149
ジャコモ, ピエル　108
シャネル, C.　82
シャルパンティエ, アレクサンドル　40
シャルパンティエ, A.　41
シャロー, ピエール　84, 85
ジャンヌレ, シャルル・エドゥアール　78
ジャンヌレ, ピエール　78
シュヴィッタース, K.　65
ジュジャーロ, ジョルジョ　9
シュタニツェク, ヨアヒム・B.　152
シュティレット　153
シュナイダー, エスレーベン=クラウディア　152, 153
シュピツヴェーク, カール　19
シュペーア, アルベルト　93
シュミット, K.　54
シュライナー, フランク　153
シュルヴェ　88
シュレンマー, O.　69
ジョーンズ, O.　34
バーン=ジョーンズ　35
ジョンソン　77
シラー, フリードリッヒ　14
シンガー, アイザック　23
シンケル, カール・フリートリッヒ　15
ジンバンデ　152, 153, 154
スキャパレリ, E.　85
スコラーリ, カーラ　138
スタム, マルト　71, 75
スターリン　62
スターリング, ジェームズ　144
スタルク, フィリップ　2, 133, 157, 158, 159, 160, 167, 169
スーチン, N.　62
ステパーノヴァ, W.　62

ストゥーディオ・ペル　156
ストラヴィンスキー，イーゴリ　84
ストラム　140, 141
スーパースタジオ　141
スュー，ルイ　83, 85
スレジン，S.　161
スローターダイク，ペーター　143
セヴェリーニ，G.　65
ゼーゲル，ミア　112
セザンヌ，ポール　48
ゼレ，G.　29
ゼンパー，G.　15, 28, 34
ソットサス，E.　128, 129, 140, 141, 146, 147, 148, 149, 151
ソットサス・アソシエイト　148
ソトニコフ，A. G.　60
ソンタグ，スーザン　134

〈タ〉

ダスカーニオ，コラディーノ　106
タスケット，O.　157
タートリン，ウラジーミル　58, 60
ダリージ，リカルド　146
チッテリオ，A.　167
チッペンダール，T.　15
チャーチル，ウィンストン　80
ツィーグラー，K.　131
ティーグ，ウォルター・ドーウィン　90, 92, 102
ディクソン，トム　155
ディーデル，ルドルフ　22
ティファニー，ルイス・カンフォート　41
ティムニエ，バルテルミー　23
ディーン，ジェイムズ　98
テオドーロ，フランコ　140
デガネッロ，P.　141, 150
デザイン，ファクター　168
デス=イン　137
デスキー，ドナルド　89
デュヴリュイ，アンドレ　157
テュン・マッテーオ　2, 133, 148, 149, 162, 165
デラメア，ジャック　89
デリダ，ジャック　143
デ・ルッキ，M.　133, 146, 148
デル，クリスチアン　96
ドゥースブルフ，T. ファン　64, 65, 66, 67, 69
ドゥチュケ，ルーディ　134

ドゥルビーノ，ドナト　138
ドゥロッコ，グイド　139
トテム　158
トネット，ミヒャエル　30
ドーム，A.　40
ドライデン，エルネスト・ドィチュ　81
トリッキシー＆ロバート・ハウスマン　146
ドルネル，マリー=クリスティーヌ　157, 160
ドルフレス，G.　130
ドレフュス，ヘンリー　92, 102

〈ナ〉

ナザレフスカヤ，M.　62
ナッタ，N.　131
ナポレオン　14
ニーチェ，フイイードリッヒ　48
ニッツォーリ，マルチェロ　107
ネモ　158
ネールス，W.　135
ネルソン，ジョージ　148, 167
ノイボーン，ズザネ　152
ノイマン，N.　54
ノグチ，イサム　103
ノーベル，アルフレッド　22

〈ハ〉

ハイネ，クラウス=アヒム　152
ハイネ，トーマス，テオドール　41
ハウク，W. H.　136
パウル，B.　42
パオリーニ，チェザーレ　140
パクストン，ジョセフ　28
ハクスリー，オールダス　80
ハーゲン，ニナ　158
パス，ジョナタン・デ　138
パスキエ，ナタリ，デュ　148
パトゥー，ピエール　82
ハートフィールド，ジョン　97
ハーバマス，ユルゲン　143
ハミルトン，リチャード　102
パラディーノ，M.　147, 165
バルテルス，ハイコ　152
バルト，ロラン　144
ハワード，エビニーザー　34
バンゲルト，アルブレヒト　150
パンコック，P.　42
パントン，ヴァーナー　119, 121, 122, 131

人名索引

ビアズリー, A. 38
ピアノ, R. 161
ピエトラ, ウーゴ, ラ 146
ピカソ, パブロ 48, 80
ビスマルク 22, 32
ヒチコック 77
ヒットラー, アドルフ 58
ピュトマン, アンドル 157
ヒュルマン, ハーラルト 152
ビル, M. 114, 115
ヒルシュベルク, ヨーン 152
ヒルディンガー, P. 114
ヒルヒェ, H. 126
ビレッティ, G. 129
ファイト, ミヒェル 152
ファイニンガー, ライオネル 68, 69
ファントンゲルロー, G. 64
フィッシャー, ハルディ 152
フィードラー, レスリー 143
フィルビンガー, ハンス 117
フェリエーリ, A. カステリ 132, 133
フェリーニ, フェデリコ 98
フェルトゥス, ハルラン・ロス 10
フォスター・ノーマン 160, 161
ブガッティ, カルロ 47
フサール, V. 64
ブッシュ, ジョージ 142
フッド, レイモンド 88
ブランカ, オスカー, タスケット 156
フランクリン, ベンジャミン 14
ブランジ, A. 141, 146, 148
ブラント, ウィリー 122
ブラント, エドガール 82
ブラント, マリアンネ 69
ブランドリーニ, アンドレーアス 152
フリートウッド, ロイ 161
ブルゥヴェ, ジャン 84, 85
ブルヴェ, P. 40
ブルクハルト, フランソア 9
ブレーカ, アルノ 93
ブレーフェルン, レナーテ・フォン 152
ブロイアー, マルセル 8, 69, 70, 72, 77
フロイト, ジグムント 58
フンデルトプント, イエルク 154
ベイカー, J. 80, 81
ベイクランド, リーオ 87
ベェツナー, ヘルムート 132

ペック, グレゴリー 106
ペッシェ, ガエターノ 150
ヘッセン大公ルートヴィヒ, エルンスト 43
ヘップバーン, オードリー 106
ベディン, マルティン 148
ベートーヴェン, ルートヴィヒ・ファン 14
ヘニングセン, ポール 121
ヘミングウェイ, アーネスト 98
ベーム, ゴットフリート 144
ペリアン, シャルロット 78
ベリーニ, マリオ 129, 130, 167
ベル, グレアム 22, 24
ベルトイアー, ハリー 100, 101
ベルラーヘ, H. P. 66
ベルリネッタ 152
ベーレンス, ペーター 33, 37, 42, 44, 48, 54, 56, 57, 69, 73, 77, 167
ペンタゴン 152
ヘンドリックス, ジミー 134
ポー, エドガー・アラン 22
ボイス, ヨーゼフ 3
ホードラー, フェルディナント 51
ボードリヤール, ジャン 143
ボネッティ, マシア 157, 159
ホフ, R. ファント 64
ボフィール, リカルド 144
ホフマン 50, 51
ポポーワ, L. 62
ホライン, ハンス 144, 148
ボルサーニ, オスヴァルド 109
ポルシェ, F. 95
ホルスト, カッチャー 168
ボールトン, マシュー 22
ボルングレーバ, C. 153
ポンティ, ジオ 107, 109, 128
ゾマァ, インゲ 152

〈マ〉

マイアー, H. 71, 72, 73
マイヤー, アドルフ 54
マイヤー=フォーゲンライター, デートレフ 152
マウラァ, インゴ 137
マクドナルド, マーガレット&フランシス 50
マクルーハン, マーシャル 122
マジョレル, L. 40
マッキントッシュ, チャールズ・レニー 48,

　　　　　　　49, 50, 146
マックニール, J. ハーバート　　50
マックマード, アーサー　　37
マットソン, ブルーノ　　118
マドンナ　　158
マリスカル, バビエル　　148, 156, 157
マリネッティ, F. トンマーゾ　　48
マル, A.　　83, 85
マルクス, カール　　14, 22, 23
マルクス, G.　　69
マルドナード, T.　　115, 117
マレーヴィッチ, K.　　59, 61, 62
ミーチェン, ジョセフ　　18
ミットシェルリッヒ, A.　　136
ミュラー, ラインハルト　　152
ミラ, アルフォンソ　　156
ミールハウス, ハイケ　　152
ミレー, ジャン=フランソア　　32
ムーア, チャールズ　　144
ムカロフスキー, J.　　9
ムッソリーニ, ベニト　　80
ムッヘ, G.　　69
ムテジウス, エッカルト　　85
ムテジウス, ヘルマン　　7, 50, 54
メッテルニヒ　　30
メッロ, フランコ　　139
メーベル・ペルティー　　152, 153
メンディーニ, アレッサンドロ　　145, 146
メンフィス　　133, 141, 145, 147, 148, 149, 150,
　　155
毛沢東　　98
モーザー, K.　　49, 50, 51
モース, サミュエル　　14
モネ, クロード　　22
モホリ=ナギ, L.　　69, 71, 73
モリス, ウィリアム　　32, 34, 35, 36, 58
モリソン, ジャスパー　　154, 155, 156, 166
盛田昭夫　　162
モリーノ, カルロ　　108, 109
モルク, オーリファ　　136
モンドリアン, P.　　64, 65, 66

　　　　　　　〈ヤ〉

ヤコブセン, アルネ　　119, 121, 131
ヤーン, ヘルムート　　144
ユッカー, カール, J.　　70

　　　　　　　〈ラ〉

ライゼル, L. J.　　63
ライト, フランク, ロイド　　48, 51, 52, 53, 59,
　　66, 77, 101
ライト兄弟　　48
ラサール, フェルディナント　　22
ラジェンスキー, コンスタンチン　　62
ラスキン, ジョン　　35
ラディーチェ, バルバラ　　148
ラーテナウ, E.　　56
ラト, A.-A.　　85
ラファエル前派　　32
ラム＆ハーモン, シュルヴェ　　88
ラムス, D.　　126, 127
ラリック, ルネ　　83, 84
ランヴァン, J.　　82
ラング, フリッツ　　58
リー, アン　　17, 18
リオタール, ジャン=フランソア　　143
リシツキー, エル　　59, 60, 61, 65
リートフェルト, ヘリット・トーマス　　64-67,
　　146
リビオ　　108
リヒテンシュタイン, R.　　135, 138
リーマシュミット, R.　　42, 55
リュルマン, ジャック=エミール　　82, 83
リンカーン, アブラハム　　22
リンディンガー, ヘルベルト　　115, 117
リンドバーグ, チャールズ　　80
ル, コルビュジェ　　30, 75, 78, 83, 84, 85
ルートヴィヒ, アードリアーン　　20
ルドン, O.　　38
レオナルド, ダ, ヴィンチ　　5
レクウト, ティエリー　　157
レック, B. ファン・デル　　64
レーニン, ウラジーミル・イリイチ　　58
レベデフ, W.　　62
レール, カール=ペーター　　68
ロイバシャイマー, ヴォルフガング　　152
ローウィ, レイモンド　　90, 91, 102, 104, 105
ローエ, ミース・ファン・デル　　53, 72, 73, 75,
　　76, 77
ロエリヒト, ハンス　　116, 117
ロゴスティン, N.　　60
ローザノヴァ, O.　　62
ロジャーズ, R.　　161

ロース，アドルフ　7, 48, 50, 51, 77
ロセッティ，ダンテ・ゲイブリエル　32, 35
ロダン，A.　38
ロッシ，アルド　144
ロトチェンコ，A.　59, 60, 61
ローベク，ジルヴィア　154
ロマッツィ，パオロ　138

ローリ，リー　88
ローリング，ストーン　134

〈ワ〉

ワイルダー，ビリー　101
ワット，ジェームズ　14, 22
ワン・オフ・リミティッド　154, 155

事項索引

〈ア〉

アヴァンギャルド　58, 59, 60, 61
アヴァンギャルドの芸術家たち　59
アクサー社　169
新しい住まいの景観　130
アーツ・アンド・クラフツ運動　34, 36, 38, 42, 53, 69
アパート　22
アブストラクシオン＝クレアシオン　65
アメリカ生活様式　92, 99, 102, 104
アラビア　119
アール・デコ　82, 83, 84, 86, 87, 88
アール・ヌーヴォー　24, 37, 40, 41, 43, 45, 46, 47, 84
アルテック社　79
アルテミデ社　128, 129, 155
アルフレックス　108
アレッシ　108, 128, 146, 148
イメージ転移　167
インダストリアル・デザイン　7, 8, 71
インドーレの宮殿　85
ヴァイセンホーフ集合住宅　54, 75
ヴァイマル　44
ヴィクトリア朝時代　27
ヴィジオーナ　122
ヴィジュアル・コミュニケーション　116
ヴィトソエ社　124
ヴィトラ社　101, 146, 150, 155, 167
ウィーン会議　14, 16
ウィーン工房　24, 51
ウエスティングハウス社　56, 103
ウエスティング・ハウス電気会社　104
ヴェスパ　106, 107
ウォークマン　162
美しき時代　41
ウルム・モデル　117
ウルム造形大学　114, 122
映画　148
AEG　48, 56, 57
衛星都市　125
エクソ社　105

エコロジー　150, 168
エコロジー・デザイン　168
エスカレーター　29
エッフェル塔　22, 29, 39
FSB社　155
ユルコ（社）　115, 161
エレクトロルクス社　112
オイル・ショック　133, 134
王政復古　14, 20
オートクチュール　85
オーペル　44
オメガ　114
オリベッティ社　107, 128, 129, 130, 148

〈カ〉

改革運動　6, 24, 27, 33, 48
回転式拳銃　24
科学小説　123
家具　21
家具会社　109
学生運動　124
カシーナ社　48, 50, 64, 66, 78, 108, 109, 129, 148
カッペリーニ（社）　108, 155
家庭用家具調度品における有機的デザイン　100
カール・ライストラー社　30
カルテル（社）　108, 109, 131, 132
環境汚染　35
環境を害しないこと　12
完成品　15
機械化　24
機械家具　43
幾何学　7
規格化　54
記号論　7, 11
擬古典主義　93
既製品　21
奇跡の経済復興　110
キッチュ　143, 145, 148
機能主義　7, 10, 11, 17, 68, 76, 94, 121, 122, 134, 135, 152, 157
機能主義批判　135

事項索引 | 195

キャンプ　134
急進的デザイン　140
郷土保護運動　34
教養ある市民　33
曲芸飛行　12
ギルド規約の撤廃　16
均衡論　7
「近代建築国際会議」（CIAM）　65
グーテ・フォルム　113, 114, 125, 128, 142, 152, 156
組合運動　32, 33
クラシコン社　85
グラスゴー派　48
グラフィック・デザイン　7, 9, 10
クラフト　4
クランブルック・アカデミー（美術大学）　88, 100, 101
クルップ社　34
グレーハウンド・バス　105
芸術　3, 4
芸術家ギルド　36
芸術家村　33
啓蒙主義　116
化粧板　20
ケルシェンシュタイナー実習学校　116
ゲルゼンキルヒナー・バロック　110, 112
原型　11, 153
原色　64
現代の装飾美術と産業美術の展覧会　83
公営住宅建設　124
鋼管家具　31, 85
後期印象主義　65
抗議運動　123
工業化　24
広告　8, 103
工作連盟展　54, 55, 75, 111
工作連盟論争　54
構成主義　59, 60, 61, 63, 84, 116
「高等国立芸術技術工房」（ヴフテマス）　61
「高等国立芸術技術大学」（ヴフティン）　61
合理主義　116
コカコーラ　99, 105
小型化　102
国際見本市　61
国際様式　77, 78
国民受信機　97
国立装飾美術高等専門学校　40

コダック社　92, 117
古典主義　84
コーポレート・アイデンティティ　3, 57, 123, 129, 164, 167
コーポレート・カルチャー　57
コミュニケーション　9, 11
コンサルタント・デザイナー　129
コンセプチュアル・アート　12
コンパッソ・ドーロ賞　108, 109, 128, 129

〈サ〉

再建　98
ザノッタ　108, 109
サービス・デザイン　12, 166
サブカルチャー　135, 151
3月革命　32
産業化　5, 6, 14, 15, 21, 32, 35, 58
産業革命　4
産業的形態付与　5
産業的大量生産品　86
産業美術学校　15
シェーカー　14
シェーカー派　17, 18
CAD/CAM　164
ジェネラル・エレクトリック社　56
ジェネラル・モーター社　92
シェル社　104, 105
シカゴ窓　52
色彩論　7
自然保護運動　34
実証主義　116
自動車製造　25
ジーメンス社　56
社会主義　33, 35, 63
奢侈　150
写真デザイン　10
住居改革　34
住宅不足　80
住宅文化　21
住宅ユートピア　123
シュトゥットガルトでの「国際建築展」　66
趣味教育　6
主流デザイン　131
シュレーダー邸　67
蒸気機関　14, 31, 40
消費行動　123
消費社会　134

商品美学	136	積み木セット原理	72
少量生産	11	デ・ステイル	59, 61, 63, 64, 65, 66, 67, 69, 116
植物形態	38	デ・パドヴァ社	18
食物デザイン	9	ディセーニョ	4
ショル兄妹財団	114	テクサコ	93
新機能主義	112	テクタ社	84
清教主義	65	テクノ（社）	108, 109
芯材	20	デザイン・マネージメント	8, 12, 166
新造形主義	64	デザイン機関	135
心理学	11	デザイン機能	11
水晶宮	28, 29, 39	デザイン工房ベルリン	155
スウォッチ（社）	146, 165	デザイン史	iii, 12, 34, 167
スウォッチ化	165	デザイン史学会	iii
スカンジナビア	118, 119, 120	デザインの働き	9
スタイリング	11, 91, 136, 164	手仕事	3
スタッドベイカー社	105	手漉き紙会社のグムント	168
聖家族教会	46, 47	鉄鋼生産	22
政権掌握	58	鉄骨組み構造	87
製品造形	5	デッサウのテルテン	72
生物形態	96	手本帳	15
世界経済恐慌	91	デュラビット社	169
絶対主義	58, 62	テレンス・コンラン財団	166
1930年ドレスデンでの『保健衛生展』	61	田園都市	34, 48
1928年ケルンでの『プレッサ』展	61	ドイツ工作連盟	24, 32, 36, 40, 44, 48, 53
宣伝手段	59	ドイツのユーゲントシュティール	41
全ドイツ労働者同盟	22	ドイツのルフトハンザ株式会社	11
総合芸術作品	39, 52	統制	93
装飾	7, 37, 38, 39, 44	ドクメンタ8	167
装飾術	41	ドクメンタ6	134
装飾法	37	特許家具	25
装飾様式	36	トネット	29
素材の組み合わせ	159	トネット兄弟社	6
ソニー社	142, 162	トネット社	31, 51, 71
		ドリアデ社	156
		ドレスデン工房	54

〈タ〉

大量生産	6, 22, 34, 45, 94
大量製品	33
多元主義	142
ダダ	65
WMF社	124
ダルムシュタット	43
ダルムシュタット芸術家村	56
チーク材	120
血と土のイデオロギー	93
中世	69
著作権	8
作り付け台所	74

〈ナ〉

ナイロン	131
ナンシー派	40
ニュー・エイジ	142
ニュー・シンプリシティー	155
ニュー・デザイン	133, 149, 151, 152, 154, 156, 160
ニュー・バウハウス	73
ニューヨーク近代美術館	77, 79, 130
ニューヨーク万国博覧会	90, 92
ニーレンティッシュ	112

事項索引 | 197

人間工学　7, 11, 125, 164
ネオバロック　153
農地改革　34
ノル・インターナショナル社　76, 101

〈ハ〉

ハイ・テク　161
パヴォーニ社　107
バウハウス　36, 51, 59, 61, 68, 69, 70, 71, 72, 73, 116
ハーマン・ミラー　100, 101, 103, 131
パリ　22
ハリウッド　81, 89, 106
パリの地下鉄　41
パリ万国博覧会　22, 29, 80
バルセロナ　46, 76
バルセロナ万国博覧会　80
バロック　26
パンク　150
パンク運動　148, 160
万国博覧会　28, 31, 76
バンダラスタ　87
反デザイン　131, 134
販売カタログ　15
ピアジオ社　106
B&Bイタリア社　129
美学　7
美術学校　15
ビーダーマイヤー　14, 110
ビーダーマイヤー様式　14, 15, 19, 20, 21
ピニンファリーナ　107
BP社　105
表現主義　69
標準化　7, 54, 59
避雷針　14
ピレリ社　128
ファッション　20
ファッション・デザイン　10
フィアット社　128, 129
フィラデルフィア　18, 29
フィラデルフィア万博　22, 24
フェノール樹脂　87
フェラーリ　107
フォード社　58
フォルクスワーゲン　95, 96
フォーム・デザイン　150, 157
物理学　7

フーバー社　103
プフィツェンマイアー　111
浮遊椅子　78, 79
ブラウン　115, 117
ブラウン社　123, 124, 126, 127, 128
フランクフルト台所　74
ブリオンヴェガ（社）　108, 128, 129
フリッツ・ハンセン社　119, 121
ブリュッセル　29
ブリュッセル万国博覧会　122
プルマン特別客車　24
ブルーミングデールズ　101
ブルーミングデールズ百貨店　100
フロス　108
フロックデザイン（商会）　10, 164
文化　166
文学　20
文化支援　167
分離派　37, 49
ベエッフェプラスト社　133
ベークライト　87, 131
ペスタロッティ　116
ヘッシ社　169
ペリカン　61
ペンシルベニア鉄道会社　90, 105
泡沫会社乱立時代　26
保健改革運動　34
ポスト・モダン　11, 84, 135, 142, 143
ポスト・モダンの建築　144
ポスト・モダンの理論　143
ポップ・アート　102, 124, 135, 138, 140
ポップ文化　138
ポピュラー音楽　138
ボーフィンガー社　116
ポリウレタン　131
ポリエステル　131
ポリスチロール　131
ポリプロピレン　131
ポルトロナ・フラウ　108
ボンウィット・テラー　101

〈マ〉

マイクロチップ技術　162
マイクロ電子工学　150, 162
曲げ木椅子　30
曲げ木家具　30, 31
マーケティング　103

マシーズ百貨店　104
マーシャル・プラン　98
マスクヴィチュ　105
マチルデンの丘　43
漫画　148
ミニマル・アート　122, 140
ミュンヘン工房　56
未来主義者　82
民衆芸術　63
民族文化　93
ムダルニスマ　47
メトロポリス　58
メルセデス・ベンツ（社）　128, 164
もうひとつのデザイン　137
モダニズム　7, 51, 94, 120
モリス商会　35
モルテーニ　108

〈ヤ〉

ユーゲントシュティール　33, 36, 43
豊かな社会　123
ユートピア　134, 138
ユニット方式　125
ユングハンス　114
様式の多様性　142

〈ラ〉

ラ・リナシェンテ　109
ラッキー・ストライク　99, 104, 105
ラッシュ社　71, 146
ラファエル前派　35, 36
ランチア　107
ランブレッタ　107
リサイクリング・デザイン　137
立体派　84
リッテンホーフ社　155
リーデザイン　147
リナセンテ百貨店　128
リバティー様式　37
流線型　91, 92, 96, 113
利用者画面　163
ルネサンス　26
ルフトハンザ社　117
レーヴァクーゼン・バイエルン株式会社　136
歴史主義　26, 28, 32
レゾパール　113
レディメイド　108, 153
レミー社　129
労働者家具　33
労働者集合住宅　34
労働者住宅　57
労働分割　23
ローゼンタール株式会社　116, 124
ロマネスク　26
路面電車　24
ロモノソフ陶磁器製造所　62
ロンドン　14
ロンドンでの1851年第一回万国博覧会　28

《訳者紹介》
藪　　　亨（やぶ　とおる）
1943年生まれ．
京都工芸繊維大学大学院修士課程修了．
現在，大阪芸術大学大学院教授．芸術学，デザイン史，デザイン理論．
著書に，『近代デザイン史――ヴィクトリア朝初期からバウハウスまで』（丸善，2002年），『バウハウスとその周辺Ⅰ――美術・デザイン・政治・教育』（共著，中央公論美術出版，1996年），『現代のデザイン――芸術学フォーラム――8』（共著，勁草書房，1996年），『ドイツ表現主義の世界――美術と音楽をめぐって――』（共著，法律文化社，1995年）ほか．また訳書にアラン＆イザベラ・リヴィングストン著『グラフィック・デザイン＆デザイナー事典』（共訳，晃洋書房，2005年）などがある．

近代から現代までのデザイン史入門
―― 1750-2000年 ――

2007年5月10日　初版第1刷発行
2012年5月25日　初版第4刷発行

＊定価はカバーに表示してあります

訳者の了解により検印省略

著　者　トーマス・ハウフェ
訳　者　藪　　　　亨
発行者　上　田　芳　樹

発行所　株式会社　晃　洋　書　房

〒615-0026　京都市右京区西院北矢掛町7番地
電　話　075(312)0788番（代）
振替口座　01040-6-32280

印刷　創栄図書印刷(株)
製本　(株)藤沢製本

ISBN978-4-7710-1824-2

アラン＆イザベラ・リヴィングストン 著
藪　亨・渡邊　眞 訳
グラフィック・デザイン＆デザイナー事典
A5判 286頁
定価 2940円

J・A・ウォーカー／S・チャップリン 著
岸・井面・前川・青山・佐藤　共訳
ヴィジュアル・カルチャー入門
――美術史を超えるための方法論――
A5判 314頁
定価 3360円

アンドレア・グローネマイヤー 著
豊原正智・犬伏雅一・大橋　勝 訳
ワールド・シネマ・ヒストリー
A5判 224頁
定価 2520円

ウォーレン・バックランド 著
前田　茂・要　真理子 訳
フィルムスタディーズ入門
――映画を学ぶ楽しみ――
A5判 278頁
定価 3045円

A. ニヴェル 著
神林恒道 訳
啓蒙主義の美学
――ミメーシスからポイエーシスへ――
四六判 172頁
定価 2100円

神林恒道 編著
京の美学者たち
A5判 270頁
定価 3150円

永井隆則 編著
デザインの力
A5判 264頁
定価 3150円

永井隆則 編著
越境する造形
――近代の美術とデザインの十字路――
A5判 256頁
定価 3045円

前川　修 著
痕跡の光学
ヴァルター・ベンヤミンの「視覚的無意識」について
A5判 240頁
定価 6300円

晃洋書房